TRISTESSE ROYALE

Das Buch

»Fünf Einzelzimmer und ein geräumiges Kaminzimmer – die Executive Lounge im vierten Stock, mit Blick auf das Brandenburger Tor – im Hotel Adlon, Berlin. Es reisten an: Christian Kracht aus Bangkok, Eckhart Nickel aus Heidelberg, Alexander von Schönburg aus Berlin und Benjamin von Stuckrad-Barre aus Köln. Dort nun, im Adlon, wollten wir uns drei Tage lang zu Gesprächen einschließen, um dann am Sonntag abend ein Sittenbild unserer Generation modelliert zu haben; soweit der Plan. Das Kaminzimmer verwandelte sich dabei abwechselnd in eine Talk-Show, einen weißen Sportwagen, ein Minenfeld, das siebte Hinterzimmer einer Bar. Am Sonntag abend hatte ich dreißig Stunden Gespräche aufgezeichnet.«

Die Autoren

Das popkulturelle Quintett vereint mit Joachim Bessing, Christian Kracht, Eckhart Nickel, Alexander v. Schönburg und Benjamin v. Stuckrad-Barre »five infamous rile German literati« (The Observer, London). Detaillierte biographische Angaben finden Sie am Ende des Buches.

TRISTESSE ROYALE

Das popkulturelle Quintett
mit
Joachim Bessing,
Christian Kracht,
Eckhart Nickel,
Alexander v. Schönburg
und Benjamin v. Stuckrad-Barre

List Taschenbuch

List Taschenbücher erscheinen im Ullstein Taschenbuchverlag,
einem Unternehmen der
Econ Ullstein List Verlag GmbH & Co. KG, München

2. Auflage 2002

Umschlagkonzept: HildenDesign, München – Stefan Hilden
Umschlaggestaltung: Bezaubernde Gini, München
Titelabbildung: Judith Grubinger unter Verwendung einer Illustration
von Christoph Heinz
Druck und Bindearbeiten: Clausen & Bosse, Leck
Printed in Germany
ISBN 3-548-60070-0

Meinen Eltern Heidelinde und Klaus-Peter

INHALT

VORWORT

Neulich, ich lag schon im Bett, zeichnete mein Anrufbeantworter folgende Gespräche auf:

ANSAGESTIMME Donnerstag, 19 Uhr 42

ECKHART NICKEL Lieber Joachim! Wir müssen gerade feststellen, daß du die schlechte Angewohnheit der Lufthansa, die Überbuchung, selbst adaptiert hast und deine Geburtstagsparty mit DJs überbuchst. Ich gebe dir kurz Christian Kracht.

Rauschen, Vogelstimmen, ein kurzes Bollern

CHRISTIAN KRACHT Christian Kracht. Wie ich gerade hören muß, lieber Joachim, hast du quasi meine eigene Set-Liste schon an einen zweiten weitergegeben. Das finde ich gar nicht gut. Ich überlege, ob ich vielleicht gar nicht komme –

ECKHART NICKEL Nein!

Eine fröhliche Xylophon-Melodie wird lauter gestellt.

CHRISTIAN KRACHT Wir hören hier gerade so schlimmen Handbag. Und fahren durch Heidelberg. Na ja. Bitte melde dich –

ANSAGESTIMME Freitag 00 Uhr 22

ECKHART NICKEL *(kehliger Schrei)* – don't you wanna go to the telephone – please. Ahh. This is a special moment – aah. A very special moment, because we are just stülping on with a champagne – ahaa – the Pommery, and we were just thinking of you. I don't know why you are going away for taking you away, from taking away, too – and therefore I just wanted to give you a message –

Schluckgeräusche

ECKHART NICKEL Aahhh – it's champagne really, it's really, really damn fucking good. And therefore –

CHRISTIAN KRACHT – you're kissing the fool within me

Nickel reicht den Hörer weiter, im Hintergrund schabt blechern »Don't Let the Sun Go Down on Me« von Elton John.

CHRISTIAN KRACHT Elton John ist der größte Meister, der größte Meister unter allen Sonnen. Elton John ist einfach – ich möchte jetzt gerne wie Elton John appreciaten, wie ein star crossed lover –

Die Musik wird lauter gedreht, Kracht singt:

CHRISTIAN KRACHT – sun goin'down on – me –

ANSAGESTIMME Freitag 00 Uhr 40

ECKHART NICKEL Huhu – . Es ist halber – . Desperately champagne seeking. Trying to get the champagne into my freezer. But it's really. Not really, really. Hmm, champagne into the freezer – it's – ah – Pommery-style. But you listen to it. Okay. It went well. Therefore, ahhm, I don't know but, it went well, but, I'm just, ahhmm, contemplating on some cap-verdian-style, but ahhm George Michael was too far away from my DJ-set, Christian and I talking about – some, I don't know what they are talking about, but I have a lemon tie on and a Jil Sander suit as well and two candles are burning – Macy's – Macy's candles are alright – and I just don't know – it's just cap-verdian-style and I know it's silly, but they are talking about – I don't understand at all. So I try to get back to the disc-jockey-room, my, aahhm, my portefeuille – jesusshh – is just kind of full, and it would be somehow better to say: Wir erinnern uns, wie es uns gerade gefällt. Würde man es nicht erlauben, einige wenige Lügen hinzuzunehmen, ich weiß nicht, wie man jemals die Vergangenheit ertrüge. Gott sei Dank, daß es abgesehen vom Augenblick des Geschehens nie so etwas gibt wie irgendeine nackte Tatsache. Zehn Minuten später hat man schon begonnen, die mit einer Art von – Kruste zu überziehen. This is Elizabeth Bowen, an english writer. I'm just – ahhhh –

Stöhnen, jemand stolpert, Glas zerbricht.

ECKHART NICKEL completely with the champagne and Averna and red wine and white wine and prosecco for sure and beer and all is well –

CHRISTIAN KRACHT This is Eckhart Nickel talking.

ECKHART NICKEL Hello, hello, hello. I don't know what you'll think about this, but you have to think about that:...

Mehr Glas zerbricht, leises Ächzen zerspanenden Metalls, Nickel singt jetzt im Stile Jon Luciens.

ECKHART NICKEL Joãquino Bessing – please go to the message-center.

ANNE NICKEL Christian needs a cigarette!

ECKHART NICKEL Christian needs a cigarette. Wow what is this champagne about? Hmh, champagne is going still about. I want to –

CHRISTIAN KRACHT Hallo, ähm, guten Abend.

Hier bricht die Aufzeichnung endgültig ab.

»Was soll das, das macht doch keinen Sinn«, könnte der Leser jetzt behaupten. Und er hätte recht.

Aber auch: »Das ist so schön, das kenne ich, das folgt ja alles einem höheren Gesetz der Schönheit«, und damit hätte er noch mehr recht. Nur, was besagt dieses vertraute Gesetz? Und warum tun diese Leute das? Was treiben sie, was wollen Sie überhaupt? Muß man sich Sorgen machen? Wie sehen sie die Welt? Und was hält ihre Welt im Innersten zusammen?

Das herauszufinden war unsere Aufgabe. Das Rätsel zu lösen. Eine Art Fundament herauszuarbeiten. Eine Antwort zu finden.

Also mietete ich für das letzte Wochenende im April fünf Einzelzimmer und ein geräumiges Kaminzimmer – die Executive Lounge im vierten Stock, mit Blick auf das Brandenburger Tor – im Hotel Adlon, Berlin.

Es reisten an: Christian Kracht aus Bangkok, Eckhart Nickel aus Heidelberg, Alexander von Schönburg aus Berlin und Benjamin von Stuckrad-Barre aus Köln.

Dort nun, im Adlon, wollten wir uns drei Tage lang zu Gesprächen einschließen, um dann am Sonntag abend ein Sittenbild unserer Generation modelliert zu haben; soweit der Plan.

Das Kaminzimmer verwandelte sich dabei abwechselnd in eine Talkshow, einen weißen Sportwagen, ein Minenfeld, das siebte Hinterzimmer einer Bar.

Am Sonntag abend hatte ich dreißig Stunden Gespräche aufgezeichnet und reiste mit Christian Kracht nach Phnom Penh, der Hauptstadt Kambodschas. Das Buch folgt dieser Reise durch die Lüfte; dort befanden sich die Ergebnisse der Berliner Gespräche bereits in Korrosion.

Joachim Bessing, Hamburg, im August 1999

I. TEIL

DAS BILD DER GESELLSCHAFT

And if you tolerate this, then your children will be next
Nick Jones

Ersatzdenken ermöglicht unsere Existenz
Thomas Bernhard

Berlin, 24. April 1999

Der Vorhang öffnet sich für Eckhart Nickel im Foyer des Hotel Adlon. Frisches Wasser plätschert aus vier Metern Höhe in Kaskaden über weiße Elefanten in einen Brunnen hinab. Darüber, in der Beletage spielt das Piano ein zerdehntes »Besame Mucho«.

Nickels Haar sieht wüst aus, auf dem Kopf trägt er noch immer seine Schlafbrille. Der Flug war höllisch, erzählt er Christian Kracht und Joachim Bessing, während diese die Einreiseformulare ausfüllen – überbucht, doppelt und dreifach, wie alle innerdeutschen Flüge. Die Frequent-Flyer-Lounge voller Proleten in Anzügen, reisende Händler darunter, die permanent telefonieren müssen. Seit der Abschaffung der Snack-Bazaars an den Gates, mit ihren Pizza-Brötchen, Joghurt und Äpfeln spräche eigentlich überhaupt gar nichts mehr für innerdeutsche Flüge mit der Lufthansa.

Die Zimmer sind noch nicht bereitet, weil die Vormieter den Late-Check-Out ausreizen. Hotelmanager Holger Schroth lädt zu einem Frühstück ein.

Seine Hausdame – schwarzes Haar im strengen Dutt, flache Schuhe, City-Costume von Donna Karan, weist den dreien einen Tisch in den Schaufenstern zur Straße zu. Leise auftretende Kellnerinnen bringen gekühlte Flaschen mit Kombucha, Rühreier, Bündnerfleisch mit Sahnemeerrettich, Müsli mit Erdbeeren und eingelegten japanischen Birnen.

Dann stößt Benjamin von Stuckrad-Barre dazu. Er war in der letzten Nacht verlorengegangen, während der Launch-Party für 4:99, die neue Platte der Fantastischen Vier. Auf dem Revers seines silbergrauen Jacketts sind die Spritzflecken einer Champagnertaufe gut sichtbar eingetrocknet. Weitere Rühreier werden serviert.

Alexander von Schönburg kommt zuletzt. Er war schon in der Redaktion, früher am Morgen, und ißt jetzt im Stehen. Zwei Kellnerinnen halten ihm Teller und Glas, während er erzählt. Eine dritte bringt die Aschenbecher.

Dann kommt der Manager an den Tisch und bedankt sich für die erwiesene Geduld, die Zimmer wären jetzt soweit.

Nach dem Bezug der Zimmer trifft sich die Runde zum ersten Mal in ihrem Kaminzimmer, der Executive Lounge im vierten Stock des Adlon, mit unverstelltem Ausblick auf das Brandenburger Tor. Zwei sandfarbene Wildledersofas stehen etwas zurückgedrängt vom großen Besprechungstisch an der längsseitigen Wand. Darüber hängen zwei gerahmte Foulards der Juwelenfirma Bulgari. Daneben streckt sich eine wuchtige, mahagonifurnierte Schrankwand, die auch einen Getränkeautomaten enthält, fast bis an das einzige Fenster der Lounge heran. Auf der anderen Seite des Fensters ist der Gaskamin in die Wand eingelassen. Daneben ein niedriger Glastisch, hinter dem eine spanische Wand steht, ebenfalls aus mahagonifurniertem Preßholz.

Benjamin von Stuckrad-Barre läßt einen Cappuccino aus dem Automaten. Durch das zischende Geräusch des Milchaufschäumers aktiviert, springt der automatische Aufnahmemodus der Revox-Studiobandmaschine an. Die überall im Raum verteilten Mikrofone beginnen mit der Aufzeichnung.

CHRISTIAN KRACHT Ich würde gerne wissen, warum Alexander von Schönburgs Zimmer in etwa dreimal so groß ist wie das meine. Und auch wie die der anderen.

Alexander von Schönburg läßt sich in den ihm von Eckhart Nickel untergeschobenen Sessel gleiten.

ALEXANDER V. SCHÖNBURG Weil eben jedes gute Hotel, zu denen ich auch durchaus dieses Adlon rechnen würde, mit einem Computersystem ausgestattet ist. Gute Hotels tun sich dadurch hervor, daß they keep records on their guests. Da stehen dann auch die Sonderwünsche drin, und es geht auch daraus hervor, wie oft man schon zu Gast war. Ich bin eben ein guter Gast des Hauses Adlon, und von daher bekomme ich automatisch ein upgrade. Aber ich kann euch gerne einladen, mich in meinem Zimmer – es ist übrigens keine Suite – zu besuchen. Das Schöne in Luxushotels wie diesem – und allein dadurch zeichnen sich Luxushotels letztendlich aus – ist das im Dreieck gefaltete Ende der Toilettenpapierrolle.

BENJAMIN V. STUCKRAD-BARRE Das findest du inzwischen in jedem Bahnhofshotel. Damit versuchen die Bahnhofshotels so zu tun, als sei es frisch und neu, was es aber nie ist. Die Besonderheit am Adlontoilettenpapier ist der Winkel, in dem das abgeknickte Ende der Toilettenpapierrolle mit der Adlon-Vignette fixiert ist. Der entspricht nämlich haargenau dem des aufgedeckten Plumeaus.

ALEXANDER V. SCHÖNBURG Wichtig ist dann nur noch, daß die Klos streng vom Badezimmer getrennt sind. Besonders wichtig ist dies, wenn man nicht alleine reist. Ich erinnere mich, daß es hier im Adlon in den Suiten auch zusätzlich noch eine Gästetoilette mit Gästetoilettenpapier gibt.

ECKHART NICKEL Wohnungen mit nur einer Toilette sind überhaupt ein Elend.

JOACHIM BESSING Oder Wohnungen, in denen sich der Hausherr ein Pissoir im Bad befestigt hat. Möglicherweise wird sich das Urinieren im Stehen vielleicht doch noch einmal durchsetzen, denn, wie wir wissen, weihte die tragische Susan Stahnke kürzlich auf einer Sanitärfachmesse ein Pissoir für Damen namens Lady Pee ein.

BENJAMIN V. STUCKRAD-BARRE Sie erklärte diese Geschmacklosigkeit auch noch damit, daß dieses Urinal ein modernes Produkt sei wie sie selbst auch.

Eckhart Nickel krempelt sich den Ärmel seines Hemdes von Ermenegildo Zegna hoch und legt sich die Gummimanschette seines Blutdruckmeßgerätes an. Routiniert pumpt er die Manschette mit dem angeschlossenen Handbalg zu einer prallen Wurst auf.

ECKHART NICKEL Habt Ihr Gebrechen, Leiden, irgendwas?

BENJAMIN V. STUCKRAD-BARRE Ich habe heute leichten Rückenschmerz, weil ich auf einer dünnen Matte auf einem Parkettfußboden schlafen mußte. Da meine Gastgeberin eine Lesbierin ist, waren in meinem Schlafzimmer auch noch zwei Katzen zu Gast, und die eine Katze sprang, während ich schlief, gegen den CD-Tower, und der Rainbirds-Backkatalog stürzte auf mich herab. Die Lesbe hatte nämlich früher einmal beruflich mit den Rainbirds zu tun. Katharina Franck, die Sängerin der Rainbirds, hat übrigens eine attestierte Bierallergie, und deshalb hat sich die Band im Endeffekt auch getrennt, weil sie immer dabeistehen mußte, wenn die Rocker ihrer Band ihre Biere tranken.

JOACHIM BESSING Eigentlich wurde ja nur ein Rainbird berühmt, nämlich der Gitarrist Rod Gonzales, der heute Bassist bei der Band Die Ärzte ist. Er ist dadurch, glaube ich, sehr reich geworden.

BENJAMIN V. STUCKRAD-BARRE Er hat es sogar hier in Berlin zum Besitzer einer Sushi-Bar gebracht.

JOACHIM BESSING Sushi sind ja bekanntlich zum Nußbrot der neunziger Jahre geworden. Schichtenverkehrt entspricht das exakt dem Abstieg der Caprese zum Nudelsalat der neunziger Jahre.

Christian Kracht entnimmt seinem Anzug von Ozwald Boteng eine Klarsichttüte, in der sich zwei beigefarbene Tabletten befinden.

CHRISTIAN KRACHT Eckhart, hast du gestern zehn von meinen zwölf Melatonin genommen, weil es sind jetzt nur noch zwei drin.

ECKHART NICKEL Ich habe davon, glaube ich, nur zwei genommen.

CHRISTIAN KRACHT Ach so –

Christian Kracht wirkt jetzt noch unglücklicher als zuvor.

JOACHIM BESSING Aber du schliefst doch sehr gut mit dem Melatonin.

CHRISTIAN KRACHT Ja sicher. Es ist ja keine Chemie. Es wird ja nur aus der Zirbeldrüse des Rindes gewonnen, glaube ich.

Christian Kracht räuspert sich. Benjamin von Stuckrad-Barre betätigt die Taste für Café Schümli am Kaffeeautomaten. Der Automat heult auf und schält ein sich schlängelndes, beiges Rinnsal in die bereitgestellte Tasse.

ALEXANDER V. SCHÖNBURG Joachim, bitte mache mal den obersten Knopf an deinem Hemd zu. Ich möchte sehen, wie der Kragen mit Krawatte aussieht.

JOACHIM BESSING Es ist leider kein Krawattenhemd.

ALEXANDER V. SCHÖNBURG Ach, kein Krawattenhemd?

JOACHIM BESSING Also erstens kann man zu den schillernden Stoffen von Richard James keine Krawatten tragen, also ich wüßte jedenfalls nicht, welche. Und zweitens ist es auch egal. Das Hemd ist die Krawatte.

DER KREISLAUF DES GELDES

JOACHIM BESSING Es geht nun also um den Kreislauf des Geldes, der keiner mehr ist. Es ist offenbar zur Praxis der Menschen unserer Generation geworden, nur mehr virtuelles Geld auszugeben. Geld, für das sie keinen Gegenwert mehr besitzen. Es geht um das Phänomen ihres ständigen Überziehens der Konten, ihres Nicht-Bezahlens oder in Raten Bezahlens, und ihres gleichzeitig immer weiter aufsteigender Lebensstils, trotz ihrer tatsächlichen Armut.

BENJAMIN V. STUCKRAD-BARRE Was die Statussymbole dieses Lebensstils angeht, so wird in wenige ausgesuchte Dinge sehr hoch investiert, und andere Dinge, die noch vor zehn oder zwanzig Jahren essentiell waren, zum Beispiel Sofagarnituren, Autos und Schrankwände, fallen völlig weg. Man besitzt eben gar kein richtiges Sofa, vielleicht ja eines vom Sperrmüll, fährt aber Taxi.

JOACHIM BESSING Der Inhalt des Kleiderschranks kann schon einmal vierzigtausend Mark Wiederverkaufswert haben, dafür ist der Rest der Wohnung nahezu leer, und in der sogenannten Küche gibt es keinen Herd. Diese Wohnungen markieren lediglich Durchgangsstadien. Positionen auf dem Weg hin zum endgültigen Bild. Ein Symbol für das Nicht-Erreichen dieses Bildes sind dort die ungefaßten Glühbirnen, die von der Decke baumeln.

BENJAMIN V. STUCKRAD-BARRE Es gab bei früheren Generationen noch die angestrebte Gleichzeitigkeit von Anschaffungen. Zuerst das Auto – erste Etappe. Dann die Wohnung – zweite Etappe. Dann die gesamten Möbel – dritte Etappe. Dann Kinder – vierte Etappe. Dann ein eigenes Haus – fünfte Etappe. Dann das Ganze von vorne, aber mit dabei einhergehenden Verfeinerungen in der Qualität der Anschaffungen. Heute entsteht die Verschuldung aber nicht mehr durch Investitionen, sondern direkt und indirekt durch das Nachtleben. Früher nahm man einen Kredit über zehntausend Mark auf, um die Wohnung einzurichten. Heute wird mit dem Kreditgeld herumgerockt.

JOACHIM BESSING In der zweiten Etappe werden dann mit neuen Krediten die lange überzogenen Dispokredite wieder aufgefüllt. Das Geld steht also überhaupt nicht mehr für Investitionen zur Verfügung. Es verschwindet in einer Zirkulation unter Null.

ECKHART NICKEL Das Interessante daran ist, daß sich sämtliche Geldvorgänge bald nur noch in einem Bereich abspielen, der unter Null beginnt und eigentlich Nichts-Haben, also Armut, bedeutet.

JOACHIM BESSING Es ist leider noch weniger, nämlich Minus haben.

ECKHART NICKEL Und trotzdem ist es unserer Generation möglich, dank den modernen Methoden der Geldinstitute sehr anständig zu leben. Tausendmal besser übrigens, als unsere Eltern in diesem Alter es konnten.

CHRISTIAN KRACHT Das liegt aber daran, daß wir hemmungslos über unsere Verhältnissen leben. Wir müßten im Grunde viel mehr Geld verdienen, um unseren Lebensstil rechtfertigen zu können.

JOACHIM BESSING Das würde, glaube ich, nicht wirklich etwas verändern. Meiner Erfahrung nach gebe ich, wenn ich einmal mehr verdiene, gleich noch mehr aus. Ich glaube, das geht auch allen anderen so. Das Öffnen der eintreffenden Kontoauszüge ist eigentlich auch überflüssig, es ist von der erzieherischen Wirkung her völlig wirkungslos, was dort geschrieben steht.

CHRISTIAN KRACHT Ich öffne selten die Kuverts mit den Kontoauszügen.

JOACHIM BESSING Der Kontoauszug an sich ist überflüssig, denn wenn mir der Geldautomat anzeigt, daß er mir nichts mehr auszahlen kann, weiß ich ja genau, wieviel Minus angefallen ist. Dann kann ich mir ungefähr ausrechnen, wann die Karte wieder funktionieren wird, und bis dahin funktioniert diese Karte eben nicht mehr.

ECKHART NICKEL Exakt. Bei mir beobachte ich darüber hinaus noch das Verhalten, daß ich mich noch weiter verausgabe, wenn mir außer der Reihe das Eintreffen einer größeren Summe angekündigt wurde. Ich spekuliere quasi mit den ausstehenden Geldeingängen.

BENJAMIN V. STUCKRAD-BARRE Wobei ja genau diese Geldeingänge nach der vernünftigen Rechnung dazu da wären, die Minusbeträge wieder mindestens auf Null aufzufüllen. Aber man empfindet diese Minusbeträge ja gar nicht als Schulden, sondern als einen Spielraum.

JOACHIM BESSING Schon bald nach Erteilung des ersten Dispokredits erscheint einem der Saldo Null als einzig wiederherzustellender Zustand. Null wird zum Ziel. Null wird zum gesunden Punkt.

ECKHART NICKEL Also nichts haben im Grunde.

JOACHIM BESSING Man fühlt sich gut, wenn man es wieder auf Null geschafft hat. Es hält aber nie lange an.

BENJAMIN V. STUCKRAD-BARRE Also verschiebt sich die ursprüngliche Null – die Null in der Form, gar kein Geld mehr zu haben – auf die üblichen minus sechstausend Mark.

JOACHIM BESSING Oder auch minus sechzigtausend Mark, das hängt nur von der betreuenden Bank ab.

ECKHART NICKEL Sollte daraus nicht auch eine neue Grundstimmung entstehen, da man ja der Bank immer etwas schuldig ist?

JOACHIM BESSING Nein. Das permanente Ausgeben von Geld in Summen, die einem nicht gehören, entsteht ja vorrangig durch die Geldautomaten. Müßte ich an einem Schalter bei einem Kassierer abheben, käme es gar nicht so weit. Es wäre mir peinlich, wenn er mir erklären würde, daß er mir nichts mehr auszahlen kann. Das Minus vor dem Saldo wäre mir da schon peinlich. Der Automat aber ist eine Art slot machine –

ECKHART NICKEL Der Geldautomat ist ein Freund.

BENJAMIN V. STUCKRAD-BARRE Er hat vor allem keine Augen. Selbst wenn man das Schalterpersonal nicht persönlich kennt, ist es peinlich, wenn sie einem in die Augen schauen und in ihrem Geist dabei eine Verbindung herstellen zwischen deinem Anzug und den minus siebentausend. Ich möchte vom Automaten die klare Nutzinformation »Geld« oder »kein Geld«. Mehr nicht.

JOACHIM BESSING Leider kommt aber irgendwann der Moment, in dem man seinen Kundenbetreuer kennenlernen muß, ein Gespräch mit ihm führen muß. Das ist ein einschneidendes Erlebnis. Würde von da an der Kundenbetreuer jeden Tag rund um die Uhr neben dem Geldautomaten sitzen, wollte man ganz sicher kein Geld mehr abheben. Diese Menschen sind professionell darauf trainiert, ein schlechtes Gewissen in noch nie gekannten Dimensionen herzustellen.

ECKHART NICKEL Immer, wenn man zum Schalter geht, verhält sich die Bank einem selbst gegenüber wie ein sich sorgender Pfarrer. Einmal wurde ich in meiner Filiale tatsächlich mit den Worten »Ah, endlich, Dr. Nickel – Wir haben uns Sorgen um Sie gemacht« begrüßt. Daraufhin mußte ich dann der Filialleiterin erklären, daß sie eine Bank zu führen hat und kein Pfarramt und auch keine Seelsorge. Ich wies sie auf unsere Vereinbarungen hin und drohte ansonsten damit, die Bank zu wechseln.

JOACHIM BESSING Das Problem ist nur, daß man die Bank irgendwann gar nicht mehr wechseln kann, weil man dann zuerst seine Schulden abbezahlen müßte.

BENJAMIN V. STUCKRAD-BARRE Als ich von Hamburg nach Köln zog, mußte ich bei der Hamburger Sparkasse bleiben, was ungünstig war in Köln, weil ich zuerst meinen Dispositionskredit auffüllen mußte, bevor ich mein Hamburger Konto auflösen konnte.

JOACHIM BESSING Aber gerade während eines Umzugs werden doch die größten Investitionen fällig. Da zählt doch jede Mark.

Christian Kracht, der während dieses Gesprächs mehr und mehr in sich zusammensinkend geschwiegen hat, richtet sich auf, räuspert sich lautlos.

CHRISTIAN KRACHT Welche der Deutschen Großbanken hat denn die beste Corporate Identity?

JOACHIM BESSING Die Deutsche Bank.

CHRISTIAN KRACHT Ich werde von der Privatbank Conrad Hinrich Donner betreut, und ich möchte niemals in meinem Leben wählen müssen zwischen Deutscher Bank, Dresdner Bank, Hamburger Sparkasse und wie sie alle heißen, weil ich finde, daß die alle schlimm aussehen. Die Logos sind schlecht, die verwendeten Schriften ein Grauen, die Gebäude furchtbar. Wie habt ihr es geschafft, euch für eine dieser Banken zu entscheiden?

BENJAMIN V. STUCKRAD-BARRE Ich mag das provinzielle Aroma, das die Sparkassen verströmen. Dieses angenehme Flair von Eduard Zimmermanns Aktenzeichen XY, das dort durch die Schalterräume weht, finde ich nett. Nachts hebe ich auch ganz gerne in der Sterilität der Citibank ab, obwohl man ja immer wieder Menschen kennenlernt, die selbst im Morgengrauen wegen der erhöhten Bearbeitungsgebühr der Fremdbanken den weiteren Weg zur Filiale ihrer Hausbank wählen.

CHRISTIAN KRACHT Aber es ist doch immens wichtig, wie die Bank aussieht. Auch wenn man die Bank nie betritt, hat man doch die Karten und die Eurocheques, auf denen Logo und Name der Bank aufgedruckt sind.

BENJAMIN V. STUCKRAD-BARRE Da wäre die Commerzbank für mich unmöglich. Dieser spröde gelbe Schriftzug, und vor allem deren groteskes Maskottchen, der Goldhamster Goldi, sind zutiefst abstoßend.

JOACHIM BESSING Noch schlimmer war da die Maskottchenfamilie namens Knax, mit der die Sparkassen früher ihre Jungkunden anlockten. Die Knax-Familie lebte in einer virtuellen Wikingerwelt im Schatten einer Räuberburg. Tapfere Helden waren dort zum Beispiel Pommfritz und Pommfriedel, zwei kartoffelerntende Bauern. Die Jungkunden durften in einen Knax-Klub eintreten, am Wochende wurde irgendwo eine Knax-Hüpfburg für die Mitglieder aufgestellt, und für die Konzerte der Rockgruppe Pur gab es verbilligten Eintritt.

ECKHART NICKEL Die Dresdner Bank, sonst gefällig durch ihren kühlen historistischen Stil, lockt seit einiger Zeit die Jugend mit einem schlimmen Konto, das »Grips« heißt. Toll fand ich aber das Jeans-Sparbuch, mein erstes richtiges Konto, gleich nach dem Postsparbuch.

JOACHIM BESSING Ein Konto bei der Postbank zu haben ist eine gesellschaftliche Bankrotterklärung. Nach einem Privatbankrott zum Beispiel nimmt dich nur noch die Postbank auf. Verlierer landen bei der Postbank.

Ihre Ausrede dafür ist dann immer, sie hätten sich aus freiem Willen für die Postbank entschieden, weil die Postbank keine Waffenfirmen finanziert. Junkies sind immer bei der Postbank. Ich beobachte das im Postamt am Hamburger Hauptbahnhof. Die Junkies schauen dort nach, ob Mutter oder Oma auf dem Land ihnen Geld überwiesen haben. Wenn ja, heben sie alles ab und kaufen direkt vor der Tür ihr Heroin dafür ein. Das Heroin wird ihnen aber auch im Postamt von den dort herumstehenden Dealern angeboten. Früher konnten die Junkies das Heroin auch direkt im Postamt drücken, aber seit kurzem sind die Telefonzellen im oberen Geschoß kameraüberwacht, das geht also nicht mehr, immerhin.

Joachim Bessing zieht einen beschlagenen Plastikbeutel aus seiner Anzughose und inhaliert etwas Aceton.

BENJAMIN V. STUCKRAD-BARRE Die Volks- und Raiffeisenbank verhält sich zur Sparkasse wie Geha im Vergleich zu Pelikan. Geha und Volksbank sind genau dasselbe. Auch von den Farben her.

JOACHIM BESSING Ich schrieb ja mit einem Lamy, und zwar mit einem weißen.

BENJAMIN V. STUCKRAD-BARRE Ich, das muß ich gestehen, zeitweise sogar mit einem gelben.

ECKHART NICKEL Pelikan, blau. Ich möchte da gerne noch einmal auf das ebenso blaue Jeans-Sparbuch zurückkommen. Es war ein einmaliger ästhetischer Versuch der Banken, sich der Lebenswelt ihrer jungen Kunden anzunähern. Wenn man es lässig in der hinteren Tasche der Bluejeans mit sich herumtrug, franste es sogar nach einiger Zeit genauso aus wie eine alte Jeans.

JOACHIM BESSING Das Jeans-Sparbuch war eben authentisch. Die Bank zielte damit auf Mopedfahrer und erreichte sie auch. Aber heute gehen die Banken gerne einen Schritt zu weit. Konten sind Aktiv-Konten oder Power-Konten oder Fun-Konten, und die Umdeutung der schlichten Aufgabe eines Girokontos geschieht hier nicht mehr von der Hülle her, vom Sparbuch als Accessoire, sondern inhaltlich. Besonders hart im Slogan der Vereinsbank: Leben Sie. Wir kümmern uns um die Details.

BENJAMIN V. STUCKRAD-BARRE Wieso können wir denn nicht mit Geld umgehen? Wie kommt es, daß wir uns mehr leisten, als wir uns leisten können? Kommt das wirklich daher, weil wir nie richtige Not erlebt haben? Das ist zwar ein Gräfin-Dönhoff-Argument, aber wahrscheinlich stimmt es auch.

CHRISTIAN KRACHT Aber das ist doch eine so schlimme Welt. Meine Eltern zum Beispiel knipsen immer das Licht aus, wenn sie das Haus verlassen. Ich mache das nie, weil ich nicht in eine dunkle Wohnung nach Hause kommen möchte. Dieses Lichtausmachen ist eine direkte Folge des Nachkriegswahns.

JOACHIM BESSING Mein verstorbener Großvater hatte im Keller seines Hauses einen Extraraum, in dem er ganze Monatsrationen haltbarer Lebensmittel hortete. Falls der Russe wiederkommt.

CHRISTIAN KRACHT Und der Russe wird wiederkommen.

BENJAMIN V. STUCKRAD-BARRE Aber woher kommt es, daß wir Geld nicht anerkennen und es nur als Fortbewegungsmittel nutzen; daß wir es nicht akzeptieren wollen, daß unsere Geldmengen endlich sind? Das ist nicht falsch, aber krank. Wir verwenden es und lachen, weil wir die zeitweiligen Pleiten nicht als ernsthaftes Problem sehen. Die existentielle Bedrohung einer Familie bei einem Kontostand von, sagen wir mal: minus tausendneunhundert Mark, die sich dann tagelang kein Brot mehr kaufen kann, lernen wir nicht kennen. Auch bei minus neuntausend Mark nicht, denn es gibt immer leckeres Essen für uns in den Restaurants, die Kreditkarten akzeptieren. Es ist ein Spiel mit dem Niedergang. Es ist borniert.

JOACHIM BESSING Aber es ist kein bewußtes Spiel. Wir gehen einfach davon aus, daß Geld immer da ist. Wir wissen, daß es nicht zu Ende geht. Wenn alle Karten gesperrt werden und American Express dir Briefe schreibt, erfährt man für einen Moment die Bedeutung des Geldes. Aber dieser Moment ist kurz, und es geht immer weiter. Was ich in diesem Zusammenhang nicht verstehe, ist die neue und unverständliche Begeisterung der Deutschen für das Spekulieren an der Börse. Seit drei Jahren wird überall von jedem über Aktienkurse geredet, ich begegne Menschen in meinem Alter, die sich für Ron Sommers Telekom interessieren, die werden richtig fiebrig dabei.

BENJAMIN V. STUCKRAD-BARRE Die Börse hat dieselbe Proliferation erfahren wie zuvor Mallorca. Die Börse war auch einmal ein elitärer Ort, und jetzt können alle dort mitmachen. Ich selbst finde die Börse unattraktiv, langweilig und spießig. Der Neue-Mitte-Fun-Sport.

JOACHIM BESSING Das Denken und Wünschen sehr vieler Menschen dreht sich offenbar um dieses eigentlich langweilige Tun und Treiben der Börsenhändler. Daß aber die bloße Ausübung eines stumpfen, kaufmännischen Berufs so etwas wie Glamour verheißt, versuchte uns die Zeitschrift Tempo schon einmal in den achtziger Jahren einzubläuen. Damals wurden die Warenterminhändler, die Broker, glorifiziert, heute ist es eben deren Fußvolk, die kleinen Schreihälse auf dem Parkett, die mit dem Bleistift hinter dem Ohr. Wie konnte es um Himmels willen nur zu dieser Entwicklung kommen?

CHRISTIAN KRACHT Es ist das gleiche Phänomen wie das des Golfspiels.

BENJAMIN V. STUCKRAD-BARRE Golf ist das Mallorca des kleinen Mannes.

JOACHIM BESSING Golf ist vor allem zum neuen Wandern geworden. Das Wandern, das uns Bundespräsident Carl Carstens in Form des Beim-Volkswandertag-pfeifend-durch-den-Harz-weit-Ausschreitenden beschert hat. Dort ist das Golfspiel angelangt, in den späten neunziger Jahren. Jeder golft. Und Prada stellt einen Golfsack her.

BENJAMIN V. STUCKRAD-BARRE Diese Entwicklung ist aber überhaupt nicht schlimm. Durch die Proliferation werden hier doch lediglich Dinge überführt, die schon immer hohl waren. Genau wie Mallorca, die Börse und das Golfspielen diesen Weg gegangen sind, geht und ging es auch den Flugreisen –

JOACHIM BESSING Dem Wort Flieger an sich –

CHRISTIAN KRACHT Dem Segeln –

ECKHART NICKEL Mobiltelefonen und Ralph Lauren –

JOACHIM BESSING Satellitenfernsehen und Hugo Boss –

BENJAMIN V. STUCKRAD-BARRE Calvin Klein –

CHRISTIAN KRACHT Donna Karan New York –

ECKHART NICKEL BMW und Marlboro Lights.

BENJAMIN V. STUCKRAD-BARRE Und genauso ergeht es den Kulturgütern. Zum Beispiel beim Gutfinden bestimmter Filme. Wie anstrengend ist doch die Diskussion über »Pulp Fiction« von Quentin Tarantino. Heutzutage weiß man doch gar nicht mehr, womit man sich mehr beschäftigen soll: mit der Meinungsbildung zu diesem Film oder mit der Meinungsbildung über die Meinung der anderen.

CHRISTIAN KRACHT Es ist eben nicht mehr möglich, eine Meinung zu haben.

BENJAMIN V. STUCKRAD-BARRE Du kannst dich nicht mehr für eine bestimmte Sache entscheiden, sondern nur noch für die Menschen, die einer Meinung über diese Sache sind. Egal welcher.

JOACHIM BESSING Und damit auch für den Lifestyle der Menschen, für die du dich entscheidest.

CHRISTIAN KRACHT Es ist wie beim Hören von Massive Attack, beim Benutzen von CKone oder CKbe – Im Grunde sind dies alles tadellose Dinge; im Grunde läßt sich auch überhaupt nichts gegen »Pulp Fiction« sagen.

JOACHIM BESSING Aber wo liegt denn dann das Problem?

CHRISTIAN KRACHT Das Problem ist der Konsens.

JOACHIM BESSING Aber warum sträuben wir uns gegen den Konsens? Es ist doch eigentlich schön, ein Teil von etwas zu sein.

BENJAMIN V. STUCKRAD-BARRE Pop basiert gleichzeitig auf dem Prinzip des Ausschließens und des Konsenses. Pop entsteht aus der Verschachtelung, aus dem Segmentieren und in einer Gegenbewegung, die dann wiederum vielen einleuchtet. Als Hippie würde man naturgemäß sagen: Wie schön, daß die ausgezeichnete Band Kruder & Dorfmeister jetzt endlich einmal Erfolg hat. Aber wenn der Golffahrer schon damit anfängt, die gleiche Musik wie ich zu hören, wäre es ja nicht abwegig, daß wir auch ansonsten einiges gemeinsam haben, und deshalb wende ich mich dann von dieser Musik ab. Denn für den Lebensstil des Golffahrers möchte ich mich mit der Musik nicht entscheiden müssen, also für Kenwood-Aufkleber und Mobiltelefone am Gürtel. Das lehnt man ja ab. Kategorisch. Schwierig.

Wächsern, wie in Stein gemeißelt – also genau wie auf seinen Autorenfotos von Ali Kepenek –, verharrt Benjamin von Stuckrad-Barre minutenlang in grüblerischer Pose.

CHRISTIAN KRACHT Vor Kruder & Dorfmeister waren es Portishead. Davor natürlich Massive Attack, die während des Golfkrieges auf Joschka Fischers Anordnung ihren Namen in Massive ändern mußten, und davor waren es Soul II Soul.

ECKHART NICKEL Am schlimmsten ist das Konzert. Das Konzert ist die

Urerfahrung, mit wem du deine Musik teilst. Wenn neben dir Stumpfstudenten stehen, die jede Zeile mitsingen, weil sie es witzig finden, und selbstironisch mitzusingen – das ist dann eine ganz harte Grenzerfahrung.

CHRISTIAN KRACHT Das Epizentrum dieser verfluchten Selbstironie ist der Pudel-Club in Hamburg.

JOACHIM BESSING Der Pudel-Club ist das Allerverkommenste. Dort tritt Tobias Albrecht unter seinem Künstlernamen Rocko Schamoni auf und spielt einen Kreistagsabgeordneten der FDP. Alle finden das dort lustig. Es ist das Grauen.

BENJAMIN V. STUCKRAD-BARRE In Hamburg findet die Selbstironisierung aber auch in ihrer pervertiertesten Form statt: sich durch Styles zu brechen. Das objektive Urteil, daß ein orangebrauner Synthetikpullunder immer beschissen aussah und aussieht, in den Wind zu schlagen und sich dann mit einer zu engen Trainingsjacke und mit zu kurzen Cordhosen auf eine Hafentreppe zu setzen, schales Astra-Bier und Persico zu trinken, Schlagerplatten von untalentierten DJs an wackelnden Plattenspielern zu hören – es ist schlimm. Deshalb mußte ich diese Stadt auch verlassen.

JOACHIM BESSING Es ist ja auch ein trauriger Rekord, daß es in Hamburg in einer einzigen Straße mehr Secondhandläden gibt als in ganz Berlin zusammengenommen. Eine monströse Range aus Schlaghosen, Trevirahosen, Pepitahütchen und zu engen T-Shirts steht dort zum Darin-Schwelgen bereit. Und die solchermaßen schlimmst eingekleideten, stinkenden Menschen, Menschen, die alle aussehen wie die Hamburger Band Tocotronic, halten diesen grausamen Pudel-Club am Leben, wo doch ansonsten die gesunden Zeitläufte ihn schon vor fünf Jahren verschlungen hätten. Ich muß es leider so sagen: Die Wurzel aller Ironie liegt in der sogenannten Hamburger Musikszene begraben. Ich meine damit Egoexpress, den Wassersportler Ulrich Rehberg, Ja, König, ja, Tocotronic, Die Goldenen Zitronen mit ihrem Schorsch Kamerun, den bereits genannten Rocko Schamoni, Stella, den weißhaarigen Reggaeforscher Günter Jacob, Die Sterne, Brüllen, das Silly Walks Soundsystem, das Lovetank Soundsystem, den Toaster Pensi, den Reggaeaktivisten Kai Jürgens, Dackelblut, Aura Anthropica, Knarf Rellöm, den Punkmagier Guido Schmalriede alias Manuel Muerte, Bürobert, Slime, Bernd Begemann, Die Braut haut ins Auge und Tilmann Rossmy.

In diesem Moment betritt Alexander von Schönburg den Raum. Er war schwimmen, danach zum Haarschnitt bei Gerhard Meir in dessen Salon LE COVP, der sich im Erdgeschoß des Hotels befindet.

BENJAMIN V. STUCKRAD-BARRE Generell möchte ich feststellen, daß Selbstironisierung immer schlechte Produkte zur Folge hat. Selbstironisches Musikmachen oder Anziehen sind möglicherweise immer noch erklärbar, aber nie wieder gut.

ECKHART NICKEL Der Witz daran ist ja die Mühe der Protagonisten, mit der dieses schlechte Aussehen jeden Morgen vor dem Spiegel herbeiziseliert wird. Heraus aus dem riesigen Müllberg von B-Turnschuhen aus den siebziger Jahren von Adidas –

JOACHIM BESSING Gerade Schorsch Kamerun zum Beispiel läßt ja auch seinen Kühlschrank einmal pro Woche von einem Food-Stylisten verschimmeln, das ist bekannt.

BENJAMIN V. STUCKRAD-BARRE Und zum Beispiel die Toilette im Pudel-Club – die ist schlimmer noch als das Pissoir im Görlitzer Bahnhof – und das mit Absicht – dort ist es dermaßen ekelhaft und krankheitserregend, wird aber von den Hamburger Rockisten als authentisch und ehrlich empfunden.

JOACHIM BESSING Es liegt aber im Fall dieser Toiletten auch am Hamburger Protestantismus, daß sich diese Spießer dort das schlechte Gewissen, das sie beim Besuch einer Kneipe bekommen, in Form dieser Katastrophentoilette wie einen Demutsspiegel vor Augen halten. Eine Geständniskammer ohnegleichen ist das.

ALEXANDER V. SCHÖNBURG Pervers ist, daß wir letztendlich genau das Publikum bedienen werden, das wir verachten. Deshalb befinden wir uns in einem geschlossenen Kreislauf der Prostitution, der uns natürlich, wie dem Happy Hooker, sehr viel Spaß macht. Wir können uns gar nicht davor retten, uns von diesem Publikum zu trennen. Indem wir in der Publizistik arbeiten, bedienen wir genau dieses Publikum. Wenn ich zum Beispiel manchmal Etikettentips schreibe, verrate ich Geheimcodes und gewisse geheim vereinbarte Regeln und veröffentliche sie in einer Zeitung. Das tue ich in einer bewußten Zerstörung dessen, was ich auch beklage. Niemand darf eigentlich wissen, welche Kneipe in Notting Hill die beste ist, aber im Moment, in dem ich es im Condé Nast Traveller schreibe, zerstöre ich diesen Ort. Das ist unser Beruf. Genauso sitzen wir hier, verachten die Menschen mit den schlechten Cordhosen, die schlechtes Kokain schnupfen und in die Clubs gehen, die wir auch mögen, aber ablehnen, und letztlich werden genau diese Menschen unsere Leser sein. Das ist eben der Charakter der Kunst. Aber noch ein Wort zu Hamburg: Meine Lieblingskneipe in Hamburg war dort in der Hafenstraße. Das Trinken war dort billiger, wenn du auf der kleinen Bühne Geschlechtsverkehr hattest. Es war im Grunde ein Bordell, aber wer auf die Bühne ging, bekam eine Hure und einen Pikkolo umsonst. Wer im einsehbaren Séparée Sex hatte, bekam einen Preisnachlaß auf beide Serviceleistungen. Wer auf ein Zimmer wollte, zahlte den vollen Preis. Das ist genau die Situation, in der wir uns hier befinden. Wir ficken auf der Bühne, sozusagen.

DER SEXYTANZ

CHRISTIAN KRACHT Was wir bei »Pulp Fiction« erlebten – die Wiederbelebung des John Travolta, die Verbreitung des Tanzstils John Travoltas aus dem Film »Pulp Fiction« durch Menschen auf beliebigen Partys und so weiter – können wir in allen Lebensbereichen finden. Es ist die Durchdringung des Lebens durch einen Film oder eine Schallplatte. Ein Lebensgefühl entsteht. In diesem Fall ist es das Lebensgefühl Pulp Fiction.

JOACHIM BESSING Allerdings ist das kein neues Phänomen. Als zum Beispiel die erste Giraffe nach Frankreich importiert wurde, entstand in Paris das Lebensgefühl Giraffe. Man kleidete sich in giraffenartig gemusterten Kleidern, trug giraffenfußförmige Schuhe und sprach über Giraffen.

ECKHART NICKEL Gleiches erlebten wir bei den Filmen »The Blues Brothers« und »The Rocky Horror Picture Show«. Der Unterschied zu früheren Zeiten scheint darin zu bestehen, daß ein Lebensgefühl als Mode heute lediglich von Filmen und Schallplatten herbeigerufen wird. Ich möchte in diesem Zusammenhang noch an einen Dialogfetzen aus Helmut Dietls Kinokomödie »Rossini« erinnern. Dieser Dialogfetzen – ein Bankbeamter sagt im Film zu einem anderen »Ich habe ein gutes Gefühl« – geriet in der Zeit nach Erscheinen des Films in die deutsche Umgangssprache. Und zwar genau in der Betonung, möglichst auch mit dem dazugehörigen

Gesichtsausdruck des Bankbeamten in der Filmvorlage. Man traf in dieser Zeit also auf irgendwelche Menschen, die plötzlich in einem Gespräch diesen Bankbeamten imitierten und den Satz »Ich habe ein gutes Gefühl« ausstießen. Großes Gelächter war dann die Regel. Ein Phänomen, das, wie die vorhergegangenen Beispiele, den Vormarsch der ironischen Selbstbespiegelung verdeutlicht.

BENJAMIN V. STUCKRAD-BARRE Müssen wir da nicht zwischen zwei Spielarten der ironischen Selbstbespiegelung unterscheiden? Ich meine die reine, klare ironische Selbstbespiegelung wie im Beispiel des zitierten Bankbeamten aus »Rossini« und die, die gleichzeitig mit einem Revival verbunden ist, wie im Falle »Pulp Fiction«? Oder in anderen Worten: Ist eine Schlaghose anders problematisch, als es zum Beispiel Marushas originäre grüne Augenbrauen sind? Die grünen Augenbrauen gab es ja vorher noch nicht.

CHRISTIAN KRACHT Die Schlaghose ist die Spiegelung der Spiegelung der Spiegelung.

JOACHIM BESSING Die Schlaghose bietet vor allem im Gegensatz zur grünen Augenbraue eine komplette emotionale Welt an. Genau wie Pulp Fiction es tut.

CHRISTIAN KRACHT Die Menschen fühlten sich, nachdem sie diesen Tarantino-Dreck schauten, plötzlich wie doppelläufig schießende, Bibelsprüche zitierende, sexytanzende Großmeister. Der schwarze enge Drei-Knopf-Anzug und die schwarze dünne Kawatte kamen zurück, Heroin wurde wieder schick, selbst Bruce Willis, ironisch gebrochen, wurde akzeptiert.

JOACHIM BESSING Und aus dem Zitat dieser Zitate ensteht die Kultur um uns herum.

KNOTEN UND STRICKE

BENJAMIN V. STUCKRAD-BARRE Ich vermisse das Fehlen jeglicher Verbindlichkeiten. Man kann sich gar nicht mehr für einen Film als Film entscheiden, sondern man muß sich, wenn für den Film, gleich für eine ganze ästhetische und soziale Welt mitentscheiden. Die Verschachtelung und Verstrickung von Gefühlen, Lebensstil und Haltung um ein Produkt herum ist die wahre Katastrophe.

ECKHART NICKEL Ich sehe das Problem aber auch im Verlust eindeutig zuzuordnender Stile. Ein Vermächtnis der Postmoderne, für deren Inhalte die Zeitschrift Tempo der achtziger Jahre mit ihrem Slogan »Anything Goes« warb. Davor gab es aber noch definierende Stile in den einzelnen Kulturen. Ska-Freunde fuhren Roller, Popper hatten Schuhe von Alden an, Punker nahmen Heroin. Ein moderner Mensch kann alle drei Attribute auf sich vereinen, dazu noch das Hakenkreuz der Nazis schön finden und trotzdem keine dieser Musikrichtungen hören, sondern Kruder & Dorfmeister.

BENJAMIN V. STUCKRAD-BARRE Es gibt einfach zuviel Musik. Dieter Gorny müßte sterben. Viva müßte abgeschafft werden. Die Plattenindustrie müßte sich besinnen und deutlich weniger Bands unter Vertrag nehmen. Brauchen wir Planwirtschaft?

JOACHIM BESSING Ist das Fernsehen an der schlechten Musik schuld, weil die Videoclips gebraucht werden?

BENJAMIN V. STUCKRAD-BARRE Definitiv ja. Bands werden für Videoclips gegründet, das ist wirklich so. Bands werden auf einen Song hin gegründet. Nach zwei Jahren Tournee durch Oberbayern müssen sie auch wieder gehen, es ist egal.

ECKHART NICKEL Das ist doch das Norman-Cook-Phänomen.

CHRISTIAN KRACHT Das grenzübergreifendste Stück aller Zeiten ist der »Rockafeller Skank« von Norman Cook als Fatboy Slim. Es schallt von Bangkok bis Berlin:

JOACHIM BESSING UND CHRISTIAN KRACHT UND ECKHART NICKEL UND ALEXANDER V. SCHÖNBURG UND BENJAMIN V. STUCKRAD-BARRE Right about now – the Funksoulbrother!

BENJAMIN V. STUCKRAD-BARRE Das ist aber wiederum ein Stück, wogegen es nichts zu sagen gibt. Wir können uns nur freuen, daß die Proleten einmal aus Versehen gute Musik hören.

ECKHART NICKEL Norman Cook ist insofern eine bezeichnende Gestalt unserer Zeit, weil er seine zig Revivals unter jeweiliger Nicht-Beibehaltung des vorhergegangenen Stils durchführte. Ein Chamäleon der Musik. Nach allen Richtungen schillernd und bunt.

ALEXANDER V. SCHÖNBURG Die Langeweile ist der Hauptfeind unserer Generation, weil wir damit aufgewachsen sind, verwöhnt und von Reizen überflutet. Wir sehnen uns nach der Unterbrechung der Langeweile. Wer an Hunger leidet, und nicht im Adlon sitzt, langweilt sich nicht. Wir sind nichts als Produkte einer postmateriellen Generation, die nur noch mit der Langeweile zu kämpfen haben. Genau wie die Haltung zum Geld, das immer da sein muß, ob man es nun hat oder nicht. Unser Grundluxus ist so hoch, daß wir auch durch Schulden nicht weit fallen können. Die strahlenden Beispiele oben sind genau wie wir. Donald Trump oder Kashoggi waren auch nie reich, aber so hoch verschuldet, daß die Banken sie nicht mehr fallenlassen konnten. Es ist vollkommen Wurscht, ob du eine Milliarde plus oder minus hast. Wer es sich leisten kann, sein Konto um fünfzigtausend Mark zu überziehen, ist sehr reich. Wer sich die Schulden leisten kann, ist reich. Deshalb gibt es für uns auch keine Spur eines Existenzkampfes mehr. Wir kennen auch den Statuskampf der vorherigen Generationen nicht mehr. Daher haben wir Zeit für Langeweile. Es ist genau das Gefühl, das Marc Aurel hatte, als ihm zum Zeitpunkt römischer Hochkultur – gleichzeitig Beginn ihres Niedergangs – nichts mehr blieb, als versonnene Betrachtungen zu schreiben. Er schaute über die Hügel von Rom hinweg und sinnierte. Es war einfach alles zu perfekt. Wir schauen über die Quadriga und das häßliche Berlin dort unten hinweg und befinden uns ebenfalls am Fin de siècle einer perfekten Kultur, die offensichtlich in ihrer höchsten Endform äußerst langweilig ist.

JOACHIM BESSING Die alphabetischen Menüs des legendären Kaisers Geta bestanden wie das Alphabet aus sechsundzwanzig Gängen und begannen mit einer klassischen Vorspeise auf A, also zum Beispiel Salat aus luftgetrockneten Arazungen, und endeten mit einem Gericht auf Z, wie etwa gefüllter Zebrafuß. Diese Logik der Pracht wurde in den sprichwörtlichen achtziger Jahren dann mit »Von Abba bis Zappa« und ähnlichem Quark verballhornt. Die monströse Schönheit dieser vergangenen Zeit – wie damals modé – natürlich außer acht lassend. Diese achtziger Jahre und besonders die Protagonisten dieser angeblichen Dekade des Stils und des ebenso angeblichen Reichtums waren eigentlich die wahren Übeltäter und

Erfinder des fürchterlichen Proletenkults, unter dessen alles durchdringender Wirkung wir heute leiden. Einem Leiden, dem wir entfliehen wollen. Hier muß ich aber gleich noch einmal auf die Tafelfreuden des Römischen Kaiserreiches zurückkommen: Während der Bankette wurden oft auch flötenspielende Zwerge hereingebeten. Einer dieser Zwerge, er gehörte Kaiser Augustus und wurde als Parasit, als Mitesser, gehalten, war derart begabt im Reißen politischer Witze, daß er sogar mitsamt seinen Witzen in die Annalen der Geschichte eingeschrieben wurde. Gleiches erleben wir ja heute mit dem Kabarett. Aber auch Dichter wurden bei Hofe ernährt. Einer von ihnen, sein Name ging verloren, aber er stand in den Diensten von Kaiser Tiberius, erhielt eine fürstliche Belohnung, weil es ihm gelang, bei Tisch ein Streitgespräch zwischen einem Pilz, einer Auster, einer Schnepfe und einem Krammetsvogel zur Unterhaltung aller Gäste vorzutragen. Damit wäre nun auch endgültig bewiesen, daß der sogenannte Surrealismus unseres ausgehenden Jahrhunderts nichts weiter war als lauwarmer Abwasch der römischen Tischkultur. Auch der Art-Rock, wie ihn Pink Floyd mit »Shine On you Crazy Diamond« oder Asia mit ihren Covermotiven voller mit Kristallbällen jonglierenden Wasserschlangen repräsentieren, verblaßt da völlig im Vergleich.

ALEXANDER V. SCHÖNBURG Da wären wir wieder einmal beim Ennui unserer Generation. Ich sitze oft alleine vor dem Fernseher und schreie ihn an: »Make me laugh! Make me cry, you cunt!«, weil die Sehnsucht danach, die Langeweile zu brechen, unterhalten zu werden, so verdammt schwer zu befriedigen ist.

ECKHART NICKEL Mir wird es seit Jahren verstärkt unmöglicher, im Zug zu sitzen und einfach nur aus dem Fenster zu schauen. Früher konnte ich das noch. Jetzt muß ich immer lesen oder schlafen.

ALEXANDER V. SCHÖNBURG Die Aufmerksamkeitsspanne ist auch ein Gradmesser für die Verfassung der Gesellschaft. Unsere Generation wuchs ja noch mit einer relativ langen Aufmerksamkeitsspanne auf. Wir haben uns Kinderfilme angesehen, »Robbi, Tobbi und das Fliewatüüt« zum Beispiel.

CHRISTIAN KRACHT In der Schweiz gab es das »Spielhus«.

ALEXANDER V. SCHÖNBURG Meinetwegen. Mein Neffe, der jetzt gerade fünfzehn ist, hat aber nur noch eine Aufmerksamkeitsspanne von etwa achtzig Sekunden. Wenn ich ihm etwas sagen möchte, muß ich es ihm ganz schnell sagen – möglichst ihn dabei noch hauen – weil Dinge wie Videospiele, Fernsehen und so weiter seine Fähigkeit, aufmerksam zu sein, geschrumpft haben.

BENJAMIN V. STUCKRAD-BARRE Erklärt das nicht auch unsere These zur Musik? Daß die meisten Gruppen und Stars nur noch One-hit-Wonders sind. Daß es die Konzentration auf eine Band oder einen Star, das Fantum, eigentlich nicht mehr gibt. Daß jedes Lied einen neuen Sänger braucht.

ECKHART NICKEL Oder daß auf einer nachfolgenden Schallplatte darauf hingewiesen werden muß, daß uns dieser Mann auch schon den Hit »Piff Paff Pumm« lieferte.

ALEXANDER V. SCHÖNBURG Ich persönlich habe es auch völlig aufgegeben, die Musiklandschaft zu beobachten. Ich bin vielleicht ein Außenseiter, aber ich höre gerne House- oder Goa-Musik. Es wäre mir aber unmöglich, in einen Laden zu gehen und etwas zu kaufen. Es ist mir unmöglich, nach einem Stück zu suchen, das ich auf MTV gesehen habe und das mir gefällt. Es verschwindet im Laden in einer vieltausendfachen Vielfalt anderwertiger Stücke. Wenn mir beispielsweise vor zehn Jahren eine Band gefallen hat, war es mir ein leichtes, diese zu pin-pointen und zu finden. Aber das unfaßbar große Angebot heute macht mir das unmöglich.

BENJAMIN V. STUCKRAD-BARRE Aber könntet ihr euch vorstellen, Musik im Internet zu kaufen?

JOACHIM BESSING Auf gar keinen Fall.

BENJAMIN V. STUCKRAD-BARRE Ich möchte doch weiterhin in einen Laden gehen können, die Cover betrachten, wissen, was sich die Band bei dieser Platte denkt. Dazu gehört doch dies alles: die Verpackung, das Bild; wie das alles ausschaut. Ich bin wertkonservativer Popkonsument.

CHRISTIAN KRACHT Aber das ist genau das gleiche Argument, mit dem sich die Menschen vor zehn Jahren weigerten, von Vinyl-Schallplatten auf CDs umzusteigen. Sie sagten damals genau dasselbe: Das Cover muß schön groß sein und aus Pappe, sonst wirkt das Motiv doch gar nicht.

JOACHIM BESSING Aber das stimmt doch auch. Die Cover funktionieren auf CD-Größe überhaupt nicht. Und die Ankündigung der Plattengestalter damals, sie würden gerade mit der Herausforderung dieses Coverformats arbeiten und eine neue Ästhetik entwickeln, wurde ja nie umgesetzt oder es klappte eben nicht. Auf jeden Fall ist ein CD-Covermotiv weiterhin nichts als ein geschrumpftes Covermotiv der herkömmlichen Weise. Es liegt natürlich auch an der Plastikbox. Das wirkt an sich schon sehr billig und dumm.

ECKHART NICKEL Trotzdem bleibt da noch ein wesentlicher Unterschied zum Selbstherunterladen, Selbstspeichern und Selbstbeschriften von Musikstücken aus dem Internet – der nächsten Stufe. Das ist nichts weiter als üble Schnäppchenmentalität. Heute im Angebot: Everything but the Girl.

BENJAMIN V. STUCKRAD-BARRE Es geht eben weiterhin in Richtung Destillat. Du kannst dir etwas selbst zusammenstellen. Das Gesamtwerk des Künstlers, seine Konzeption wird dadurch abgeschafft. Der Künstler wird rationalisiert hin zum Lieferantentum.

ALEXANDER V. SCHÖNBURG Ich unterstütze diese Entwicklung. Und zwar ausgesprochen.

JOACHIM BESSING Ich unterstütze diese Entwicklung überhaupt nicht, denn sie spiegelt genau den Trend wider, der alle Bereiche unserer Gesellschaft durchdringt. Die Dienstleistung soll auf den Kunden abgewälzt werden. Und das unter der Vorspiegelung des vermeintlichen Gewinns von Freiheit. Die Begründung dafür ist immer dieselbe: Do it yourself – Es ist ein kleines Abenteuer, sich die CD selbst zu brennen, Bankgeschäfte selbst am Computer zu erledigen, Bücher selbst zu finden und zu bestellen, Flugtickets selbst auszustellen, Koffer selbst zur Bahn zu tragen und so weiter und so fort. Dies alles soll also dann angeblicher Freiheitsgewinn und zunehmende Selbstbestimmung sein, in Wirklichkeit ist es ein Rückschritt. Ein gutes Bild dafür ist auch ein Werbespot für Windeln, in dem ein moderneres Mutterbild vorgestellt wurde. Man sieht eine Hausfrau mit drei Kindern, die dauernd etwas umwerfen und sich dabei ständig in die Hosen machen. Die Mutter erledigt alles mit einem Lächeln, weil diese neuen Windeln eben so super sind. Daran ist ja auch überhaupt nichts Verwerfliches. Aber daß sie dabei auch noch sozial aufsteigt, Karriere macht, suggeriert der Slogan aus dem Mund der Mutter selbst: »Meine Kinder erobern sich die Welt. Und ich bin die Managerin in ihrem kleinen Reich.« Ja, super, genau so soll es sein: Der Künstler tritt hinter sein Werk zurück. Verschwindet in seiner Aufgabe. In diesem Fall im Wechseln von Windeln.

CHRISTIAN KRACHT Die Belohnungen für die Schufterei sind billig. Wer zum Beispiel sein Flugticket selbst aus dem Automaten druckt, erhält vielleicht zweitausend Lufthansameilen gratis. Wer bei Sixt seinen Autoschlüssel selbst per Handy-Code aus dem Automaten fischt, erhält ebenso Lufthansameilen als Bonus.

ALEXANDER V. SCHÖNBURG Das Personal soll eben abgebaut oder abgeschafft werden, das ist doch simpel. Wer über das Internet ein Hotelzimmer bucht, bekommt es auch billiger.

JOACHIM BESSING Ja, aber es wird immer mit den Attributen Abenteuer und Modernität für den wegfallenden Service geworben. Aber ich frage euch, was ist daran modern, sich um jeden Dreck selbst zu kümmern.

CHRISTIAN KRACHT Liegen die Wurzeln dieses Trends vielleicht in einer weltumspannenden Verschwörung begraben? Ist der Prozeß bewußt gesteuert oder eine Entwicklung, die sich verselbständigt hat?

JOACHIM BESSING Es ist eindeutig eine geplante Entwicklung.

CHRISTIAN KRACHT Aber von wem wird diese Entwicklung geplant?

ALEXANDER V. SCHÖNBURG Das liegt auf der Hand: Die Ursache dieser Entwicklung war der Trend hin zum sogenannten lean management. Dem liegt die Erkenntnis zugrunde, daß Telefonverkäufer, die Tickets verkaufen oder sonstwas, völlig ineffizient sind. Deshalb wurden Anreize geschaffen, diesen Markt in den virtuellen Raum zu verlegen, der ja den Nachteil hat, menschenleer zu sein. Deshalb wird zwar Personal gespart, gleichzeitig wird aber der Kunde selbst zum Angestellten, allerdings ohne ein Gehalt, wenn wir von Lufthansameilen und anderem Kokolores einmal absehen.

JOACHIM BESSING Vor der Erfindung des virtuellen Buchhandels à la Amazon.de ging ich doch zum Buchhändler und fragte ihn nach dem Inhalt der Bücher. Manchmal erklärte er mir dies sachkundig, manchmal nicht. Bei Amazon.de bin ich auf die Erklärungen und Bewertungen der Online-Leser angewiesen, die in den sogenannten Leserrezensionen die Bücher erklären. Da ich nun selbst wie auch andere aus Langeweile gerne Hunderte von Leserrezensionen unter falschen Namen unter Bücher schreibe, auch Bücher, die ich gar nicht kenne, die ich nur von ihren Titeln und Umschlägen her völlig willkürlich mit Sternen bewerte, traue ich natürlich diesen Leserrezensionen überhaupt nicht, denn sie sind wahrscheinlich alle falsch.

CHRISTIAN KRACHT Entschuldige, aber das von dir entworfene Bild des kundigen Buchhändlers mag ja noch in den zwanziger Jahren existiert haben. Heute ist doch ein virtueller Buchladen wie Amazon.de tausendmal angenehmer vom Haptischen und der Atmosphäre her als Buchkaufhäuser wie Hugendubel, Thalia oder Dussmann. Das Gefühl ist angenehmer. Die Online-Buchhandlung ist einfach näher dran an der mythischen Buchhandlung am Quai d'Enfèvre.

JOACHIM BESSING Trotzdem wird der Ur-Buchhändler mit seinem Staub, seinem Bienenzüchterbart und seiner kleinen Brille überflüssig. Und den Online-Buchhandel findest du völlig zu Recht angenehmer als die Buchkaufhäuser. Das stimmt ja einfach. Aber das eben nur, weil das eigentlich Wünschenswerte, der Ur-Buchhändler gar nicht mehr zur Auswahl steht. Du wählst eben das kleinere Übel. Damit trittst du voll auf die Leimrute, die dir zwischen den Beinen schmeichelt und glaubst, dir wird dabei noch etwas Gutes getan.

ALEXANDER V. SCHÖNBURG Absurd. Das ist doch nichts weiter als verklärte Nostalgie.

ECKHART NICKEL Es ist vor allem eine komplett falsche Welt, die du dir da wünschst, Joachim. Was du dir wünschst, ist eine Welt, die schon lange, wirklich lange untergegangen ist.

BENJAMIN V. STUCKRAD-BARRE Es ist die Welt des derzeit unerträglich massiv herbeigeschriebenen Berlins der zwanziger Jahre. Das Berlin Erich Kästners. Fang du nicht auch noch damit an, bitte.

JOACHIM BESSING Quatsch – ich wünsche mir Berlin in überhaupt keiner Form. Nichts ist mir fremder als der Geist Berlins. Egal zu welcher Zeit.

ECKHART NICKEL Na ja. Aber vor allem gaukeln alle diese virtuellen Servicedienste ihren Kunden die Drei-Wetter-Taft-Welt vor. Die Welt, in der alles sehr schnell geht. Morgens in London, mittags in München und abends in Rom.

Eckhart Nickels Frisur verwandelt sich während des letzten Satzes zuerst in eine klitschnasse Schnittlauchfrisur, dann in eine sportliche Sturmhaube und zuletzt in einen gefönten Bausch, in dessen fedrigen Spitzen sich das letzte Sonnenlicht von der Quadriga her spektral bricht.

ECKHART NICKEL Aber es funktioniert eben alles gar nicht. Man bestellt ein Auto, und hinterher ist es gar nicht da. Oder es sieht ganz anders aus: Der schwarze Saab 9.3 Cabrio hat sich zum Leihtermin in einen gelben

Fiat Seicento Sporting verwandelt. Alles Dank der kostengünstigen und rabattierten Online-Reservierung.

BENJAMIN V. STUCKRAD-BARRE Was soll denn eigentlich dieser plötzliche Revanchismus? Ich persönlich finde das Internet großartig und versende zum Beispiel regelmäßig meine Fleurop-Grüße über das Internet. Es funktioniert wunderbar. Ich verschicke mitten in der Nacht Blumen, und es klappt.

ALEXANDER V. SCHÖNBURG It's the world at your fingertips und nicht mehr the world at your feet. Das ist doch ein Fortschritt.

BENJAMIN V. STUCKRAD-BARRE Ich berausche mich dabei konkret an Allmachtsfantasien, die wie jene bei Tim Taler sind. Dort konnte Horst Frank als böser Baron – als Teufel im Grunde – auch auf seinen Kontrollmonitoren seines Joe-Colombo-Bunkers im Inneren der schwarzen Insel Lanzarote die ganze Welt beobachten. Die Geschicke der Menschen auf Knopfdruck entscheiden.

CHRISTIAN KRACHT Ja, ja. Tim Taler, der Junge, der sein Lächeln an den Teufel verkaufte. Damit sind wir schon wieder bei der nostalgischen Verklärung.

DER BOOTSSTEG LEGT AB

JOACHIM BESSING Was ist eigentlich so schlimm an der Verklärung?

BENJAMIN V. STUCKRAD-BARRE Schlimm finde ich zum Beispiel die Werbung für Holsten Bier. Eine Verklärung von Männerfreundschaft, wie sie klebriger nur noch im Gesamtwerk des Freundschaftsarmbandständers Wolfgang Petry zu schauen ist. Diese Darstellung des letzten Abends vor der Hochzeit im Leben eines jungen Mannes. Der Jungesellenabend. Die Sause mit den Freunden, die ihn abholen zum Saufen, zum Durch-die-Straße-Rennen, schließlich in ein Theater mit Sexy-Tanz. Ich möchte niemals solche Freunde haben.

ECKHART NICKEL Ich möchte auch niemals mit mehreren Männern eine Straße hinabrennen.

JOACHIM BESSING Eine genauso abscheuliche Parallelwelt bietet doch da die Bierfirma Königs-Pilsener in ihren Filmen an: Fünf Werber lungern am

Strand, der Chef ruft an, sie geben vor zu arbeiten. In Wirklichkeit grillen sie und trinken Bier, was ihr Chef natürlich nicht sehen kann. Dann wird der Chef gezeigt, der sich an Bord seiner Yacht mit Königs Pilsener volllaufen läßt und auch nicht arbeitet, was wiederum seine Angestellten nicht sehen können – eine glückliche Welt ist das. Alle besaufen sich, anstatt zu arbeiten. Was diese Welt allerdings vom Programm der Anarchistischen Pogo Partei Deutschland, deren Parteiprogramm »Saufen, saufen, saufen!« heißt, unterscheidet, könnte ich jetzt nicht genau sagen. Dieser Werbefilm zeichnet uns aber ein sehr stimmiges Bild der Gesellschaft. Aber eigentlich will diese Gesellschaft real niemand haben. Eine Gesellschaft von Voll-Alkoholikern, die im Vollsuff, während des Telefonierens, auch noch wahnsinnig reich werden.

ECKHART NICKEL In dieser gezeigten Welt wären selbstverständlich die einzigen, die Geld verdienen, Ron Sommers Telekom und die Bierfirma Königs Pilsener. Eventuell noch eine Tankstelle, wegen des Party-Fleischs und des Grills.

ALEXANDER V. SCHÖNBURG Ein großes Thema, diese Suggestion des sogenannten Lifestyles in den Werbemedien. Ich als großer Innovator des deutschen Journalismus habe gerade eine Kolumne ins Leben gerufen, in der ich täglich jemanden über Werbung schreiben lasse. Ich finde es hochinteressant, wie den Menschen über die Werbung suggeriert wird, sie kämen mit dem Kauf nur eines Produktes an den Lebensstil heran, den sie sich erträumen. Die Traumwelten, die dort erweckt werden, sind faszinierend. Zum Beispiel die Sportart Golf, die mit goebbelsgleicher Perfektion zu einer Welt stilisiert wurde, in der alles okay ist. Der Verkauf der Produkte über zugehörige Welten und Gesellschaften ist auf abartige Weise erfolgreich geworden.

BENJAMIN V. STUCKRAD-BARRE Gleichzeitig ist die Prominentenwerbung unserer Kindheit fast schon ausgestorben. Toni Schumacher, ein Duschgel hochhaltend – das gibt es nicht mehr.

ALEXANDER V. SCHÖNBURG Bis auf Franz Beckenbauer eben, mit seinem schon sprichwörtlichen Ortstarif oder dem Free-and-Easy-Christmas-Set.

JOACHIM BESSING Eigentlich können wir die Werbewelt in zwei Kulturen einordnen. Stellvertetender Botschafter der einen Kultur wäre also Franz Beckenbauer: Das ist die gute, ehrliche Werbung; ein Produkt wird aufgrund seiner Eigenschaften empfohlen. Die Gegenwelt dazu ist die Werbung der Neuzeit: Sie stellt ganze Kosmen dar, in die man nur über das beworbene Produkt Eingang findet. Welche Eigenschaften und Vorteile das Produkt nun hat, ist dabei nebensächlich. Das Produkt wird immer als Schlüssel verkauft.

ALEXANDER V. SCHÖNBURG Und dann die schlimme Enttäuschung der Menschen dort unten in den Straßen, wenn sie erkennen, daß die Dose Beck's-Bier in ihrer Hand ihr Leben nicht im geringsten ändert, sportlicher oder glamouröser macht. Das Lebensgefühl, für das wir fünf hier in Deutschland stehen, spiegelt sich zudem auch in der Werbung wieder: Das Mondäne, Die Drei-Wetter-Taft-Welt, Der Wohlstand – alles dies findet sich ja in der Suggestionswelt der Kampagnen wieder. Dekorativ. Als Einsprengsel.

ECKHART NICKEL Ja, am treffendsten macht das diese Deo-Werbung: Ein Bootssteg legt ab, dann explodiert alles, auch die Party – für mich ist das die perfekte Entsprechung der lustigen Rave-Welt. Wohingegen die Raffaelo-Welt, die Insel mit dem Puderstrand und diesem weißen Wasserflugzeug, eine Welt ist, in der ich mich gerne bewegen möchte.

CHRISTIAN KRACHT Ich möchte gerne noch genauer erforschen, was genau Eckhart Nickel mit dem ablegenden Bootssteg meint und was dieser Bootssteg mit der Rave-Welt zu tun hat.

ECKHART NICKEL Man sieht dort eine Party, die am Ufer eines Sees stattfindet. Die Party nähert sich gerade ihrem Höhepunkt. Dann legt der Bootssteg mit großem Getöse in Richtung Seemitte ab, und alles explodiert.

JOACHIM BESSING Genauso nah dran ist da ein Film für die Versicherungsfirma Hamburg Mannheimer. Ein Haufen junger Leute fährt in einem VW-Bus über eine Route 66. Dann nehmen sie einen Anhalter mit. Es ist Herr Kaiser von der Hamburg Mannheimer. Er fragt sie, wohin sie fahren, und sie antworten, daß sie ans Meer fahren zum Surfen. Dann fragt Herr Kaiser, ob sie auch versichert sind, und sie sagen fröhlich: »Ja!«. Aber Herr Kaiser denkt weiter und fragt, ob die Versicherung auch Fun-Sportarten abdeckt.

CHRISTIAN KRACHT Alle erschrecken sich fürchterlich und sehen in ihrer Schwarzweiß-Erinnerung einen Unfall, wo einer von ihnen auf seinem Surfboard ins Fahrwasser einer Yacht gerät und mit seiner Faust ein Loch in die Bordwand des teuren Schiffes bohrt. Alle sind dann doch froh, daß Herr Kaiser sie an ihren mangelnden Versicherungsschutz erinnert hat.

JOACHIM BESSING Was aber sind eigentlich genau Fun-Sportarten? Warum ist zum Beispiel Fußball keine Fun-Sportart?

CHRISTIAN KRACHT Fun-Sportarten sind Sportarten, die in den letzten zehn bis zwölf Jahren entstanden sind: Snowboarding, Carving, Snake-Boarding, Roller-Blading, Para-Gliding, Free-Climbing, Bungee-Jumping, River-Rafting, Jet-Skiing.

BENJAMIN V. STUCKRAD-BARRE Anhand des Wortes Fun-Sport sollten wir jetzt eine Liste von neuen Begriffen anfertigen, die mit emotionalem Terror schon innerhalb des Wortes vorgeben, was man von den bezeichneten Dingen zu erwarten hat, wie man sich fühlen wird. Es fängt an mit

1. Der Kuschelrock

2. Der Fun-Sport –

CHRISTIAN KRACHT Das nächste Wort wäre dann 3. Die Kids –

BENJAMIN V. STUCKRAD-BARRE 4. Der Wohlfühlpulli –

JOACHIM BESSING 5. Die Loveparade.

BENJAMIN V. STUCKRAD-BARRE Was ich vorhin mit diesen Begriffen meinte, war das Phänomen der Jürgen-Fliegeïsierung der Worte, die einen nicht mehr allein läßt mit dem, was man fühlt, sondern die von vornherein vorschreibt, was man zu fühlen hat.

JOACHIM BESSING Der von Christian Kracht genannte Begriff Kids zum Beispiel bezeichnet da ein modernes Kind. Ein Kind nämlich, aus dem etwas wird. Ein Kind, dessen Aussehen und Wesen das Bild und den Lifestyle einer moderne Familie ermöglicht. Die Eltern müssen also nicht sparen, das Kind macht keinen Ärger und sieht gut, in jungen Jahren zumeist pfiffig aus: Sommersprossen, schräg aufgesetzte rote Baseballkappe und so weiter.

CHRISTIAN KRACHT Kids tragen Tommy Hilfiger, sagt Dr. Werner Funk.

ECKHART NICKEL Ganz früh schon hören sie HipHop, und ihr Freundeskreis sieht ganz genauso aus wie sie.

Benjamin von Stuckrad-Barre und Christian Kracht rezitieren ein Gedicht im Duett.

CHRISTIAN KRACHT UND BENJAMIN V. STUCKRAD-BARRE Suddenly all your friends are here –

Eckhart Nickel erkennt das Gedicht und stimmt mit ein.

CHRISTIAN KRACHT UND ECKHART NICKEL UND BENJAMIN V. STUCKRAD-BARRE No one stays alone that's clear.

CHRISTIAN KRACHT UND BENJAMIN V. STUCKRAD-BARRE Hey it's tasty, it's sunny.

CHRISTIAN KRACHT It's sound. Chrunchips is the funniest sound around.

BENJAMIN V. STUCKRAD-BARRE In town.

Christian Kracht, Eckhart Nickel und Benjamin von Stuckrad-Barre schälen sich aus den buntgestreiften T-Shirts mit U-Boot-Ausschnitten der Firma Jean Pascale, in die sie sich für die Dauer ihres Vortrages hineingezwängt hatten.

DAS GRÖSSERWERDEN

BENJAMIN V. STUCKRAD-BARRE Eckhart Nickel ist verheiratet. Alexander von Schönburg wird bald heiraten. Christian Kracht ist fast verheiratet, mit seinem Ring von Carsten Ritter ist er ja quasi schon scheinverheiratet.

CHRISTIAN KRACHT Eva und ich wollten ja heiraten, und wir gingen in Hamburg in das Standesamt in den Grindelhochhäusern, wir dachten, es ginge ganz schnell. Ich bin Schweizer, Eva ist Deutsche, aber dort im Standesamt in den Grindelhochhäusern saß eine Lesbierin mit einem großen Oberlippenbart vor uns und sagte: Sie brauchen ihr Abstammungsbüchlein, und Eva sollte ihr Stammbuch bringen. Ich hatte das aber nicht ganz mitbekommen und fragte noch einmal nach, da sagte die Lesbierin zu mir: »Hören Sie überhaupt zu, wenn ich mit Ihnen rede?« Das wäre auch die Frau gewesen, die uns trauen sollte, glaube ich. Aus diesem Grund haben wir uns dann anders entschieden.

ALEXANDER V. SCHÖNBURG Ihr seid also an der Verwaltungsseite gescheitert?

CHRISTIAN KRACHT Nein, wir sind am Unglücklichsein gescheitert.

ALEXANDER V. SCHÖNBURG An der Unmenschlichkeit des Beamtenapparates also.

BENJAMIN V. STUCKRAD-BARRE War es für dich eine romantische Geste, oder ging es dir um den Wert an sich, beim Verheiratetsein?

CHRISTIAN KRACHT Ich glaube, es war eine romantische Geste.

BENJAMIN V. STUCKRAD-BARRE Die also eher einem Moment entsprang als einem sehnenden Verlangen –

ALEXANDER V. SCHÖNBURG Oder der Lebensplanung?

CHRISTIAN KRACHT Das stimmt. Denn die Lebensplanung ist ja ohnehin etwas, mit dem ich mich nicht so beschäftige –

BENJAMIN V. STUCKRAD-BARRE Lebensplanung ist aber etwas, auf das wir unbedingt noch eingehen sollten.

CHRISTIAN KRACHT Ich bin nicht versichert. Ich hatte bis vor kurzem keinen Führerschein. Ich besitze jetzt einen von der UN ausgestellten Internationalen Führerschein –

ALEXANDER V. SCHÖNBURG Mit dem du in Bosnien selbstverständlich sofort erschossen werden würdest. Ein Ausweis also, der andauernd schreit: Shoot me, shoot me!

ECKHART NICKEL Shoot me, I'm a moving target!

CHRISTIAN KRACHT Ich weiß aber nicht, wie ich die Lebensplanung schaffen soll. Ich bin sehr unordentlich. Diese ganzen Sachen machen mir so eine Angst –

ALEXANDER V. SCHÖNBURG Ein Problem, glaube ich, des Erwachsenwerdens. Auch ein Problem der Formulare übrigens, die man dazu ausfüllen müßte, um erwachsen zu werden. Ein Problem also, das alle haben.

JOACHIM BESSING Das Studium war die furchtbarste Zeit meines Lebens, deshalb mußte ich mein Studium dann auch abbrechen. Ich habe begonnen zu studieren, um in eine andere Stadt zu ziehen, aber das Leben als Student ist ein absolutes Drecksleben. Das freigeistige Leben, von dem einem oft vorgeschwärmt wurde – gerne sagen Lehrer ja, daß ihre Studentenzeit die beste Zeit ihres Lebens war –, gibt es überhaupt nicht. Für mich war es die schlimmste Zeit meines Lebens. Das kam und kommt vor allem vom Niveau und von den Themen der Gespräche unter Studenten her. Ich habe es nicht geschafft, an einer Universität jemanden kennenzulernen. Studenten sind Menschen, die sich ausschließlich darüber unterhalten, wo sie die nächste Zeit mitwohnen können, wo es billige Nahrungsmittel gibt und welche Seminare besonders gut abgehalten werden.

BENJAMIN V. STUCKRAD-BARRE Es war die ekelhafteste Turnhallen-Zeit meines Lebens.

CHRISTIAN KRACHT Anscheinend ist das aber nur in Deutschland so. Ich habe in Amerika studiert und hatte dort wirklich eine feine Zeit.

ALEXANDER V. SCHÖNBURG Ich war in England, fand es großartig.

JOACHIM BESSING Ich habe in zwei verschiedenen Städten – Wuppertal und Hamburg – studiert, und es war jeweils grauenhaft. Ich habe auch zwei komplett unterschiedliche Studiengänge ausprobiert – Ingenieurwissenschaften und Geisteswissenschaften –, das nahm sich überhaupt gar nichts. Darüber hinaus hatte ich davor bereits eine Konditorlehre begonnen und wenig später abgebrochen, so daß ich also alle deutschen Ausbildungsformen schauen durfte – sie taugen alle nichts.

CHRISTIAN KRACHT Warum genau hattest du dich für den Beruf des Konditors interessiert? Wolltest du Kunstwerke aus Zucker machen?

JOACHIM BESSING Ich backe und koche gern, das war schon immer so.

CHRISTIAN KRACHT Das mit dem Backen leuchtet mir da nicht ganz ein.

JOACHIM BESSING Backen ist etwas ganz Wunderbares. Es erfüllt mich. Es ist eine absolut selbstbestimmte Tätigkeit. Sie ist teilweise hochkompliziert. Du mußt sehr spezielle Fertigkeiten dafür besitzen, und das Ergebnis ist dann, wenn man das Handwerk beherrscht, eine große Freude für andere Menschen, und es sieht auch ausgezeichnet aus. Nach meinem Zivildienst nämlich, den ich auf der Windelstation eines Schwerstbehindertenheimes leistete, sehnte ich mich nach einem funktionierenden Lebensplan. Ich plante, mit meiner Freundin eine kleinere Bäckerei in Frankreich zu eröffnen. Ich wollte damals weder schreiben noch malen. Ich wollte mich nicht länger anstrengen müssen, sondern statt dessen jeden Morgen um sieben Uhr in die Backstube gehen, um siebzehn Uhr Feierabend haben, im Garten sitzen und vor allem über nichts nachdenken müssen. Ich wollte dieses Suchen nach irgend etwas einfach überspringen und gleich das Setteling einleiten.

ECKHART NICKEL Ich bin sehr froh, einen Menschen gefunden zu haben, den ich liebe, Anne, mit der ich mein ganzes Leben verbringen darf.

JOACHIM BESSING Ist die Heirat aber nicht auch ein Versuch der Gesundwerdung? Nach all den Jahren des Ausgehens, des Rockens, wie Harry Rowohlt sagen würde, endlich einzutreten in einen Selbstheilungsprozeß?

Alexander von Schönburg breitet seine Arme aus und singt mit der knödelnden Stimme von Cat Stevens, zwei imaginäre Gitarrensaiten zupfend.

ALEXANDER V. SCHÖNBURG It's not time to make a change, just relax, take it easy. Your still young, that's your fault, there's so much you need to know. Find a girl, settle down, if you want you can marry. Look at me – I am old, but I'm happy. I was once like you are now and I know that it's not easy, to be calm when you've found something going on. But take your time, think a lot, why think of everything you got. For you will still be here tomorrow, but your dreams may not.

Eine längere Pause ensteht. Christian Kracht versucht zu husten.

ALEXANDER V. SCHÖNBURG Das Settled Life als Gesundung ist ein zentraler Wunsch aller Menschen. Jeder Freak sehnt sich nach der Gesundung. Jede Hure, die ich in meinem Leben getroffen habe, hat eigentlich nur davon geträumt, verheiratet zu sein und einen begehbaren Schrank zu haben.

JOACHIM BESSING Ja, aber gerade heute las ich in der Bildzeitung von einer Hure namens Miriam. Sie wohnt in Karlsruhe und hatte zu jedem ihrer Freier gesagt, daß sie mit ihm ein neues Leben anfangen möchte. Sie sagte dann, daß sie sich nur noch von ihrem Zuhälter, ihrem Louis, loskaufen müsse. Ein Freier nahm sofort einen Kredit über fünzigtausend Mark auf und hat ihr darüber hinaus insgesamt siebzigtausend Mark zugesteckt. Sie aber ging weiter wie gewöhnlich ihrem Handwerk nach. Ein anderer Freier verkaufte sein Aktiendepot. Die Hure ist ein Sonderproblem. Man kann den gemeinsam empfundenen Wunsch von Hure und Freier, auf diese Art zu leben, nicht generell auf alle Menschen übertragen.

ECKHART NICKEL Die Entscheidung für das Settled Life ist mehr noch als der Wunsch nach Reinigung. Es ist eine Entscheidung, die einem die Lösung bietet, ob man nun leben soll wie ein Bürger und denken wie ein Gott oder andersherum.

BENJAMIN V. STUCKRAD-BARRE Nein, nein, nein. Es geht hier schon lange nicht mehr um Bürgerlichkeit. Es geht um den stets romantischen und immer wieder falschen, aber schönen Gedanken, das Glück festhalten zu wollen, es in einer Form zu manifestieren; zu beschließen, daß jetzt alles im Leben für immer so bleibt.

ECKHART NICKEL Nein, daran glaube ich überhaupt nicht. Das ist nicht der Impuls der Entscheidung.

BENJAMIN V. STUCKRAD-BARRE Aber ein Bestandteil der Heirat ist doch das Versprechen für alle Ewigkeit. Das ist doch das Konservieren eines Zustands.

CHRISTIAN KRACHT Interessanter ist da doch, daß Alexander von Schönburg demnächst in seinem Stand heiratet. Du heiratest doch bestimmt mit einer Erwartung, die –

ALEXANDER V. SCHÖNBURG Ich habe dynastische Gründe. Absolut. Ich kann mir nicht vorstellen, mein Leben mit jemandem zu teilen, der nicht völlig homogen ist. Nachdem ich eine bestimmte Kindheit hatte, eine bestimmte Identität habe, die schwer kompatibel ist mit anderen Menschen, würde es mir schwerfallen, mein Leben an jemanden zu binden, der nicht ähnliche Hintergründe hat. Das ist wie beim Bauern und der Bäuerin auf der Alm im Schwarzwald: Die heiraten auch in ihrer nächsten Umgebung, weil sie mit den Städtern nicht kommunizieren können.

JOACHIM BESSING Aber Bauern heiraten auch, um ihren Acker zu vergrößern. Erweiterst du deine Ländereien durch die Heirat, salopp gefragt?

ALEXANDER V. SCHÖNBURG Nein, nein, mein Problem ist ein anderes. Ich muß meinen Acker jetzt bestellen, daß ist ein Teil des Erwachsenwerdens. Ich konnte bisher von der Hand in den Mund leben, sozusagen. Jetzt muß ich meinen Acker bestellen, aber ich gewinne leider keine Äcker hinzu.

Benjamin von Stuckrad-Barre entnimmt der Innentasche seines silbergrauen Jacketts von Hugo by Hugo Boss einen Zeitungsausriß.

BENJAMIN V. STUCKRAD-BARRE »Jürgen Schrempp, Chef des Daimler-Chrysler-Konzerns, hat sich nach eigenen Angaben wegen der Fusion der beiden Firmen nach mehr als drei Jahrzehnten Ehe von seiner Frau Renate getrennt. ›Sie wollte, daß ich langsam auf die Bremse trete, und ich wollte die Fusion mit Chrysler. Das ließ sich nicht mehr in Deckung bringen‹, sagte der vierundfünfzig Jahre alte Manager. ›Ich stand vor der Alternative Arbeit oder Ehe und habe gemerkt, die Herausforderung bedeutet mir mehr als alles andere auf der Welt.‹« Er hat sich also scheiden lassen, um Daimler mit Chrysler zu verheiraten. Ist das nicht unglaublich?

Benjamin von Stuckrad-Barre faltet den Zeitungsausriß wieder ordentlich zusammen und ißt ihn auf.

BENJAMIN V. STUCKRAD-BARRE Eckhart, hat sich deine Einstellung zur Ehe im Laufe des Erwachsenwerdens gewandelt? Hast du als zwanzigjähriger The-Clash-Plattenkäufer gesagt: Nein, die Ehe ist schmutzig, ein Reaktionärengut?

ECKHART NICKEL Nein, ich habe die Ehe nie aus tieferen Gründen abgelehnt. Die Ehe war eher überhaupt nicht in meinem Weltbild vorhanden. Auch wenn man als junger Mensch in jeder neuen Liebe einen Menschen sieht, mit dem man gerne längere Zeit verbringen möchte.

CHRISTIAN KRACHT Dieses Thema ist das erste, das schon in jeder Generation diskutiert wurde. Unsere Antworten sind keine anderen als die der Menschen von Neunzehnhundertzehn.

BENJAMIN V. STUCKRAD-BARRE Das ist ja gerade das Interessante daran. Trotzdem erscheinen in Zeitschriften regelmäßig Entdeckungen über den Trend zum Heiraten. Gepierct aufs Standesamt, solche Dinge.

JOACHIM BESSING Daß Standesbeamte gepierct sind, ist daran wohl eher das Interessante.

ECKHART NICKEL Oder diese Trauungen auf Doppeldeckern, beim Bungee-Sprung, unter Wasser, was weiß ich. Deshalb ist die Nummer sechs auf unserer Liste: 6. Die Fun-Marriage.

BENJAMIN V. STUCKRAD-BARRE Aber an und für sich kommt die Heirat heute auch als Rebellion gegen die Rebellion in Frage.

CHRISTIAN KRACHT Die Rebellion gegen die Rebellion wäre eine Reaktion. Also ist das Heiraten ein reaktionärer Akt.

BENJAMIN V. STUCKRAD-BARRE Absolut.

CHRISTIAN KRACHT Also ein konservativer Akt.

BENJAMIN V. STUCKRAD-BARRE Stimmt genau.

CHRISTIAN KRACHT Aber daß heiraten konservativ ist, das wissen wir doch nun schon länger.

DER SCHREIBTISCH IM NACHTLEBEN

BENJAMIN V. STUCKRAD-BARRE Wenn wir uns aber nun einmal in der sogenannten Medienbranche umschauen, dann verspüre ich zumindest einen starken Wunsch nach ausgebildeten Menschen. Und in diesem Moment fange ich doch wieder an, das Studium als einen Wert anzuerkennen. Wenn ich diese ganzen Stümper sehe, die in den Redaktionen der

Zeitschriften, des Fernsehens und in den Schallplattenfirmen sitzen, deren einzige Qualifikation die enge Lackhose bei Männern ist und bei Frauen die Brüste. Wie sie dort den ganzen Tag herumschwuchteln und von nichts eine Ahnung haben und sich für nichts interessieren, dafür aber fünftausend Mark im Monat bekommen.

CHRISTIAN KRACHT Das liegt aber im Phänomen der Neuen Berufe selbst begründet. Nahezu jeder existiert dort ohne eine Ausbildung.

BENJAMIN V. STUCKRAD-BARRE Ich frage mich aber, ob diese Medienprodukte besser wären, wenn dort gebildetere Menschen säßen, oder ob zum Beispiel die Zeitschriften diese Menschen vielleicht selbst aus ihren Lesern generieren.

CHRISTIAN KRACHT Ganz bestimmt nicht, denn in den Werbeagenturen ist es ja haargenau so.

JOACHIM BESSING Mein Leidensweg endete dann ja bezeichnenderweise auch in einer Fernsehproduktionsfirma. Dort war ich zunächst in der Casting-Abteilung beschäftigt, und einer meiner Aufträge war es, einen neuen Talkshow-Moderator zu finden. Jetzt kommt das Symptomatische für diese ganze Branche: Der Auftraggeber wünschte sich für seine neue tägliche Talkshow eine Moderatorenfigur, die vom Typ her die Wärme von Lady Diana Spencer mit der Seele von Margarethe Schreinemakers kombinieren sollte. Sie entschieden sich dann schlußendlich für Johannes B. Kerner.

BENJAMIN V. STUCKRAD-BARRE Die Menschen in den Neuen Berufen sind sich dieses Fakes, der ihrer Branche zugrunde liegt, überhaupt nicht bewußt. Herkömmlicherweise ist der Fake ja glamourös behaftet. Aber die Neuberufler sitzen dort in ihren Firmen und müssen nicht ein einziges Mal lachen. In meiner Zeit als Mitarbeiter für die Firma Motor Music mußte auch schon einmal das Lied »Robbie Roboter« der Gruppe Das Modul promotet werden. So ein Lied ist doch ganz eindeutig absurd. Aber die Lackhosen gehen in die Konfi, trinken Cola light und glauben, jenes Lied sei von Bedeutung. Sie finden es dann sogar großartig. Und diskutieren tagelang mit einem Künstler wie Mark 'Oh, ob nun besser neun oder zwölf Go-go-Tänzerinnen in seinem neuen Videoclip auftreten sollen. Und dann werden neunzigtausend Mark verbrannt. Es sind wirklich Menschen, die von nichts eine Ahnung haben, den ganzen Tag in ihren

Büros sitzen und über viele Hunderttausend-Mark-Etats entscheiden.

CHRISTIAN KRACHT Aber es ist doch wenigstens ein System. Und das Erstaunliche daran ist doch, daß die Neuberufler trotzdem Werte schaffen und wie du ganz richtig sagst: Geld verbrennen.

JOACHIM BESSING Sie schaffen Werte und ziehen andere nach. Fragt doch irgendeinen modernen jungen Menschen dort unten, was er werden will. Mit Sicherheit wird er sagen »Musikbranche« oder vielleicht gleich nur »Medien«. Sicher glaubt er auch, dort viel Geld zu verdienen, zu angenehmen Tageszeiten zu arbeiten, eine tolle Wohnung zu bewohnen und so fort.

BENJAMIN V. STUCKRAD-BARRE Die Wahrheit ist dann aber, daß diese Neuberufler alle wahnsinnig wenig Geld verdienen und oft in Wohngemeinschaften wohnen. Sie sitzen in Synthetik-Pullis in ganz kleinen Dilbert-Kaschemmen und müssen unheimlich viel arbeiten. Aber ihnen wird ständig suggeriert, sie hätten eben ihr Hobby zum Beruf gemacht, ha, ha. Eigentlich sei ihr Job nichts anderes als ein Schreibtisch im Nachtleben. In Wirklichkeit sitzen sie aber in der Hölle.

JOACHIM BESSING Tim Renner, der Chef von Motor Music, hat es perfekt geschafft, den Beruf des Plattenpromoters exakt so zu vermarkten: »Dein Schreibtisch im Nachtleben«. In Wirklichkeit sind Plattenpromoter nichts weiter als Telefondrücker, die von morgens bis abends nichts weiter zu tun haben, als CDs zu verschicken, die grauenvoll geschriebenen Waschzettel zu formulieren und dann die Redakteure abzutelefonieren, um ihre Musiker – sie nennen sie immer Künstler oder Artists – in die Zeitschriften und Sendungen zu pressen. Den Redakteuren haben sie mit den CDs kleine Geschenke mitgeschickt – Nightglow-DJ-Taschen, wasserfeste Duschradios, batteriebetriebene Gummiweihnachtsbäume, die Hula tanzen und sich eine Sonnebrille vom Gesicht nehmen, die dann als Sammlung in jeder Redaktion den Schreibtisch des Musik- oder Szeneredakteurs markieren. Trotz dieser anspruchslosen Tätigkeit glaubt aber jeder von ihnen, auf der Galeere auf einem höchst wichtigen Platz zu sitzen. Mehr noch, ihr Beruf verwandelt sich in der Freizeit in ihr Hobby zurück. Sie gehen dann zum Beispiel weiterhin häufig aus, eigentlich fast jeden Abend, aber ausschließlich zu ihren eigenen Künstlern und Artists. Dort stehen sie von Anfang an saugut gelaunt und vollkommen mit Promotion-T-Shirts ihrer Firma behängt herum und schwallen ihre Mitmenschen und ehemalige

Freunde zu, wie toll ihr Künstler oder Artist ist: Aus »total natürlich geblieben«, »überhaupt nicht arrogant«, »ein ganz lieber Kerl« und »die neuen Sachen sind total anders« besteht der Standardmonolog dieser Menschen landauf, landab. Und für dieses Extrem-Brainwashing bekommen sie dann auch ein bißchen Geld. Sie sind wie eine Sicko-Familie. Wie die Jacksons.

BENJAMIN V. STUCKRAD-BARRE Mein Tagesablauf dort bestand nahezu vollkommen aus Telefongesprächen, bei denen selten etwas herauskam und alles immer nur weiter verschoben wurde. Montags wurde dann ein Meeting veranstaltet, in dem wir auf die Menschen vom Vertrieb trafen, verschwitzte Schnurrbartträger im Adidas-T-Shirt, Verkäufer eben. Die werfen einem sehr schnell handwerkliche Mängel vor, wenn ein Artist oder Künstler nicht funktioniert. Sie fragen zum Beispiel, warum man vergessen hat, die bundesweite Bauzaunplakatierung anzuschieben.

JOACHIM BESSING In den Neuen Berufen wird sowieso ständig angeschoben, eingetütet –

CHRISTIAN KRACHT abgefeatured –

BENJAMIN V. STUCKRAD-BARRE Vieles wird auch erst einmal nur antelefoniert.

JOACHIM BESSING Danach denken alle erst einmal darauf herum.

BENJAMIN V. STUCKRAD-BARRE Sehr viel Zeit geht auch mit dem Andenken verloren.

ECKHART NICKEL Trotzdem haben alle dort die ganze Zeit über diesen seltsamen Rock-'n'-Roll-Poolsex-Traum im Kopf. Bei einem Promotionkonzert der Dandy Warhols in Straßbourg durfte ich zum Beispiel die Intercord-Familie kennenlernen. Ein Vertriebsleiter, der mit seinem Opel Astra Cabrio extra aus Strasbourg angereist war, erzählte mir, welche geilen Feten früher noch möglich gewesen waren. Als der Chef noch eine Villa am Chiemsee gemietet hatte, wo die Drogen noch aus den Deckenritzen rieselten, die Mädchen noch alle sehr willig waren, und solchen Schmarrn. Es ist so schlimm, daß diese Leute, einfache Bürokraten im Grunde, sich ihren idiotischen Rock-'n'-Roll-Traum bewahrt haben.

CHRISTIAN KRACHT Trotzdem ist es ein Traum von Millionen von Jugendlichen. Jeder will doch Fotos, Musik, Filme, Hefte und Werbung machen, diese gottgleichen Dinge tun.

JOACHIM BESSING Zu Beginn dieses Wunsches entsteht das Bild des

Arbeitsumfeldes, das ja auch von den Branchen selbst kreiert und aufrechterhalten wird: angenehme Räume, Mitarbeiter, die man duzen kann, alle in einem Alter.

BENJAMIN V. STUCKRAD-BARRE Außerdem sehen die meisten Kreativen gut aus, und der Neuberufler glaubt, daß er mit dem Ergreifen eines solchen Berufs selbst zum Teil der Schönheit wird.

ALEXANDER V. SCHÖNBURG Am besten verkörpert dieses falsche Berufsbild die Journalistendarstellerin aus der Krönung-light-Werbung. Nach dem dort dargestellten Berufsbild sehnen sich bestimmt sehr viele junge Frauen.

BENJAMIN V. STUCKRAD-BARRE Diese sexy und saubere Frau steht in ihrem sonnendurchfluteten Loft morgens auf, setzt sich in Christine-Keeler-Pose auf einen Stuhl, überfliegt eine Wirtschaftszeitung, trinkt etwas Kaffee. Dann fährt sie mit ihrem Mountainbike in ihren hochbezahlten Traumjob Journalistin, schreibt kurz ein paar Artikel, führt ein investigatives Interview mit dem Bürgermeister und findet abends noch die Zeit und das Geld, mit einem gutaussehenden Mann auszugehen und diesen dann bei einem Nightcup Krönung light zu verführen. Sie ist all das, von dem alle träumen, und sie ist Journalistin. Alles fließt zusammen im Bild dieser Frau.

CHRISTIAN KRACHT Genau solche Bilder schaffen aber im Rücktausch die Welt der Neuen Berufe. Diese Welt sieht ja dann auch tatsächlich so aus.

ECKHART NICKEL Die Faszination für die Neuen Berufe kommt auch daher, daß der sich dahin Wünschende meint, er entkäme so dem etablierten Bild der übrigen Arbeitswelt; wie sie sich darstellt. Er glaubt, nun etwas vollkommen anderes zu tun als Beamte, Landwirte und Arbeiter am Fließband.

ALEXANDER V. SCHÖNBURG Er wähnt sich beim Eintritt in die Oberklasse.

CHRISTIAN KRACHT Zum Teil stimmt das auch, weil diese Arbeitswelt hauptsächlich damit beschäftigt ist, sich selbst herzustellen.

ECKHART NICKEL Die Abkehr von den klassischen Nutzberufen mit ihren bekannten Arbeitszeiten und den festgelegten Mittagspausen, dem Weihnachts- und Urlaubsgeld erscheint zuerst als Distinktion, als eine, im viktorianischen Sinne »Possibility to Excel in the Chain of Being«.

JOACHIM BESSING Auch weil andere Arbeitswelten so mühsam erscheinen.

ECKHART NICKEL Weil man als Behördenmensch auch nicht AC/DC hören kann, während der Arbeit. Coca-Cola trinken, und rauchen geht auch nicht immer.

JOACHIM BESSING Was die Menschen dann aber endfertig zerschmettert, ist diese bald schon enttäuschte Selbsttäuschung, daß die Arbeit in den Neuen Berufen abwechslungsreicher und aufregender sei, nur weil die Produkte Fernsehsendungen oder Schallplatten sind. Viele Reisen werden erhofft, teure Hotels, Stars, Kokain und so weiter. Die Realität ist enttäuschend. Es ist Arbeit wie jede andere auch. Genauso toll, genauso beschissen. Aber auf jeden Fall wird mit sehr wenig Handwerk zur Sache gegangen.

Die untergehende Sonne schimmert matt und fahlorange durch das Säulenfries des Brandenburger Tors. Seltsam erschöpft lösen die Freunde ihre Gesprächsrunde auf und begeben sich auf ihre Zimmer. Das Abendessen fällt aus.

ECLIPSE

Mitten in der Nacht verspürt Joachim Bessing das dringende Bedürfnis zu schwimmen. Einzutauchen in die klaren Wasser des Wellness-Spas im Adlon. Nur mit einem hüftlangen Hausmantel von Joseph Tricot und einer schwarzen Badehose von Issey Miyake bekleidet, steht er wenig später in Adlon-Pantoffeln vor dem verschlossenen Spa.

Eckhart Nickel biegt um die Ecke. Er trägt einen blau-rot gestreiften Hausanzug von Derek Rose, ebenfalls die Adlon-Pantoffeln und spricht in sein Diktiergerät. Gerade noch ist das Ende seines schlafwandlerischen Monologs zu hören.

ECKHART NICKEL – ich weiß es nicht, ich weiß es nicht.

Eckhart Nickel bemerkt Joachim Bessing und schaut verstört auf.

JOACHIM BESSING Ah, Eckhart. Ich hatte gehofft, niemanden zu treffen. Es ist mir jetzt peinlich – ich, du, hier, mitten in der Nacht. Und ich in dieser Freizeitkleidung.

Eckhart Nickel schaltet hastig sein Diktiergerät aus und läßt es in die Seitentasche seines Oberteils von Derek Rose gleiten.

ECKHART NICKEL Ahem, Joachim, nun, das macht nichts. Sehen wir doch einfach darüber hinweg. Aber ganz beiseite gesprochen: Schwimmen, jetzt, zu so später Stunde?

Joachim Bessing gleitet langsam an der matt von hinten beleuchteten Milchglastür herunter, gegen die er sich gelehnt hatte. Er atmet tief durch, riecht den faden Chlorgeruch aus dem verschlossenen Wellness-Bereich und zündet sich eine Zigarette an, eine Marlboro Lights Menthol.

JOACHIM BESSING Ich glaube, ich kann es nicht durchstehen. Das hier im Adlon, meine ich. Ich glaube wir öffnen da eine Tür, die besser gar nicht da wäre. Ich kann seit gestern nicht mehr einschlafen. Meine Verzweiflung. Ich hatte mir alles ganz anders vorgestellt. Leichter. Irgendwie angenehmer.

Joachim Bessing re-inhaliert den gerade ausgepusteten Rauch seiner Marlboro Lights Menthol, preßt sich beide Handballen auf die geschlossenen Lider, versucht ein Lächeln.

JOACHIM BESSING Let the good times roll.

Eckhart Nickel macht beide Augen zu, verschränkt die Arme und hält kurz die Luft an, atmet um so länger wieder aus. Dann beginnt er, langsam zu sprechen. Und zwar so, als würde er einen Text sprechen, den er seit längerem auswendig gelernt hat.

ECKHART NICKEL Lieber Joachim, was mich nicht schlafen läßt, ist vielmehr Angst. Nackte Angst. Das ist keine Tür, die wir da aufgeschlossen haben, es ist ein kollektives Fernrohr, in das wir ganz viele Münzen eingeworfen haben, und die Aussicht, die wir nun, abwechselnd und in regelmäßigen Abständen, immer der Reihe nach, einer festen Ordnung gemäß, betrachten müssen, gibt einen Blick frei auf ein bis dato unentdecktes Tal, eine Talsohle. Und in dieser Talsohle sehen wir nur uns, und wir stehen da und beugen alle unsere Köpfe vorwärts, als ob es dort sehr dunkel wäre, und ich glaube, wir da unten, wie wir uns dann dort gleichzeitig sehen, das sind Menschen, die ich gar nicht kenne. Aber das wäre nicht weiter schlimm, wenn das kollektive Teleskop nicht auch noch einen Audio-Kanal hätte, und in diesem Audio-Kanal rauscht es fürchterlich, und ich höre nur Sprachfetzen, und die sind so schlimm, daß ich fürchten muß, wenn das die Dinge sind, die wir bis jetzt gesprochen haben, dann muß ich mir Sorgen machen. Sorgen um uns. Sorgen um Deutschland. Das kann doch nicht wahr sein. Denn der Audio-Kanal ist so laut gestellt, daß wir, oben um das Fernrohr versammelt, versuchen, uns über das, was gleichzeitig unten zu sehen ist, auszutauschen, es aber nicht können. – Das Rauschen ist zu laut. Sind wir das, da unten im Tal, Joachim? Bitte sag, daß wir das nicht sind. Schau doch selbst.

Joachim Bessing zerrt einen silbernen Flachmann der Firma IWC, Schaffhausen aus einer Hüfttasche seines hellbraunen Hausmantels. Er schraubt die ziselierte Kappe ab und nimmt einen großen Schluck Absinth. Er reicht die Flasche an Eckhart Nickel weiter, der mit zusammengekniffenen Augen in gierigen Zügen daraus trinkt. Joachim Bessing zündet sich eine weitere Zigarette an.

JOACHIM BESSING Freundschaft ist ein scharfes Schwert, lieber Eckhart. Leider. Es ist ein Schwert, das keinen ordentlichen Griff hat; dafür aber zwei Klingen. Unten eine und oben eine. Wer nach dem Schwert greift, macht sich die Hände blutig. Es geht immer schief. Und dieses Tal, von dem du sprichst, ist genau wie dieses Schwert. Kein Licht. Kein Ende. Gar nichts. Keiner bemerkt die Dunkelheit drunten im Tal. Der Aussichtspunkt ist teuer und schwer zu erreichen. Die Sherpas meiden die Wege, die dorthin führen. Wer es trotzdem im Alleingang versucht, wird alleine bleiben. Sonst zerschneidet ihm das Schwert die suchende Hand. Es ist, glaube ich, nicht zu lösen, das Problem unserer Generation. Und ich dachte noch, es ginge uns leicht von der Hand. Aber alles, was ich sehe, sind Knoten und Stricke, Punkte und Schleifen. Spare me, please.

Joachim Bessing drückt seine Marlboro Lights Menthol im dichten Flausch des Hotelteppichs aus und zündet sich sofort eine neue an. Eckhart Nickel kramt eine filterlose Virginia-Zigarette der Marke Sweet Afton aus seiner Brusttasche und setzt sich mit angezogenen Beinen neben Joachim Bessing. Er zündet die Zigarette an, schnalzt mit der Zunge und singt in der näselnden Intonation Noël Cowards.

ECKHART NICKEL Flow gently, sweet Afton, among thy green braises, I'll sing thee a song in thy praise … Kennst du das Lied? Es ist eine alte schottische Volksweise. Sie wird zu Ehren eines Flusses in einem Tal gesungen. Dann haben sie eine Zigarette daraus gemacht. Und nun ist der Fluß nur noch Teil einer Strichzeichnung und das Bild des Poeten Robert Burns ein Bild, das lediglich der Illustration einer Verbrennung dient. Ich glaube, alles, was wir hier tun, gleicht diesem Prozeß. Wir rauchen die Zigaretten und verbrauchen ihr Feuer, das uns kurzzeitig wachhält, und am Ende ist da nur die Asche. Darüber vergessen wir das Tal. Alles ist viel zu weit entfernt. Kurze Zeit lang hatte ich bei unseren Gesprächen heute immer wieder das

Gefühl, als fände das Denken in meinem Kopf, wenn ich mir, während ich zuhörte, eine Formulierung zurechtgelegt hatte, gar nicht mehr den Weg aus meinem Kopf heraus nach draußen. Unsere große Gefahr ist gar nicht die Freundschaft, es ist die Rollenprosa. Vielleicht ist es auch die Form. Daß wir da sitzen und immer wieder auf das Brandenburger Tor starren, als würde von dort allein die Antwort kommen, von dem Glanz der Quadriga her. Dieser Umstand, daß wir ja auch dasitzen wie angeklagt bei einem schlimmen Kriegsprozeß und uns verteidigen müssen für irgend etwas, was wir als Haupttäter gar nicht zu verantworten hatten. Die Form setzt uns unter Druck, lieber Joachim, und das Adlon ist, wie dieses Spa zur späten Stunde, abgeschlossen. Wir kommen hier nicht wieder raus, ohne die richtige Aussage. Was ist denn die richtige Aussage? Warum müssen wir das lösen, dieses Rätsel unserer Generation? Die Schlauen haben sich doch längst abgesetzt, nach Südamerika vielleicht.

Joachim Bessing nimmt den letzten Schluck Absinth aus dem fiebrig glänzenden Flachmann der Firma IWC, Schaffhausen.

JOACHIM BESSING Oder in diese Kolonie, die Tyler Brûlé auf einer iberischen Kleinstinsel plant. Dort will er ausschließlich diese nach seinen Vorstellungen von einem – natürlich – dänischen Architekten entworfenen Wallpaper-Signature-Bungalows aufstellen. Eine Kolonie des guten Geschmacks soll es werden. Das ist wahnsinnig schlau. Tyler Brûlé ist doch der schlaueste Mensch unserer Generation. Unserer Zeit. Wenn nicht der Welt.

ECKHART NICKEL Skandinavien, ja. Heute gründen sie Kolonien des guten Geschmacks, vor knapp hundert Jahren waren das ja alles Künstlerkolonien. Ich muß nicht gleich an Worpswede denken, die Kalenderkunst oder das wilde Farbenspektakel, mit dem Jawlenskij, Kandinsky und ihre stets behutete Maldame Gabriele Münter Murnau alles überzogen, es gab ja auch die Schreiberkolonie von Hans Henny Jahnn, dieses Orgelpfeifentraumidyll an einem norwegischen Gebirgsbach, bezeichnenderweise auch so eine Gründung im Geiste der Homoerotik – Ugrino revisited, quasi: Was damals noch rural, mit Pfeife und Knickerbockern im Land der Mitternachtssonne möglich schien, bleibt heute saubere Wallpaper-Style-Oberfläche auf den Balearen. Dabei atmet das doch alles den Geist von Finnensauna, Schwedenkiefer und gesunder Stilpragmatik. Ich weiß nicht, wohin mein Herz mich ziehen soll, die Idee des Wellness-Spa, der Reinigung, das ist doch alles nur scheinbar angenehm. Ich will mein Spa zum Schreiben, doch wo ist es? Ich glaube, im Norden, Bergseen. Fische fangen und ein Saab Kombi im Sonnenuntergang. Turbo natürlich. Doch das ist fern. Wie fern ist das, Joachim? Und wie weit sind wir hier im Adlon davon wirklich entfernt?

Eckhart Nickel fixiert Joachim Bessing mit weit aufgerissenen Augen. Joachim Bessing stößt auf.

JOACHIM BESSING Nun, mein Lieber. Du bist offenbar am nächsten dran, an der Welt deiner Wünsche. Und wenn du mich fragst, wohin dein Herz dich zieht, muß ich sagen: Es zieht dich in dich selbst hinein. Und dies offenbar durch den Hinterausgang. Das Ergebnis wäre ein Verschwinden. Aber auf das unappetitlichste. Diese Schreiber- oder Künstlerkolonien haben doch mit der eigentlichen Aufgabe der Kolonie an sich rein gar nichts zu tun – Moment mal, Augenblick, bitte –

Joachim Bessing überstreckt seinen Hals leicht zur rechten Seite, von Eckhart Nickel weg, und übergibt sich klatschend in einen neben ihm stehenden Standaschenbecher. Der wasserhelle Strahl wird von der Messingschale fast vollständig aufgefangen.

JOACHIM BESSING Mein Gott. Also Kolonien: Die machen doch eigentlich nur Sinn, wenn du irgendwo hingehst, und die dort vorgefundene Gesellschaft oder Population, die Natur im Grunde, mit deinem Tun und dessen Wirkung erschütterst, zu Fall bringst, oder zumindest in eine Schräglage, und dann neu formst. Nimm das heutige Namibia zum Beispiel – ehedem Deutsch-Südwest: hingehen, taufen, schwarze Stammesmenschen in Franz-Josef Hirngruber umtaufen, Straßen umbenennen, Brauereien gründen, das herrliche Weihnachtsfest einführen, Sylvester meinetwegen. Das ist eine Kolonie, geschaffen durch Kolonialisten. Das meinte ich auch vorhin mit der Kolonie von Tyler Brûlé: Er plant die Kolonie im eigentlichen Sinn. Eine Alternative zum Bestehenden. Wenn du willst, kannst du es auch Flucht mit Alternative, also Revolution nennen. Deshalb werde ich immer unter den Menschen in den Städten leben. Mein Tun soll Wirkung haben. Was du meinst, sind keine Kolonien. Du borgst dir lediglich das Wort und meinst damit dann eigentlich Enklaven. Das schicke abgeschiedene Leben nahe am Ursprung, das unüberprüfbare und relevanzlose Schaffen, das verstohlene Händchenhalten mit deinem Angelfreund auf dem Brettersteg in der elfendurchschwärmten Mittsommernacht – eine Flucht ist das, nichts weiter. Walter Kempowski, als Dorfschullehrer im Holsteinischen, Rainald Goetz in Wien, Albert Oehlen auf La Palma, Judith Hermann in Berlin, Arno Schmidt in Bargfelde: Alle sind sie Beispiele für Enklavisten, und ich weiß nicht, ob du eintreten willst in deren Club.

ECKHART NICKEL Wer tritt denn schon in einen Club ein, bei dem man keine Aufnahmegebühr bezahlen muß, und wo es keine exklusiven Einladungen in einem Kuvert aus Büttenpapier gibt, die dir in geschwungenen Lettern erlauben, Geld bezahlen zu dürfen? Nein, nein, Joachim. Dein Kopf ist beseelt vom Absinth, und ich verzeihe dir deshalb dein Mißverständnis. Hier, nimm mal, dann geht es dir gleich wieder besser.

Eckhart Nickel reicht Joachim Bessing ein leinenes Taschentuch, das die Initialen EN eingestickt trägt und leicht nach Romeo Gigli duftet. Er zündet sich eine weitere Zigarette, eine Sweet Afton, an, lauscht kurz, als hätte er etwas vernommen, und wendet sich dann wieder Joachim Bessing zu.

ECKHART NICKEL Was ich meinte mit den Kolonien, ist ja nur mein Wunsch nach Absention, die Sehnsucht, aus der Spirale heraustreten zu können und dann, von diesem Standpunkt aus, Spinoza nannte ihn sub specie aeternitatis, endlich klarer sehen zu können, was passiert. Das ist der Ort des Künstlers, und der kann nirgendwo sein, in meinem Fall ja in Heidelberg. Dort zieht die Welt sozusagen nur in ihrer Schattenform vorbei, gleich dem rasenden Mondschatten, auf die Betrachter der Sonnenfinsternis zu. Aber diese rasende Welt gibt ex negativo und leider zu oft auch ganz real ein getreues Abbild ihres Treibens. Während sie das Deutschland-Idyll, dieses Jetztzeit-Namibia, in dem ich lebe, tangiert. Die Kolonie, wie Tyler Brûlé sie will, das ist in der Tat Deutsch-Südwest, aber das Deutsch-Südwest der Stylisten, ein Land also, in dem ich weder Neger noch Kolonialherr sein möchte. Das Gaukelbild, das er vor Augen hat, ist, glaube ich, so eine Tim-Taler-Welt. Ein steiniges Land voller exklusiver Markenprodukte. Ein Prada-Lanzarote. Nur daß Tim Taler selbst da nicht mehr hineinkäme und Horst Frank nur noch als alter La-Cage-aux-Folles-Varietist, als Homosexuellendarsteller sozusagen. Das nämlich ist das schlimme an den Kolonien: Allein im Rückblick, von heute aus, erscheinen sie uns als Alternative. Die klare Struktur, die Ordnung der Dinge. Vielleicht werden unsere nachfolgenden Generationen mit feuchten Augen von den Brûlé-Balearen träumen, wer weiß?

Eckhart Nickel pfeift einen Marsch, »Mein armes welsches Teufli«, schiebt währenddessen die Adlon-Pantoffeln einigermaßen waagerecht nebeneinander, als würde er, einem ermüdeten Soldaten der Schweizergarde gleich, bei vierzig Grad Celsius auf dem Petersplatz in Rom paradierend und am Wendepunkt angekommen, die Hacken zusammenschlagen.

ECKHART NICKEL Die Gegenwart in einer Kolonie ist unerträglich langweilig. Wir brauchen die Vielfalt, und damit, lieber Joachim, hast du recht. Ich könnte mir ja doch kein Leben als Angler vorstellen, ich weiß ja nicht einmal, wie man eine Angel bedient, geschweige denn will ich einen Anglerfreund. Was man in diesem Traum-Skandinavien will, ist ja IKEA-brutal: Familie, ein sauberes Norwegerhaus voller Kiehls-Kosmetikprodukte im hölzernen Badezimmer, weiße Handtücher, eine gesunde Gesichtsfarbe, frischen Fisch und einen einhundertprozentig sicheren SAAB 9.5 Kombi, dazu eine gute Figur, an den Schläfen ergrautes Haar, die Kleidungsfarben Beige, Hellblau und Dunkelgrün, ein wenig rot-weißes Karo hier und da, diesen sanften Zug um die Augen, diese späte Zivilisationsmilde. Ein Kaffee im Abendlicht, auf der Bank vor dem Haus. Ein Elch am See. Aber bereits Thomas Bernhard, der ja der erste König des Geschmacksreiches gewesen wäre, wollte keine zweite Welt. Er fuhr nach Mallorca und aß in schlechten Hafenrestaurants. Er ging auf den Graben in Wien. Er mußte das Schreckliche schauen, um das Schöne zu schaffen. Und begib dich einmal in Heidelberg in den öffentlichen Nahverkehr: Das pure Grauen lacht dich dort an, der Abschaum, das Strandgut der Menschheitsgeschichte. Aber es gehört dazu. »Gerade diese Welt, ce notre monde«, schrieb der große Dichter der »Verstümmelten«, Hermann Ungar, »gerade das, wovor ihr die Augen schließt, meine Brüder mit den Idealen der klassischen goetheanischen Geheimräte, gerade das, daß vor Michelangelo der Geschwürige steht!« Wir müssen es schauen. Und wir kommen nicht raus, wenn wir überleben wollen. Den Hinterausgang ins Selbst hinein und aus der Welt heraus, es gibt ihn nicht. Nicht für die Künstler. Vielleicht für die Wallpaper-Menschen, nicht für uns.

JOACHIM BESSING Entschuldige bitte, wer sollen denn die Wallpaper-Menschen sein? Manchmal scheint es mir so, als habe jeder vergessen, daß es sich bei Zeitschriften lediglich um bedrucktes Papier – News of the World – handelt. Diese Heroisierung und Verteufelung von schlichten Medien, die doch nur der Unterhaltung und der Information dienen sollen. Dienen sollen, verstehst du? Durch irgendeinen Umstand, den ich leider noch nicht benennen kann, hat sich wohl das gesunde System aus Roß und Reiter von ganz alleine auf den Kopf gestellt. Ich will nicht so weit gehen und von Götzendiensten sprechen, denn frühvergreist bin ich ja nicht, aber die Art und Weise, wie unfaßbar überhell jeder Windhauch, der faulriechend aus den Blättern und Sendungen herausweht, wahrgenommen und verstärkt wird, ist mir so unerträglich. Davon wird mir schlecht und nicht vom Trinken. Vom Trinken wird mir schon lange nicht mehr schlecht. Das war ein hundsgewöhnlicher Absorptionsprozeß wie jeder andere auch. Aber die ironisch gebrochene Ikonisierung von Menschen wie Heiner Lauterbach, Verona Feldbusch, Götz Alsmann, Hera Lind, Jenny Elvers, Mambo Kurt, Hella von Sinnen, Ulrich Wickert, Vera In't Veen, Esso-Rainer, Susan Stahnke, Andreas Türck, Tom Gerhardt, Thomas Gottschalk, Käpt'n Jack, Wolfgang Petry, Dieter Bohlen, Lothar Matthäus, Henry Maske, Kalle Schwennsen, Jim Rakete, Marusha, Benjamin Lebert, H.R. Schult, Roger Willemmsen, Franka Potente, Katja Riemann, Veronika Ferres, Prinz Frederik von Anhalt, Sissi Perlinger, Helmut Markwort, Rudolph Moshammer, Jack White, Rolf Eden, Birgit Schrowange, Dolly Buster, Roberto Blanco, Norbert Blüm –

Von Joachim Bessing und Eckhart Nickel unbemerkt, ist Alexander von Schönburg wie ein Nachtgespenst um die Ecke gebogen. Er trägt einen seidenen Morgenmantel mit blauem Paisley-Muster auf weinrotem Grund, darunter ein leichtes Polohemd aus zitronengelber Ägyptischer Baumwolle. Seine Beine sind nackt, behaart, aber braungebrannt. Sein Blick ist müde. Er lehnt sich gegen die Wand, läßt sich langsam in die Hocke sinken. Mit gelangweilter Stimme setzt er die von Joachim Bessing begonnene Aufzählung fort.

ALEXANDER V. SCHÖNBURG Gerhard Meir, Udo Walz, Gerhard Schröder, Milli Vanilli, Karasek.

Alexander von Schönburg pocht dabei leise auf die weißgestrichene Holzwand, an der er inzwischen kauert.

ALEXANDER V. SCHÖNBURG Klingt hohl. Seht ihr: Genau wie das Adlon ist die Welt, in der wir leben. Außen fein herausgeputzt, mit Goldrand, aufgehyped – dahinter hohl.

Joachim Bessing wendet sich ab.

ALEXANDER V. SCHÖNBURG Letztlich war ich im Hotel Excelsior in Rom. Die Farbe an den Fensterrahmen war blättrig, die Vorhänge waren staubig, die Badezimmer waren nicht mit Marmor, sondern mit uralten Fließen ausgelegt. Wenn man den riesigen Messinghahn am Waschbecken aufdrehte, quietschte es fürchterlich, und es kam eine rostige Soße heraus. Freunde von mir, die sich dort eingenistet hatten, ich selbst wohnte – nota bene – in einer Privatwohnung mit zwei Balkons in der Via del Corso, beschwerten sich über das Hotel. Der eine, ein saunetter Typ aus Wien, der nur Helmut Lang und Gucci trägt und dabei wie ein Luxus-Penner ausschaut, fuhr mit angefeuchtetem Finger über die Bilderrahmen und zeigte mir den Staub. Verdammt, Helmut, sagte ich, siehst du nicht, daß dies der eigentliche Luxus ist?! Authentizität! Verkommener Charme! Nicht nachgebaut! Keine Kopie! Sondern Original!

Eckhart Nickel ist bei jedem der Ausrufe in Alexander von Schönburgs Erzählung zusammengeschreckt. Joachim Bessing stiert apathisch vor sich hin. Ein dünner Speichelfaden läuft ihm aus dem Mundwinkel.

ECKHART NICKEL Deiner Meinung und Vorstellung nach ist Schröder wie das Adlon, also die Neu-Berliner Republik, und Helmut Schmidt ist sozusagen Brenners Parkhotel in Baden-Baden, die alte elitär-luxus-versiffte Welt von gestern?

ALEXANDER V. SCHÖNBURG Qualtinger, Roman Polanski, Golo Mann, Eugène Ionesco, E. M. Cioran, Robert Jungk, Herbert von Karajan, Sebastian Haffner, William Burroughs, Heinz Rühmann. Bei dem Dokumentarfilmer Gero von Boehm stehen zu Hause alle Videoaufzeichnungen seiner Interviewreihe »Wortwechsel« in einem Regal. Als ich ihn besuchte, stand ich minutenlang vor diesem Regal und starrte auf die Namenskleber der Kassetten. Wo sind diese Menschen heute? Wo sind die gescheiten Juden? Die scharfen Aristokraten? Die strengen Hanseaten? Die barocken Süddeutschen? Wer kann noch reden? Ich meine richtig reden, nicht Sprechblasen von sich geben, sondern rhetorisch und auf den Punkt genau sprechen. Manchmal höre ich richtig gutes Deutsch im ORF oder im Café Hawelka in Wien, aber es stirbt aus, wie das scharfe »ß«. Ich fühle mich privilegiert, daß ich in einem Alter bin, das es mir noch ermöglichte, Menschen wie William Burroughs persönlich kennenzulernen. Ich habe eine halbe Flasche Whisky mit ihm zusammen getrunken. Keith Haring, Patricia Highsmith, die mich nur ins Haus lassen wollte, wenn ich behauptete, homosexuell zu sein, Heiner Müller, der sich in den späten achtziger Jahren als Privilegierter abends in Westberlin herumtrieb und meine Montechristos rauchte, Arno Breker, den ich in seinem Atelier besucht habe und der sich völlig taub stellte, wenn ich etwas über den Nationalsozialismus sagte, der aber alles genau verstand, wenn ich über seine Skulpturen sprach, Robert Mapplethorpe, der meine Schwester porträtiert hat.

Eckhart Nickel preßt seine Nase gegen die Milchglastür und spricht in das kalte Glas hinein.

ECKHART NICKEL Ich fürchte, Alexander, du siehst die Welt durch das strukturierte Milchglas deiner privilegierten Herkunft. Da für die meisten Menschen diese Leute nur virtuell, also durch ihr Werk und im Fernsehen am Leben sind, macht es für sie keinen Unterschied, wer am Leben ist und wer nicht. Gewissermaßen leben heute Johann Wolfgang von Goethe und Lady Diana Spencer immer noch. Bei vielen Menschen weiß ich gar nicht, ob sie tot sind oder lebendig. Warte mal: Peter Alexander, Siegfried Lowitz, Gisèle Freund. Wohlmöglich ist Lili Palmer noch am Leben.

Joachim Bessings Kiefer schlagen hart aufeinander.

JOACHIM BESSING Und daß Inge Meysel noch lebt, weiß ich auch nur, weil du, Alexander, es mir persönlich versichert hast.

ALEXANDER V. SCHÖNBURG Okay, okay – aber die halbvirtuelle Welt ist nicht mehr, was sie einmal war. Selbst die Reeperbahn in deiner Heimatstadt Hamburg, Joachim, ist nur noch ein verzerrter Schatten ihrer selbst. Früher hat man wenigstens die Penner und die Junkies nicht gesehen, die in ihrer eigenen Kotze schliefen, weil so viele Menschen auf der Straße waren. Jetzt ist plötzlich alles so leer geworden, die Menschen sitzen zu Hause und wichsen zum Nachtprogramm von RTL2. Scheiß neue Welt, scheiß fein rausgemachtes und falsches Adlon, scheiß Milchglastür, scheiß hohle Wand, scheiß Roomservice, ich bestelle mir jetzt noch ein Club-Sandwich. Mal sehen, ob sie es mir auch vor der Tür des verschlossenen Fitneßzentrums servieren.

Alexander von Schönburg macht Anstalten aufzustehen, dabei fällt ihm eine Schachtel Marlboro Ultra aus der Tasche. Er setzt sich wieder hin, fischt eine Ziga-

rette aus der flachgedrückten und eiskalten Schachtel. Eckhart Nickel gibt ihm Feuer mit seinem Werbefeuerzeug von Tom Ising.

ALEXANDER V. SCHÖNBURG Das sind die grausligsten Zigaretten, die ich je gekostet habe. Sie schmecken nach Ammoniak und Berliner Republik. Morgen gebe ich das Rauchen auf. Dann ziehe ich nach Weimar, nehme mir eine Altbauwohnung irgendwo an der Illm oder in der Schillerstraße, lasse mir morgens die New York Times vom Internet ausdrucken, gehe einen Kaffee trinken, auf einen Sprung ins Nietzsche-Archiv, dann esse ich irgendwo eine Thüringer Rostbratwurst oder gehe mit meiner Frau im Wald spazieren.

Die letzten Worte spricht Alexander von Schönburg schon im Gehen. Eckhart Nickel schaut dem traumwandlerisch davongleitenden Alexander von Schönburg verstört hinterher. Er nimmt seine Quantas-Schlafbrille aus der Manteltasche und setzt sie sich auf.

ECKHART NICKEL Joachim, ist er weitergegangen? Ich meine, war das wirklich Alexander von Schönburg oder eine vom Adlon für uns inszenierte Irritation? Jetzt, wo ich nichts mehr sehen kann, kann ich besser denken. Also, wo waren wir stehengeblieben? Ach ja, die people. Ja, ein Phänomen. Warum interessiert sich überhaupt jemand für sie? Weil sie den Schritt in die Schußbahn der Öffentlichkeit getan haben? Weil wir uns in der Verehrung für sie unserer eigenen Schäbigkeit entledigen wollen? Ich meine, wie würdest du aussehen, wenn du »Wetten Dass ...?« moderieren wolltest? Also zurück zu den anderen, zu den Coolen, den Wallpaper-Menschen, die es angeblich nicht gibt. Es gibt sie, lieber Joachim. Sie unterhalten Design-Factorys, machen in Fotografie oder sind sonstwas in den Ästhetikbranchen. Und für all die ist das jeweils neue Wallpaper die Living- und Lifestyle-Bible, so wie es für manche von uns die Zeitschrift Tempo gewesen ist, die aber viel kühner war, mehr wagte in Richtung Peinlichkeit und Selbstentäußerung, dadurch natürlich auch verletzlicher war. Was in Wallpaper steht, geht doch nicht über Style hinaus, es geht einzig und allein um Environment. Um sonst nichts. Sauber, klug und cool. Daran ist nicht Tyler Brûlé schuld, er macht ja ein gutes Magazin, und ich schaue mir das gerne an, aber die Menschen in Deutschland lesen es genauso, wie wir damals Tempo: das Magazin als Welterklärungsmodell für Menschen auf der Suche nach dem Karma-Chamäleon. Heute mit dem Bhagwan in den

Ashram, morgen mit den Beastie Boys nach Tibet und übermorgen zum Friseur nach London. So sind sie, unsere Freunde, und fühlen sich gut dabei. Im echten Sinne gegenwärtig und am Puls der Zeit. Welcher Zeit denn? Der Zeit, die Tyler Brûlés Omega Speedmaster anzeigt vielleicht?

Eckhart Nickel betastet suchend den dichten Hotelteppichflausch, auf dem sie sitzen, seine rechte Hand verschwindet bis über das Handgelenk hinaus im goldfarbenen Flor und zerrt dort vom Grund des Teppichs eine Packung Marlboro Ultra herauf, wie ein sich noch windendes Bodenseefellchen. Er entfernt die Folienhülle der Zigarettenschachtel, klappt den Deckel auf, zieht vier Zigaretten am Filter zu einem kleinen Fächer heraus und bietet so Joachim Bessing eine Zigarette an.

JOACHIM BESSING Ich weiß nicht, ob es wirklich darum gehen soll – um die Abgrenzung zu anderen Menschen aus ästhetischen Gründen. Bekanntschaften abzulehnen und zu vergessen, weil sie das Falsche anhaben, oder das Richtige zur falschen Zeit; weil sie nicht ordentlich gebräunt sind, zu blaß sind, zu verbrannt oder solariumsichtbar; weil sie sich nicht gerade halten können; weil ihnen nichts einfällt im Gespräch oder sie zu schnell emotional werden; weil sie zuviel arbeiten und auch noch davon erzählen wollen, stolz darauf sind; weil sie nicht reisen oder immer an die falschen Orte; weil sie Asien noch nie geschaut haben oder dort in den falschen Hotels wohnten; weil sie Singapur ganz schön finden und Laos langweilig; weil sie ernsthaft Kruder & Dorfmeister hören oder Massive Attack; weil sie nicht wissen, wie man einen First Cut trinkt; weil sie kein Kokain hacken können oder es mit der falschen Karte hacken wollen; weil sie schon einmal andere mit Nasenpilz angesteckt haben; weil sie Bodybuilding machen, keinen gottgegebenen Körper haben; weil sie mit der falschen attitude Geld sparen; weil sie die falsche Freundin oder den falschen Freund haben; weil sie im falschen Viertel wohnen oder im richtigen, aber in einer falschen Wohnung; weil sie nach Australien auswandern wollen; weil sie es ernsthaft schlimm finden, wenn sich die Teile von Helmut Lang sofort nach dem ersten Tragen auflösen oder verfärben würden; weil sie glauben, sie seien schlau oder daß es schlau sei, eine Ayurveda-Kur zu machen; weil sie behaupten, ihr Anzug von Peek & Cloppenburg oder H&M sitze genausogut wie meiner von Richard James, Saville Row; weil sie behaupten, Deutschland brauche einen jungen »Stern«; weil sie zu alt und langweilig sind oder zu jung und unerfahren; weil sie sich gehenlassen, fett werden oder bulimisch; weil sie Haare auf dem Rücken haben; weil sie finden, daß die bisexuellen Parfums von Calvin Klein gut riechen; weil sie nichts geregelt kriegen; weil sie jammern; weil sie ihre Schuhe nicht putzen; weil sie keinen Namen haben; weil sie nerven; weil sie Alkoholiker sind; weil sie fremdgehen; weil sie arm sind;

weil sie nicht rauchen können;
weil sie nicht trinken können;
weil sie nicht lieben können;
weil sie nicht leben können;
weil sie nicht sein können;
weil sie nichts sind;
Nichts.

Ich möchte darüber nicht mehr länger nachdenken müssen. Ich möchte mir eine bleierne Taucherglocke überstülpen. Darin soll absolute Stille sein. Kein Gedanke. Nichts. Manche mögen das Meditation nennen, aber das meine ich nicht. Der Meditierende versucht, alle Gedanken fortzujagen, weil er annimmt, daß ihn die eigenen Gedanken stören oder verführen wollen. Im Grunde also nichts anderes als der Katholizismus im safranfarbenen Glatzengewand. Ich hege solche Ängste nicht. Ein Geistesgebäude möchte ich in mir errichten, das in Art und Konstruktion einem nie realisierten Plan von Le Corbusier folgt. Damit meine ich sein Musée Mondiale, ein Museum der Menschheitsgeschichte, das er ursprünglich in Genf zur Weltausstellung errichten wollte. Das Gebäude sollte aus zwei gigantischen, ineinander verschränkten Spiralen bestehen. Eine führte den Besucher an der Außenwand der so gebildeten Kuppel hinauf. Während der Besucher also bergan schreitet, gewinnt er mehr und mehr eine atemberaubende Rundumsicht, obwohl er sich die ganze Zeit eigentlich nur im Kreise bewegt. Erreicht er den Scheitelpunkt der Doppelspirale, die Plattform auf der Spitze der Kuppel, sieht er alles: ein überwältigendes Panorama der ihn umgebenden Weltlandschaft. Zum Abstieg muß er auf der abwärtsführenden Spirale, die in das Innere der Kuppel führt, gehen. Am Rand dieses Weges sieht er Schaukästen, in denen sich die Geschichte der Menschheitsentwicklung zur Schau stellt. Beginnend mit dem Urknall, den Amöben, Steinzeit, Revolutionen, Industriezeitalter, Atombombe und so fort. Sein lehrreicher Weg endet am Boden der großen Kuppel: Er steht jetzt in einem dunkelblau leuchtenden, leeren Raum, in dem die Stille dröhnt. Es ist nichts als sein eigener Atem, den er da hört. Er legt sich hin, hört seinen Atem, krümmt sich embryonal, schläft ein. C'est ça – das ist es genau, was ich meine. Das ist es, was ich will. Verstehst du mich, Eckhart?

Eckhart Nickel läßt seinen Kopf mehrfach kreisen, als gelte es, sein Genick auszurenken, und beugt dann seinen Kopf ganz weit nach vorne, so daß sein Kinn den Kehlkopf berührt. Ein Geräusch wie das eines knickenden Astes ist zu vernehmen. Joachim Bessing sieht erschreckt auf, schaut zur Seite und gibt Eckhart Nickel mit der linken Hand, in der er noch die Marlboro Lights hält, einen Klaps auf die Wange.

JOACHIM BESSING Eckhart, bist du noch da?

Eckhart Nickel hebt sein Kinn wieder in die Waagerechte, legt sich beide Hände auf die von seiner Quantas-Schlafbrille verhüllten Augen und lacht.

ECKHART NICKEL Ich folge dir, Joachim, ich folge dir in diese Tiefe mit der Taucherglocke, und zwar gerne. Doch laß mich noch eines zu den Freunden sagen: Am schlimmsten ist, und das ist das einzige, was du in deiner grandiosen Charakteristik vergessen hast, daß sie nicht LESEN können. Das kann überhaupt kaum noch jemand. Ich meine jetzt nicht entziffern, ein Buch aufschlagen können, mit den Augen den Lauf der Buchstaben verfolgen, nein. Dann darüber reden können, wie Julian Barnes es einmal trefflich formulierte. Nein. Lesen im Sinne von SEHEN, VERSTEHEN, über den Wortsinn und das Gesagte hinaus. Das ganze FUNDAMENT unseres Wissens skelettieren und deuten können. Das ist das Weltmuseum, das ja ein Menschheitsmuseum ist, und das wir in uns tragen und auch lesen können, wenn wir die Fähigkeit haben, es wahrzunehmen. Im Griechischen heißt sie AISTHESIS, die Gabe der Wahrnehmung und die Fähigkeit, den Kreis dieses Fundaments, die Doppelspirale durchschreiten zu können. Deswegen sind wir das da unten im Tal, die wir uns auf der Höhe wähnen, während wir oben auf der Höhe mit dem Fernrohr nach unten schauen und uns ganz unten zu befinden scheinen. Nur unseren Atem zu hören, der uns mit der Gewalt eines Gewittersturms umdröhnt, das haben wir noch nicht erreicht. Dann riechen wir sie vielleicht, die URSUPPE Nietzsches. Denn dort unten, gekrümmt in der blauen Finsternis, sind wir ausgependelt und können uns von Angesicht zu Angesicht schauen. Gleichwertig. In diesem Moment zeigt uns der Spiegel nichts anderes als das, was wir sind. Da müssen wir hin. Doch was wird dann sein? Wie sieht es dort aus?

Eckhart Nickel nimmt seine Schlafbrille ab. Im gleichen Moment britzelt es, und das Licht fällt aus.

ECKHART NICKEL Joachim, bist du noch da?

Das Geräusch über den Teppich kriechender Menschen, es wird immer leiser. Dann Stille.

Stille.

II. TEIL

IM SPIEGEL DER MEDIEN

Oh we were brought up on the Space-Race,
now they expect you to clean toilets
Jarvis Cocker – Glory Days

Das Büro des Kulturchefs ist nicht sehr groß. Im Verlagshaus werden die Büros nach der Anzahl ihrer Fenster und ihrer Aussicht verteilt. Ganz oben im Haus: selbstverständlich der Chefredakteur. Sein Büro ist etwa vierzig Quadratmeter groß, zwei Fenster, davon eines in Form eines Bullauges, beide mit unverstelltem Blick auf den Fluß. Im Büro des Chefredakteurs ist noch nie geraucht worden.

Das kleine Büro des Kulturchefs liegt im ersten Stock und hat nur ein Fenster, das den Blick freigibt auf einen Grünstreifen und einen schmalen Gehweg, auf dem ältere Frauen ihre Hündchen spazierenführen. Dahinter ein verklinkerter Riegel vierstöckiger Mietshäuser, rot, wenige Fenster. An zwei der drei verbleibenden Wände im Büro des Kulturchefs sind schwarze Regale aufgestellt, bis zur Decke gefüllt mit Büchern. Dicke Bildbände, aber auch vakuumverschweißte Neuerscheinungen verschiedener Verlage. In der einzigen freien Bürowand hängt die Tür, schwarz, zum Vorzimmer und zur Sekretärin des Kulturchefs, daneben ein kleines Zweisitzersofa, schwarz, echtes Leder.

Joachim Bessing sitzt im Vorzimmer. Dort gibt es keinen Garderobenständer, deshalb hat er seine Prada-Sport-Daunenjacke über einen Umzugskarton gelegt, über den Burberrys-Imitat-Trenchcoat der Sekretärin. Die Sekretärin des Kulturchefs sitzt an einem quadratischen Schreibtisch, auf dem zwei Macintosh-Performa und zwei Telefone stehen. Sie unterhält sich mit einem Jungredakteur, in dessen braunem, gewelltem Haar zwei goldblonde Strähnen eingefärbt sind. Der Jungredakteur trägt einen zerknautschten, kittfarbenen Anzug von Helmut Lang. Darunter ein rosa Hemd, Hermès wahrscheinlich, und Sneakers von Nike.

Der Kulturchef telefoniert mit fester Stimme, das ist durch die angelehnte Tür zu hören. Er ruft »Tür zu«, die Sekretärin steht auf, ohne ihr Gespräch mit dem Jungredakteur zu unterbrechen, und zieht die Verbindungstür kräftig zu. Die Wände des Vorzimmers wackeln. Der Jungredakteur und die Sekretärin reden über ihre Putzfrauen. Die der Sekretärin hat ihr neulich beim unsachgemäßen Möbelrücken das Parkett im Flur zerkratzt, feuern kann die Sekretärin sie ja deswegen schlecht, denn es gibt sowieso zu wenige Putzfrauen.

Der Jungredakteur hat Verständnis, er ist mit seiner eigenen Putzfrau im Grunde auch unzufrieden, aber, da sind sich beide einig, was soll man machen?

Eine Pause entsteht, der Kulturchef telefoniert immer noch, gerade wieder sehr laut, er lacht. Es stellt sich jetzt heraus, daß der Jungredakteur genau wie Joachim Bessing darauf wartet, zum Kulturchef hineinzudürfen.

Der Kulturchef verschränkt die Arme hinter seinem Kopf und lehnt sich weiter nach hinten in seinem Alu-Chair von Charles und Ray Eames für Vitra.

KULTURCHEF Ah ja, sehr gut, daß sie gekommen sind. Ich muß ihnen ganz ehrlich sagen, daß ich gar nicht mehr weiß, was ich von dem halten soll, was sie mir da geschrieben haben. Also ich sage das jetzt mal so: Es ist kein Thema für uns, weil das zuwenig offen ist; ich weiß gar nicht, wen das interessieren soll, aber das sehen Sie ja wahrscheinlich anders. Also ich habe mir eben gedacht, wenn das jetzt eine andere, also wenn die Runde anders besetzt wäre – zum Beispiel, das sage ich jetzt so, wenn da jetzt ein Tütenpacker aus einem HL-Markt im Osten dabeisitzt oder ein Flüchtling, das fänden wir spannend. Der Konflikt, meine ich, der dann da wäre.

Der Jungredakteur strafft sich.

JUNGREDAKTEUR Ja, genau.

KULTURCHEF Oder anders gesagt: Ich glaube nicht, daß Sie überhaupt wissen, wofür sich die Leute interessieren. Schauen Sie, wir haben doch hier eine Verschuldung, also die Deutschen sind total verschuldet. Die Familien auch, alles. Und da kommen Sie und wollen über Angst vor American Express reden und vor Prada, das geht doch völlig am Thema vorbei. Das weiß ich zufällig ganz genau, weil ich das nämlich jeden Tag sehe, hier. Ich habe ja selber einen Sohn in dem Alter, und deshalb verstehe ich ja auch nicht, weshalb Sie immer von Generation reden, der ist nämlich total anders, der sieht das genau wie ich. Der will überhaupt keine teuren Klamotten anziehen – da schämt der sich. Weil ich, ich leihe ihm manchmal Sachen von mir, weil mein Sohn jobbt samstags im Smart-Center im Verkauf, weil er noch studiert, und da muß er immer anders angezogen sein als in der Woche an der Uni. Und der arbeitet wirklich gern. Der sagt immer zu mir: »Ich will kein Geld von dir«, also, der war auch schon immer selbständig. Und das ist für mich auch mehr Ihre Generation als das, was

Sie darüber schreiben.Verzichten, meine ich.Wenn sie das so wollen, dann sage ich ihnen, ich bin sechsundfünzig, und meine Generation ist eigentlich das, was Sie meinen: Schauen Sie mich doch an: Meine Strickjacke, die ist von Hermès. Die kaufe ich ab Lager, da muß man ein bißchen herumfahren, dann kostet die aber immer noch fünfhundert Mark, und das Hemd auch!

Der Kulturchef reißt sein Bein über die Schreibtischkante hoch und lehnt sich dabei bis zum Anschlag in seinem vor vier Jahrzehnten für Billy Wilder entworfenen executive chair zurück.

KULTURCHEF Meine Jeans sind von Versace, die leihe ich auch meinem Sohn am Samstag, und die Schuhe sind handgemacht. Pferdeleder. – Also bin ich ja eigentlich der, den Sie meinen.Verstehen sie?Weil die Freundin von meinem Sohn, also wenn die ausgehen, am Wochenende, dann ziehen die alte Bluejeans an, die ältesten verwaschenen Dinger sind das, und Trainingsjacken aus den Siebzigern – so laufen die herum. Das finden die gut. Und so sind auch die ganzen Freunde von denen angezogen. Das wäre zum Beispiel eine richtig gute Geschichte für uns: »Die Flohmarkt-Generation«. Da hätten wir dann nämlich auch mit den Fotos eine gute Optik für die Geschichte, das ist ganz wichtig für unser Blatt – Ich kann dem Chef ja überhaupt keine Geschichte mehr vorstellen, ohne gleich gefragt zu werden, was für eine Optik ich dazu habe. Daran haben Sie auch gar nicht gedacht, bei Ihrer Sache, da müssen sie sich vorher besser informieren, sonst ist das unprofessionell, bei dem Anspruch, den Sie da haben. Und außerdem – so komme ich auch darauf – ganz wichtig bei meinem Sohn und seinen Freunden ist ja: Die interessieren sich gar nicht für Luxus. Überhaupt nicht. Das finden die spießig. Stimmt ja auch. Wenn sie zum Beispiel schreiben, daß die Platinum Card ein Statussymbol ist, dann stimmt das einfach nicht – American Express, das war mal in den Fifties, wo sich die GIs ihre Greenbacks, ihre Dollars halt, abgeholt haben, von zu Hause. Mehr ist das nicht, American Express – warten Sie mal, ich zeige Ihnen was:

Der Kulturchef steht auf und zieht einen britischen Ausstellungskatalog aus einem Regal. Er blättert kurz und hält ihn dann Joachim Bessing aufgeschlagen hin. Auf einer Doppelseite ist ein unscharfes, angeblitztes Foto eines Buben zu sehen. Er kauert auf einer Toilette, ein Pflaster über die ganze Stirn geklebt. Seine Hände sind mit einem Kälberstrick zusammengebunden.

KULTURCHEF So, das habe ich jetzt neulich erst bekommen, mit der Post. Das ist diese New Neurotic Art. Das machen die in London. So was, das ist eben was für uns. Und wegen Prada: Da habe ich sowieso eine ganz große Geschichte vor. Aber eben ganz anders. Das verliert nämlich sowieso bald an Bedeutung, weil die werden ja aufgekauft werden von Gucci, und Gucci gehört ja sowieso schon lange nicht mehr den Guccis, das ist ja gerade das Interessante daran für mich. Und wie gesagt, das bringe ich ganz groß, den Ausverkauf, meine ich. Und dann hat sich das sowieso mit den Marken. Das schreibt mir gerade eine ganz fähige Frau, aber die kennen Sie wahrscheinlich nicht. Also schauen Sie – es tut mir leid.

Auf dem Weg zum Treppenhaus sagt der Jungredakteur zu Joachim Bessing, daß es ihm auch leid tut und daß er noch mal reden möchte mit seinem Chef.

Berlin, 25. April 1999

BENJAMIN V. STUCKRAD-BARRE Die Subventionierung der Kunst richtet im Mastdarm der Literaten Schändliches an. Diese Art und Weise, wie ich mit Christian Kracht das Goethe-Institut in Bangkok schauen mußte, wie wir dort behandelt wurden, das ist das Ekelhafteste, das es gibt. Ich habe noch nie etwas zur Förderung eingereicht und bin stolz, von dem leben zu können, was ich erarbeite.

JOACHIM BESSING Früher konnten Künstler doch auch nur überleben, wenn sie einen Potentaten fanden, der sie an seinem Hof angestellt hat, für ihre Kunst. Fanden sie keinen oder taugte ihre Kunst nichts, sind sie verreckt.

Schweigend schleppt sich Eckhart Nickel zu einem kleinen Kassettenrekorder und startet ein Band mit den Goldberg-Variationen von Johann Sebastian Bach, einer Einspielung von Glenn Gould aus dem Jahr 1955. Schwerelos beginnen die klingenden Schnörkel sich durch den Raum zu spannen.

Ein Zimmermädchen rollt einen Teewagen herein. Darauf dampft heiße Schokolade in schwerem, silbernem Geschirr. Die Klaviermelodie und der appetitliche Duft des Getränks wirken wie ein feuchtheißes Frotteetuch, das sich über die Gesichter der Runde schmiegt. Kurz nachdem das Zimmermädchen gegangen ist, kommt Alexander von Schönburg aus dem Wellness-Spa zurück.

BENJAMIN V. STUCKRAD-BARRE Muß nicht auch heute die Kunst dazu taugen, oder darauf ausgerichtet sein, den Künstler zu ernähren? Und wenn die Überlegung wäre: »Brauchen wir Theater?«, und die Antwort wäre: »Nein!«, dann brauchen wir eben auch wirklich kein Theater. Wenn, wie heute, jeder Stuhl in den Theatern mit neunhundert Mark pro Abend und Sitzplatz gefördert werden muß, um das Theater am Leben zu erhalten, dann entfremde ich mich persönlich von diesem Staat, wenn ich sehe, was gesponsert wird. Das ist richtig ekelhaft und kommt von einem völlig falschen Kulturverständnis, nämlich, daß Theater an sich schon einen Wert darstellt. Das ist zwar eine Heiner-Lauterbach-Meinung, aber es stimmt: Auf den Bühnen stehen dann diese vollkommen fehlerzogenen Idioten, die sich gegenseitig nackt mit Farbe beschmieren; Sachen darstellen, die überhaupt keinen Sinn machen –

CHRISTIAN KRACHT – sich auspeitschen –

BENJAMIN V. STUCKRAD-BARRE Das Theater hatte doch früher eine ganz andere Funktion. Es wird aber weiter von diesem Staat subventioniert, als sei es immer noch etwas, was die Leute interessiert. Dabei müßte eigentlich das Fernsehen subventioniert werden.

JOACHIM BESSING Ist unser Konsens dann, daß alle Theater sofort schließen könnten; die Abschaffung des subventionierten Theaters? Ich bin gleich dafür. Es soll bitte nicht mehr jeden Abend der alte Lappen hochgehen. Wir sind ab jetzt für Sponsoring, aber gegen Subventionen.

CHRISTIAN KRACHT Absolut.

BENJAMIN V. STUCKRAD-BARRE Sofort.

ECKHART NICKEL Alle schließen!

BENJAMIN V. STUCKRAD-BARRE Erst dann kann das Theater nämlich wieder eine gesellschaftliche Bedeutung bekommen. Wenn es aus eigener Kraft heraus schafft, daß die Menschen aus eigenem Antrieb dorthin gehen und bezahlen, was es dann kostet, hat es auch wieder eine Daseinsberechtigung. Deshalb fand ich Christoph Schlingensief gut; denn er hat das Theater in einer Form relevant gemacht, und er hat gezeigt, daß es nur dann geht, wenn das Theater nicht mehr im Theatergebäude selbst stattfindet, sondern wenn es von dort aus hinausgeht. Dann gerne auch wiederkommen kann – und Zuschauer mitbringen. Also Bürger. Das Theater aber, das mit den von mir beschriebenen Leuten in den Gebäuden sitzt und viele Milliarden Mark verbrennt, ist tot oder muß sterben.

CHRISTIAN KRACHT Gleiches gilt auch für den subventionierten Film.

Alexander von Schönburg entdeckt den Teewagen und greift nach einer Tasse heißer Schokolade, schlürft einen Schluck davon.

ALEXANDER V. SCHÖNBURG Ach, das ist eine langweilige Diskussion. Das ist ein so banales Urteil, eine dialektische Müßigkeit. Aber von mir aus – damit schafft ihr dann eben amerikanische Verhältnisse. Dort gibt es Theater nur noch in den großen Städten, wo der Markt die Kultur bestimmt. Ich finde es eigentlich ganz schön, wenn der Staat noch einen Hauch einer Aufgabe hat. Das Volk zu bilden, zum Beispiel. Daß in den sozialistischen Ländern die Bücher fast umsonst waren, gefiel mir auch. Letztendlich bin ich dagegen, daß der Markt siegt. Daß nur noch Dinge verkauft werden, für die es eine Nachfrage gibt. Ich bin für die Donaueschinger Musiktage und gegen Open-air-Kultur-Events, die von Audi gesponsert werden.

BENJAMIN V. STUCKRAD-BARRE Aber wo wird denn so etwas entschieden? Das Theater, für das sich in seiner heutigen Form nur noch circa vier Menschen interessieren, ist mit der staatlichen Überförderung doch eher gestraft. Erst wenn die Subventionen wegfallen, wäre doch hier endlich der Zwang da, sich zu erneuern.

ALEXANDER V. SCHÖNBURG Ach nein. Selbstverständlich gibt es schon lange vorher einen Zwang, sich zu erneuern. Es ist die Qual eines jeden Kulturschaffenden, daß er etwas Neues schaffen muß. Das ist schwierig genug, aber es geschieht immer wieder. Thomas Bernhard ist ein gutes Beispiel hierfür. Schon in den zwanziger Jahren wurde gesagt, das Theater sei tot. Die Dadaisten haben daraufhin ihre Lautgedichte gemacht, und trotzdem gibt es immer wieder ein paar Glanzpunkte, derentwegen es sich lohnt, das Sauerstoffzelt des Theaters weiterhin aufzublasen.

ECKHART NICKEL Aber Thomas Bernhard war doch selbst ein völlig der Subvention entgegenarbeitender Schriftsteller. Er hat sich doch freiwillig und selbst unter das Gesetz des Marktes gestellt, indem er Häuser kaufte, für die er Schulden machte, auf daß er ein Leben lang schreiben mußte. So und so ähnlich – allerdings ohne Häuser oder andere reale Gegenwerte – betreibe ich das ja auch.

ALEXANDER V. SCHÖNBURG Der Künstler an sich kann auch gar nicht subventioniert werden. Subventioniert werden zum Beispiel seine Bücher und die Infrastruktur. Im Augenblick, in dem du einem Künstler Geld gibst und sagst: »Mach was bitte!«, ist es Auftragskunst. Berlin ist voll davon, es ist absolut langweilig.

BENJAMIN V. STUCKRAD-BARRE Die Kunst muß vielleicht ganz streng kapitalistischen Prinzipien unterworfen werden. Genauso wie diese Wurstbude vor dem Hotel streng kapitalistisch funktioniert. Es gibt keinen Grund dafür, warum der Künstler für seine Arbeit Subventionen bekommen sollte. Es gibt dafür kein Argument.

ECKHART NICKEL Der Gedanke der Subventionen geht von der Annahme aus, daß der Künstler ein zarte Pflanze ist, die sich nicht aus eigenen Kräften am Leben erhalten kann und deshalb wie eine zarte Orchidee im wunderbar fördernden staatlichen Sumpfmost verfaulend dahingezüchtet wird.

BENJAMIN V. STUCKRAD-BARRE Vor allem gibt es offenbar keine kontrollierenden Instanzen. Angesichts geförderter Bücher wird deutlich, daß die Höhe der Fördersumme bestimmt, wie unlesbar sie werden. Keiner dieser Autoren fühlt sich überhaupt verpflichtet, eine Geschichte von etwaigem Belang zu erzählen, eine Sprache zu verwenden, die überhaupt existiert oder gesprochen wird und deshalb die Menschen und Käufer interessieren könnte. Und dabei entsteht auch der Selbsthaß der Kritiker, die es niemals wagen würden, etwas an diesen Büchern zu kritisieren, und statt dessen in einer hahnenhaften Übersprungsreaktion anderen Autoren vorwerfen, sie schrieben Unterhaltung. Nur weil deren Bücher gekauft werden.

ECKHART NICKEL Aber warum hat denn die geförderte Kunst vor allem immer das unangenehme Aroma des Unleserlichen, Ephebenhaften und Schleierigen?

BENJAMIN V. STUCKRAD-BARRE Weil sie sich nicht vor den Menschen rechtfertigen muß. Weil sie niemanden erreichen und betreffen muß. Weil das Geld von ganz alleine in den Underground strömt.

CHRISTIAN KRACHT Gleiches gilt für die Musik – wobei Musik ja Gott sei Dank viel schneller konsumierbar ist – binnen Sekunden kann ich beim Hineinhören entscheiden, ob ich kaufe oder nicht – und deshalb auch strenger den Gesetzen des Marktes unterworfen ist.

BENJAMIN V. STUCKRAD-BARRE Musik interessiert von vornherein die Massen und ernährt deshalb auch mehr Künstler. Aber die Schlußfolgerung, weil Literatur nur wenige, aber gebildete Menschen interessiert, sei sie ein Wert an sich, finde ich falsch und elitär.

ECKHART NICKEL Trotzdem gibt es gute Literatur, die sich nicht verkauft.

BENJAMIN V. STUCKRAD-BARRE Aber allein deshalb ist sie nicht gut.

ECKHART NICKEL Nein, ich würde nicht so weit gehen, nur Literatur als gut zu erachten, die den Autor trägt. Dann müßte ich mich leider von sechs Siebentel meiner Bibliothek trennen.

BENJAMIN V. STUCKRAD-BARRE Zum Beispiel Wolf Wondratscheck. Der hat dieses Problem auf vorbildliche Weise gelöst: Er läßt sich von einer Münchner Ärztin aushalten, und deshalb steht in seinen Büchern vorne immer drin: Aus dem Eigentum von ... und dann der Name dieser Frau. Das finde ich dann wiederum ganz gut. Die Bücher nicht. Aber Wolf Wondratschek bringt wenigstens eine Gegenleistung, für das, was er macht. Das Bücherschreiben lebt nun einmal von der Mischkalkulation des Autors, was ich okay finde.

Benjamin von Stuckrad-Barre fischt unter einem niedrigen Glastisch nach einem von der Mitte her kreuzförmig gefalteteten Viereck aus Papier, einem Ausriß aus einer Musikzeitschrift. Er streicht das Papier mit den Fingern glatt. Leckt sich die Finger und liest vor.

BENJAMIN V. STUCKRAD-BARRE Hier schreibt Rodriguez Gonzales, Bassist der Gruppe Die Ärzte: »Als ich Ende der achtziger Jahre nach Berlin kam, beeindruckte mich, daß Musik tierisch subventioniert wurde. Das heißt, es gab Übungsräume, die nicht viel Geld kosteten und dieser ganze Kram, so daß man als Musiker gut durchstarten konnte. Das hatte Hamburg nie. Ich sah ohne Ende Bands, die mir vorher kein Begriff waren. Ich war echt erschlagen von der Vielfalt an Sachen, die in Berlin gemacht wurden – etwa die Senatsrock-Geschichten.«

JOACHIM BESSING So etwas Ähnliches gab es in Baden Württemberg auch, und ein Erzeugnis dieses Wettbewerbs war zum Beispiel die Rockgruppe Pur. Die gewannen dort einen Plattenvertrag. Zu der Zeit nannten sie sich noch Opus, der gleiche Name also, den eine österreichische Band hatte, die mit »Live is Life« zu dieser Zeit einen ordentlichen Heuler geschafft hatte. Diese Bilokalität der Bandnamen führte dann auch an einem Abend für die Gruppe, die sich später in Pur umbenennen sollte, zu einer ärgerlichen Konzerterfahrung. Von den Plakaten mit dem doppelten Bandnamen in die Irre geführt, wurde ihr Konzert ausschließlich von den Freunden der österreichischen Gruppe besucht.

Selbstredend forderten die dann ständig das Abspielen des vermeintlichen Hits ihrer Lieblinge, besagtem »Live is Life«. Genervt von diesem hartnäckig sich haltenden Mißverständnis, betrat der Sänger Hartmut Engler dann zur Zugabe die Bühne und bot eine Coverversion des ihm offensichtlich verhaßten Liedes dar. Und zwar mit einem umgedichteten Refrain. Er sang also: »Scheiß' bleibt Scheiß'«. Für mich zeigte sich damals schon ganz deutlich das strenge Potential und die Hartnäckigkeit, die die Menschen von Pur zur erfolgreichsten Live-Rockband Deutschlands machen sollten.

ALEXANDER V. SCHÖNBURG Wenn morgen hier in Deutschland an einer Schule so eine Bluttat geschieht wie in Littleton. Wenn Milchgesichter dreißig junge Menschen abschlachten, dann sind wir fünf schuld daran, weil wir es versäumen, unserer Generation Werte zu geben. Obwohl wir denkende Menschen sind und Stilgötter.

CHRISTIAN KRACHT Alexander von Schönburg hat nicht recht. Wir vermitteln andauernd Werte.

ECKHART NICKEL Ich persönlich bin ein Werte-Vademecum.

ALEXANDER V. SCHÖNBURG Das wäre ja schön und gut. Alles, was ich hier an uns feststellen kann, ist zwar Orientierungslosigkeit, aber es ist schön, wenn dies die Werte sind. Das beruhigt mich jetzt wieder. Es ist interessant und traurig.

BENJAMIN V. STUCKRAD-BARRE Werden die Dinge nicht dadurch interessant, daß man sich mit ihnen beschäftigt? Es gibt doch gar nichts mehr, das nicht von Interesse ist, für irgendwen.

BENJAMIN V. STUCKRAD-BARRE Den wenigsten, die einen Job in den sogenannten Neuen Berufen wollen, geht es dabei um die Inhalte, sie wollen auch nichts entdecken, sondern fallen auf das Image dieser Berufe herein und glauben, sie säßen in Zukunft mit den Stars in deren Hinterzimmern zusammen, oder sie sähen bald aus wie Stars in der Werbung.

JOACHIM BESSING Sie treffen meistens einen sogenannten A&R, der ihnen erzählt, sie wären geeignet für den Job, weil sie als erfolglose Musiker, verschuldete Kameramänner oder abgetakelte Ex-Daily-Soap-Mimen das Handwerk und Hintergrundwissen quasi von der Basis her mitbrächten. Dann sitzen sie an ihren Telefonen und wissen ab sofort alles besser.

BENJAMIN V. STUCKRAD-BARRE Auch die Kurzfristigkeit ist ein Wesensmerkmal für die Wahl des Arbeitsplatzes in den Neuen Berufen. Diese Arbeitsplätze sind ja so gestaltet, daß man von außen nicht erkennen kann, was dort gemacht wird, welches Handwerk dort ausgeübt wird – Werbung, Film, Platten oder Zeitung, das sieht man nicht – da sitzt halt jemand am Computer und telefoniert. Und diese Personen selbst lernen auch nicht um, sondern wechseln nahtlos vom Radio zur Zeitung, zu den Platten, ins Internetdesign, in die Werbung, zurück zur Turnschuhfirma; es ist ja im Grunde alles dasselbe.

JOACHIM BESSING Man kann dann ja auch alles machen, wenn man schon einmal dort gearbeitet hat.

BENJAMIN V. STUCKRAD-BARRE Weil man nämlich gar nichts kann. Die Voraussetzung ist doch: Du hast keine Fertigkeit und keine Fähigkeit, kein wirkliches Handwerk.

ECKHART NICKEL Doch. Das Handwerk ist in diesem Falle das Chamäleon-Rüstzeug, die Fähigkeit zur ständigen Veränderung.

CHRISTIAN KRACHT Joachim, war dieses, von dem Benjamin von Stuckrad-Barre jetzt gerade sprach, auch der Grund deiner Entscheidung, eine Konditorlehre zu machen?

JOACHIM BESSING Eine Vorahnung nicht, aber ich wollte eben etwas erlernen, was ich vollkommen beherrsche. Ich bin da natürlich gescheitert. Und als ich dann später an meinem Schreibtisch im Nachtleben saß, schaute ich manchmal wie aus einer Übersicht auf mich herab und dachte mir: Das gibt es doch gar nicht. Man sitzt da, und das Telefon läutet auf der Durchwahl, man hebt ab und meldet sich mit einem Firmennamen, führt Gespräche über Preise, Kostenvoranschläge, die man geschickt hat, Briefings, die stattfinden, und Re-Briefings.

BENJAMIN V. STUCKRAD-BARRE Diese Sprache der Neuen Berufe, die man an solchen Telefonen zwangsweise erwirbt, funktioniert ja lustigerweise genauso wie die Konversation nachts in einer Bar. Nämlich, indem man zuerst imitiert. Man hört Leute oder sieht sie in Filmen, wie sie diese Sprache führen, und sehr bald sitzt man an seinem Schreibtisch und redet ganz genauso. Oder man lacht über Anglizismen und merkt, es gibt aber für die meisten Angelpunkte der modernen Welt gar keine anderen Wörter. Und dann geht man schließlich eben auch ins Meeting.

CHRISTIAN KRACHT Oder tanzt den Tarantino-Tanz ... Nehmt zum Beispiel meine Arbeit in der Redaktion der BZ: Die Menschen, die dort arbeiten, sind von einer so erschreckenden künstlichen Echtheit. Sie haben irgendwann den Film mit Robert Redford und Dustin Hoffman gesehen und rollen sich deshalb alle schon morgens die Hemdmanschetten hoch, rauchen Kette und trinken Filterkaffee.

ECKHART NICKEL Daß der Reporterberuf etwas scheinbar Großartiges ist, wird einem im Kindesalter durch Tim & Struppi suggeriert. Meine Welt:

die Welt von »Flug 714 nach Sydney«.

BENJAMIN V. STUCKRAD-BARRE Und deshalb ist es auch kein Zufall, daß die Arbeit im Journalismus von allen hier Anwesenden nur in einer Slapstick-Form betrieben wird.

CHRISTIAN KRACHT Nein, es ist eher eine Halb-Subversion.

BENJAMIN V. STUCKRAD-BARRE – die einhergeht mit Prostitution, was ich überhaupt nicht kritisiere, sondern nötig finde.

CHRISTIAN KRACHT Das slapstickhafte, das du ansprichst, ist doch nur die kleine tägliche Jacques-Tati-Rebellion; ich glaube nicht, daß dies besonders durchdacht und geplant ist.

BENJAMIN V. STUCKRAD-BARRE Und die aus einem Mangel an Handwerk, oder besser gesagt, aus der Weigerung, überhaupt ein Handwerk zu erlernen, resultiert.

JOACHIM BESSING Was soll denn bitte das Reporter-Handwerk sein? Das ist doch nur ein Mythos. Im Moment haben wir doch eher einen schlimmen Mangel an geeigneten Veröffentlichungsorten, für die wir schreiben möchten.

BENJAMIN V. STUCKRAD-BARRE Slapstick meinte ich auch nicht negativ. Aber in der Form, in der man durch die verschiedenen Darreichungsformen der Texte marodiert und eben nicht in einer Form arbeitet wie der Reporter, der im Hamburger Rathaus mit seinem Notizblock sitzt. Oder man sitzt zwar dort, schreibt sich aber andere Dinge auf als die anderen Reporter. Der Verzicht, Antworten auf die sogenannten klassischen Wer-Wo-Wie-Was-Wann-Warum-Fragen zu geben, die mich auch nicht interessieren, eigentlich aber das Bild des Journalisten ausmachen.

ALEXANDER V. SCHÖNBURG Mein Journalistenbild ist eher das des im Urwald mit einem Krokodil ringenden, braungebrannten –

CHRISTIAN KRACHT – Tropenhelm und Shorts tragenden –

ECKHART NICKEL – Schnürschuhe –

JOACHIM BESSING – der auch morsen kann und seine Filme schmuggelt, im Darm.

CHRISTIAN KRACHT Nein, das ist zu abenteuerlich. Das Tim-&-Struppi-Bild hat nichts mit Indiana Jones zu tun. Es ist eine klare und saubere Welt, die die ligne claire uns zeigt.

JOACHIM BESSING Es wäre aber die Aufgabe des Reporters, diese Welt wiederherzustellen. Aber er tut es nicht. Dabei wäre es ihm ein leichtes.

ALEXANDER V. SCHÖNBURG Und das Bild des Reporters ist für mich Peter Arnett, der in Bagdad auf einem Hochhaus steht und sich duckt, wenn die Leuchtspurgeschoße über ihn hinwegpfeifen.

CHRISTIAN KRACHT Das mag ich überhaupt nicht. Dieses Otmar-Jennersche-Kriegs-Herbeigesehne. Für mich bleibt das erstrebenswerteste Bild das des Ästheten im Urwald mit seinem Schmetterlingsnetz. Das ist für mich der Reporter, wie er sein muß. Und nicht die in Sarajevo stehende Christiane Amanpour.

BENJAMIN V. STUCKRAD-BARRE Ist Ulrich Meyer dann ein Journalist? Und wie kommt es dazu, daß es im deutschen Fernsehen mehr Journalisten-Darsteller gibt als Journalisten?

CHRISTIAN KRACHT Natürlich weil die einzigen Menschen, die in den visuellen Medien auftreten können, Darsteller sein müssen.

BENJAMIN V. STUCKRAD-BARRE Aber das vorhandene Bild des Journalisten wird von diesen Menschen zuerst dargestellt, prägt aber in der Folge dann den Journalismus selbst. Ulrich Meyer zum Beispiel hat mit seiner Arbeit ein ganzes journalistisches Genre erfunden. Er verkörpert das Bild des ständig enthüllenden Wühlmausjournalisten, obwohl er eigentlich nur geschickt worden war, ein Klischee abzubilden. Das Ergebnis ist fatal. Ursache ist der wachsende Zwang des Fernsehens, dem Reporter – der ja im Idealfall gesichtslos ist und seine Geschichten morst – ein Gesicht zu geben und dieses auch zu zeigen. Da aber die meisten Journalisten eher eine schöne Seele denn ein telegenes Gesicht haben, mußten diese Darsteller gefunden werden. Und die haben dann wiederum den ganzen Journalismus verändert.

ALEXANDER V. SCHÖNBURG Dies ist interessant und traurig.

ECKHART NICKEL Ein System also, in dem man nur an die Position des Chefredakteurs kommt, wenn man dem Bild des Chefredakteurs entspricht.

JOACHIM BESSING Also ähnlich wie bei Gerhard Schröder, als gesagt wurde: Wir brauchen jetzt jemanden von ganz unten. Jemanden zum Anfassen, der macht und tut. Dann schauen wir einmal, was passiert, es wird uns dabei schon nichts passieren.

Alexander von Schönburg nimmt die Scheibe einer unreifen Sternfrucht von der

Früchteplatte neben dem Getränkeautomaten. Etwas kommt ihm in den Sinn, und er läßt den grüngelben Fruchtstern auf den Teppich fallen.

ALEXANDER V. SCHÖNBURG Könnten wir etwas anderes zu essen bestellen, bitte? Es ist ein Hohn, wie wir uns hier ernähren müssen. Mein Bruder übrigens wohnte einmal in La Paz, und dort war es einfacher, gutes Kokain zu bekommen als Marlboro-Zigaretten.

DIE NEUE MITTE

CHRISTIAN KRACHT Ich verstehe einfach nicht, warum sich das Aussehen der Menschen auf den deutschen Straßen in den neunziger Jahren so zum Schlimmen verändern konnte. In Berlin scheint es mir allerdings besonders schlimm zu sein. Die Physiognomien dieser Menschen sind so verkommen – den Kassierern im Supermarkt fallen einfach so die Zähne aus, bei der Arbeit an der Kasse.

JOACHIM BESSING Mich erschreckt die Röte der Gesichter, diese generelle Tendenz hin zur Wurstförmigkeit.

CHRISTIAN KRACHT Liegt das an der Ernährung?

ECKHART NICKEL Nein, an der Atmung. Und an der Grundstimmung hier in der Stadt: ein Relikt der Teilung.

CHRISTIAN KRACHT Aber im Moment soll Berlin doch eine Stadt im Aufbruch sein: ein weites, offenes Klima, das zur Zeit mit aller Kraft herbeigeschrieben werden soll und das nichts, überhaupt gar nichts mit der furchtbaren Wirklichkeit zu tun hat. Obwohl das Herbeischreiben, wie wir vorhin festgestellt haben, ja die Realität zur Folge hat.

JOACHIM BESSING Ich kann mir aber nicht vorstellen, daß sich dieses Berlin zur Metropole entwickelt. Nicht einmal Jacques Lang, der französische Kulturminister, konnte da an sich halten und behauptete allen Ernstes, Berlin sei elegant. Ich glaube sogar, er sagte: die eleganteste Stadt der Welt. Oh, oh – was ist nur aus dem Wort Eleganz geworden?

CHRISTIAN KRACHT Meine Frage zielte aber in Richtung der Gründe, warum die Menschen hier so aussehen, wie sie leider aussehen. Das fängt schon im Gesicht an, meine ich. Und dann natürlich der Berliner Kleidungsstil: Der typische Berliner ist ja, wie wir wissen, Ende Fünfzig, kahlrasiert, trägt einen goldenen Ring im rechten Ohr, zwängt sich im Sommer in einen lila Pulli, und darüber schnalzt er sich Hosenträger an, die mit dem Ska-Schachbrettmuster bedruckt sind. Auf dem rasierten Kopf eine Art Lederkappe, nach Art von Brad Davis in Fassbinders »Querelle«, und die Hosenträger klammern sich an Bundfaltenjeans fest – so fühlt er sich stilistisch am wohlsten, der Berliner.

BENJAMIN V. STUCKRAD-BARRE Ich glaube kaum, daß es diese typischen Berliner in Hamburg nicht gibt.

CHRISTIAN KRACHT Aber wenn ich zum Beispiel über den Hamburger Dom gehe, kann ich die Gesichter der Menschen besser ertragen als irgendwo an irgendeiner Stelle in Berlin.

BENJAMIN V. STUCKRAD-BARRE Könnte man also, mit verbundenen Augen in das Nachtleben einer Stadt in Deutschland gefahren, anhand des anwesenden Publikums im Club feststellen, in welcher Stadt man sich gerade befindet?

JOACHIM BESSING Also in Berlin, wo ich das Nachtleben inzwischen besser kenne als das der Stadt Hamburg, könnte ich das sofort. Folgendes wäre zu sehen: Der Berliner in seiner Nachtleben-Erscheinung ist auf das Nervigste ein Macher; in München würde man solche Menschen G'schaftlhuber nennen. Alle Berliner haben beim Ausgehen stets einen Sechskantschlüssel in der Hosentasche dabei, weil sie gerade ihre Wohnung selbst renovieren oder daran anbauen, aber gleichzeitig damit auch Skulpturen aus altem und deshalb weggeworfenem Stahl anfertigen. Der Berliner trägt immer eine selbstentworfene Frisur. Der Berliner trägt immer betont individuelle Kleidung, meistens auch selbstgemacht, oder zumindest eigenwillig und gegen alle herkömmlichen Regeln selbst kombiniert, und vor allem ist der Berliner distanzlos und in seiner Distanzlosigkeit, jeden anzuschwätzen, jeden in ein Gespräch zu verwickeln, und keinen aus diesem Gespräch zu entlassen, ist er geradezu –

BENJAMIN V. STUCKRAD-BARRE Es würde mir da sehr schwerfallen, den Berliner hier vom Kölner zu unterscheiden.

JOACHIM BESSING Wo der Berliner ein G'schaftlhuber ist, ist der Kölner betont homosexuell. Neunzig Prozent aller Kölner sind übrigens homosexuell.

CHRISTIAN KRACHT Das ist wirklich wahr –

JOACHIM BESSING Ich wurde bei einem Aufenthalt in Köln einmal in eine Diskothek geführt, dort waren zwei Frauen und eintausend Männer. So etwas gibt es nirgendwo sonst auf der Welt.

CHRISTIAN KRACHT Vor allem sieht man in Kölner Lokalen, wie zum Beispiel dem Päffgen, am Nebentisch alte Herren, die den ganzen Abend Händchen halten und, sich tief in die Augen schauend, gegenseitig kleine Stückchen Schmorbraten in den Mund schieben.

BENJAMIN V. STUCKRAD-BARRE Aber das ist das Klischee des Kölner Homosexuellen, das natürlich auch stimmt, weil es herbeigeschrieben ist und sich die Realität an dieser Darstellung ausrichtet. Trotzdem begegnen einem in deutschen Clubs meistens Menschen, die in dieser Stadt nicht geboren wurden. Die original Hamburger Szenemenschen sind alle nicht aus Hamburg, und das ist auch in allen anderen Städten so.

ECKHART NICKEL Die sogenannte Club-Kultur sieht eigentlich überall in Deutschland gleich aus. Das fängt bei den Tresen und den Getränken an und hört bei Musik und Gesprächen auf. Von kleineren regionalen Unterschieden einmal abgesehen.

BENJAMIN V. STUCKRAD-BARRE Es sind große regionale Unterschiede. In Hamburg ist es generell asozialer und unangenehmer. In Köln sind es nettere Abende, die kürzer sind – wegen der Sperrstunde um drei Uhr in der Frühe.

JOACHIM BESSING In Köln ist es deswegen auch unmöglich, um ein Uhr nachts etwas zu essen, außer an diesem einen Gyros-Stand am Friesenwall. Überhaupt wird ja in Köln mehr Gyros gegessen als sonstwo.

ECKHART NICKEL Dann riecht es doch in Kölner Clubs auch deutlich anders.

CHRISTIAN KRACHT Und in Frankfurt tragen die Frauen deutlich höhere Plattform-Schuhe als anderswo. Der Frankfurt-Wissenschaftler Axel Pflugbeil behauptet sogar, dieser, inzwischen das deutsche Stadtbild von Frauenseite her prägende Buffalo-Schuh sei in Frankfurt am Main erfunden worden.

Christian Kracht stellt zwei leere Champagnerflaschen übereinander.

CHRISTIAN KRACHT Das ist der Frankfurt-Style. Das ist die minimale Sohlenhöhe, auf der die Klappergasse in Frankfurt beschritten wird. So sieht dort auch das Nachtleben aus.

ECKHART NICKEL Ich höre aber doch schon öfter von der freundlichen und warmen Atmosphäre in Kölner Clubs.

BENJAMIN V. STUCKRAD-BARRE Warm und freundlich trifft es gut. Die wirklich sehr grassierende Homosexualität dort kommt allerdings eindeutig von der Ballung des Fernsehens in Köln her.

JOACHIM BESSING Warum ballt sich das deutsche Fernsehen eigentlich ausgerechnet in Köln?

CHRISTIAN KRACHT Mit Alfred Biolek hat es begonnen.

BENJAMIN V. STUCKRAD-BARRE Nein, Wolfgang Clement und Dieter Gorny sind daran schuld. Außerdem ist Fernsehen ein visuelles Medium.

CHRISTIAN KRACHT Aber ein Job am Telefon einer Fernsehfirma hat doch nichts mit der Visualität des Mediums zu tun.

BENJAMIN V. STUCKRAD-BARRE Nein, in diesem Fall folgten die Menschen eben alle einer Chimäre, die das Medium selbst ausspuckt. Der Arbeitsplatz, den sie dann dort erhalten, könnte genausogut in einer Kugellagerfabrik aufgestellt sein.

DER LEDERNE DORN

JOACHIM BESSING Stimmt dann die These, daß für den, der sich für zu lange Zeit, zu viele Jahre im Nachtleben aufhält, keine andere Tätigkeit mehr zur Wahl steht als die Medienbranche mit ihren Neuen Berufen? Und weil das Nachtleben selbst von Homosexuellen erfunden wurde, waren die es dann auch, die als erste in diesen Neuen Berufen gelandet sind?

ECKHART NICKEL Möglicherweise ist es umgekehrt: Nur den in den Neuen Berufen tätigen Menschen ist die intensive Teilnahme am Nachtleben möglich. Weil sie in ihrem Job den ganzen Tag über Coca-Cola trinken und Musik hören können und es nicht so auffällt, wenn sie wieder einmal ein ganzes Wochenende bis Dienstag durchgeschnubbelt haben und halb draufgeschickt im Büro herumsitzen.

BENJAMIN V. STUCKRAD-BARRE Es sind ja auch nie Lederschwule, die in einer Plattenfirma arbeiten, sondern immer Lackhosenträger.

JOACHIM BESSING Also genau die, die gemeint sind, wenn in den Männerkontaktanzeigen steht: »Keine Szene«.

BENJAMIN V. STUCKRAD-BARRE Diese gepflegte Jean-Paul-Gaultier-crazyness. Was eben gerade noch verstanden wird. Plüschpullis mit Margariten aus Kunststoff darauf zum Beispiel. Es werden dort aber keine Tiere geschändet.

JOACHIM BESSING Werden diese Menschen dort in Büros nicht eher wie Hofnarren gehalten? Es ist doch immer lustig mit ihnen; sie interessieren sich ja auch für ganz unterschiedliche Dinge, sind immer spitzzüngig –

BENJAMIN V. STUCKRAD-BARRE Dazu kommt eben noch das schon vorhandene Grundgefühl der Branche: das der Hysterie. Wenn du mit Werbern, Fernsehmenschen oder Leuten von Plattenfirmen redest, ist der Kammerton der Rede ein jauchzend gestöhntes »Ah!«, egal ob es um eine neue Kampagne, eine neue Single oder eine neue Fernsehshow geht. Und wenn sie dir etwas ganz Marginales erzählen, tun sie es in einer Art und Weise und in einem Ton, als habe Tschernobyl gerade stattgefunden. Genau in dieser Verschiebung der Realität nach homosexuellen Kriterien definieren sich alle Neuen Berufe.

ECKHART NICKEL Dabei müßte einmal geklärt werden, ob die sogenannte homosexuelle Intonation, also dieses – Moment: –

Eckhart Nickels Gesicht und Körper verwandeln sich in Barbra Streisand in ihrer Yentl-Phase. Auch Eckhart Nickels Stimme hat sich urplötzlich verändert: Er haucht die Worte sanft heraus, gleichzeitig artikuliert er sie unangenehm affektiert, als habe er eine sehr heiße Kartoffel in seinem Mund – also eigentlich exakt wie Barbra Streisand es tut.

ECKHART NICKEL – Du.

Schlagartig verwandelt sich nun der Eckhart Nickel als Barbra Streisand wieder in Eckhart Nickel als Eckhart Nickel mit der Originalstimme von Eckhart Nickel zurück. Wie er die Barbra-Streisand-Hülle so schnell abstreifen konnte und vor allem, wo er sie die ganze Zeit versteckt gehalten hatte – es wird sein Geheimnis bleiben.

ECKHART NICKEL Entschuldigung. Also ob diese Intonation erlernt wird, ob nun durch soziale Praxis, zurückgehend auf ein Vorbild, einen Erfinder oder was auch immer, oder ob sie bereits von Geburt an, genetisch quasi, im jeweiligen Menschen wohnt?

CHRISTIAN KRACHT Es muß eine genetisch programmierte Intonation sein, weil es auch in den sodomitischen Jurten, an schwierig zu erreichenden Bergseen im östlichen Kirgisistan, Stämme gibt – bei denen ich selbst schon zu Gast war –, deren homosexuelle Jungmänner exakt so intonieren und sich auch haargenau vergleichbar bewegen. Die gleiche Intonation. Die gleiche Wattigkeit und dieselbe Sehnsucht nach Glamour. Und das, obwohl es dort, am See Issykkul, nun wirklich keinen Fernseher und kein Radio gibt. Auch homosexuelle Eskimos bewegen sich so. An einer angepeilten Selbst-Weiblichisierung des homosexuellen Mannes kann das, wie es oft und gerne behauptet wird, nicht liegen. Es ist ja nicht besonders fraulich, sich so zu bewegen und so zu sprechen.

JOACHIM BESSING Es ist einfach nur theatralisch.

ECKHART NICKEL Jede Minimalbewegung wird übersteigert, und jeder Pups wird aufgeblasen.

BENJAMIN V. STUCKRAD-BARRE Was daher rührt, daß sie diskriminiert werden und sich deshalb immer hinter etwas verstecken müssen.

CHRISTIAN KRACHT Quatsch. In Deutschland gibt es seit diesem Jahr keine Diskriminierung der homosexuellen Menschen mehr, seit in Hamburg die homosexuelle Ehe eingeführt wurde.

Benjamin von Stuckrad-Barre reißt am Tischtuch, ein Aschenbecher kippt um und entlädt seine stinkende Fracht. Fliegen stoßen sich von ihrer Warte auf dem Bücherregal ab und beginnen, über dem Schmutz zu kreisen.

BENJAMIN V. STUCKRAD-BARRE Das ist arrogant, ignorant und im übrigen genau so, wie hier von uns über Schwule geredet wird. Frage doch bitte einmal die Menschen nach ihrer Meinung zu Homosexuellen.

CHRISTIAN KRACHT Es stimmt aber einfach faktisch nicht, daß Homosexuelle heute in Deutschland diskriminiert werden.

BENJAMIN V. STUCKRAD-BARRE Aber stelle dir doch bitte einmal vor, es ginge um die Vergabe einer freien Wohnung, und es bewerben sich ein homosexuelles Ehepaar und zum Beispiel Dr. Eckhart Nickel und seine Frau Anne. Ganz gewiß hätten Eddie und Heiner die Wohnung dann nicht bekommen.

JOACHIM BESSING Das ist doch Sozialromantik! Gerade Eddie und Heiner aus deinem Beispiel residieren doch immer und überall in großzügig geschnittenen Altbauwohnungen.

CHRISTIAN KRACHT Ja, eben. Weil sie zumeist kreativer sind, haben sie diese Traumjobs, die die Dinge herstellen, die keiner von uns will, und wohnen in teilweise sogar neunhundert Quadratmeter großen Altbauwohnungen im kapverdischen Stil.

ALEXANDER V. SCHÖNBURG Das glaube ich aber auch. Und wenn das Protokoll des Auswärtigen Amtes verzeichnet, daß ein Botschafter homosexuell ist und in einer homosexuellen Partnerschaft lebt, wird das heute selbst auf höchster gesellschaftlicher Ebene akzeptiert. Es wird dann im Protokoll eingetragen: Herr Eddie mit seiner Begleitung Herr Heiner.

BENJAMIN V. STUCKRAD-BARRE Das finde ich jetzt aber sehr gläubig.

JOACHIM BESSING Du witterst wahrscheinlich die Diskriminierung in den letzten Winkeln. Natürlich wird einer, der ganz in schwarzem Leder mit freiliegendem Hintern eine Metzgerei, die nicht in Hamburg St. Georg liegt, betritt, länger auf die Wurst warten müssen als Eddie und Heiner.

Alexander von Schönburg hat seine Krawatte gelöst und verbindet sich damit die Stirn nach Art eines japanischen Fliegers der Götterwindstaffel.

ALEXANDER V. SCHÖNBURG Es gibt zum Beispiel auf der Ecke meiner Berliner Wohnung eine Kneipe, in der ich manchmal ganz gerne Kaffee trinke. Dort hängt nun ein großes Plakat an der Wand, das für einen schwul-lesbischen-Marathonlauf wirbt. Ich finde es einfach völlig absurd, wenn Homosexuelle sich derart selbst katalogisieren, weil sie damit, den Zionisten ähnlich, unterstreichen: »Wir sind anders.«

BENJAMIN V. STUCKRAD-BARRE Das ist doch aber die natürliche Reaktion, die auf eine Diskriminierung folgt.

CHRISTIAN KRACHT Es wird nicht diskriminiert. Die gesamte lange Loveparade ist eine Exhibition der Homosexualität, deren Gestalt und Laune von allen, wirklich allen gut gefunden wird. Die Müllmänner lieben es, danach den Dreck zu entfernen. Und die Stadtreinigung wirbt mit diesen, ihren Job nach der Loveparade liebenden Müllmännern.

BENJAMIN V. STUCKRAD-BARRE Ich möchte es mir trotzdem nicht anmaßen.

CHRISTIAN KRACHT In Amerika und in anderen Kulturen, in Frankreich zum Beispiel, ist dies alles sicher vollkommen anders. In Deutschland aber ist es kein dorniger Weg mehr, homosexuell zu sein.

JOACHIM BESSING Es ist sogar, genau betrachtet, ein Lebensstil, der von den meisten Zeitschriften als glücksbringend und dessen Protagonisten als gifted beschrieben werden: Auf jeder deutschen Stadtzeitschrift steht doch immer wieder einmal die Titelgeschichte von den Homosexuellen, die den besseren Geschmack haben, die interessanteren Menschen kennen und das aufregendere Nachtleben besuchen.

BENJAMIN V. STUCKRAD-BARRE Das ist dann eben eine Positiv-Diskriminierung. Hier begänne nun aber eine Diedrich-Diederichsen-Diskussion.

Benjamin von Stuckrad-Barre pustet sich einige fettige, aber nicht vorhandene Stirnlocken aus dem Gesicht. Danach poliert er eine von den nicht vorhandenen Stirnlocken fettfleckig gewordene Malcolm-X-Brille, die ebenfalls nicht vorhanden ist.

JOACHIM BESSING Was bitte ist eine Positiv-Diskriminierung?

BENJAMIN V. STUCKRAD-BARRE Eine Positiv-Diskriminierung deshalb, weil dort, auf den von dir beschriebenen Magazintiteln, Menschen qua Geschlecht, also homosexuell, nachgesagt wird, sie besäßen einen guten Geschmack. Das Homosexuelle ist meiner Ansicht nach aber wertfrei.

JOACHIM BESSING Aha.

BENJAMIN V. STUCKRAD-BARRE Sich über Schwule Gedanken zu machen ist schon ein Teil der Diskriminierung, das ist so.

Ein sehr langes, sehr quälendes Schweigen entsteht. Wie in einem klebrigen Netz verstrickt, beim Versuch, diesem Netz zu entkommen, es immer enger um sich zurrend, verharrt die Gruppe und hypnotisiert die Fliegen, die sich den Aschehaufen wohnlich machen.

UNTER DEN LINDEN

Ein kleiner Spaziergang soll der Runde Erfrischung verschaffen. Sie treten hinaus vor die Türen des Hotels und stehen in einem dichten Park aus Mannschaftswagen der Berliner Polizei. Ein Hubschrauber kreist über ihren Köpfen. Die Polizisten schirmen das Adlon vor einer Demonstration ab, die in diesem Moment aus einer Seitenstraße heraus auf den Boulevard unter den Linden nach Osten biegt. Die Gesprächsrunde zwängt sich durch eine Lücke zwischen zwei Polizeibussen und steht hinter der Absperrung auf der Straße.

Eine langsam sich dahinwälzende Gruppe von Demonstranten folgt einem mit Plakaten beklebten VW-Bus, auf dessen Dach ein Megaphon befestigt ist. Aus dem Megaphon heraus ist eine gelangweilt leiernde Stimme zu hören, die ein schlechtgeschriebenes Pamphlet gegen Joschka Fischers Kriegspolitik im Kosovo verliest. Mehrmals unterbricht sich der Vorleser selbst, um sich zu räuspern. Die rund vierzig Demonstranten werden von hundert bewaffneten Polizisten bewacht, die eine Menschenkette entlang des Mittelstreifens der Allee bilden.

Die Sonne scheint. Einige der Demonstantinnen tragen Plakate, auf denen der Bundeskanzler Gerhard Schröder mit einem aufretuschierten Hitlerbart zu sehen ist. Auf anderen Plakaten ist eine Photoshop-Collage aus Joschka Fischers Kopf und Adolf Hitlers uniformiertem Körper abgedruckt. Die Plakatträgerinnen kauen Kaugummi. An der nächsten Straßenkreuzung stoppt der Zug der Demonstranten, einige zünden sich Zigaretten an. Eine Abschlußkundgebung scheppert aus dem Megaphon, die Termine für weitere Veranstaltungen der Organisatoren, ein Vortrag über die Empfängnisverhütung mittels Hodenbaden sowie ein antifaschistisches Grillfest, werden verlesen.

Ein Wasserwerfer läßt knarzend den Motor an und rollt auf das Brandenburger Tor zu. Der VW-Bus der Demonstranten beschleunigt auf dem abgesperrten Boulevard Unter den Linden in Richtung Alexanderplatz. Die Demonstranten schultern ihre Plakate und schlendern davon. Einige setzen sich auf die Stühle vor dem Café Einstein und bestellen Getränke.

Die Runde geht die fünfzig Meter zurück ins Hotel Adlon.

DER FLUG DER STEINE

BENJAMIN V. STUCKRAD-BARRE Was haben wir eigentlich gerade auf dieser Demonstration erlebt: War es ein politisches Ereignis oder ein gesellschaftliches?

ECKHART NICKEL Als wir auf der Straße gingen, inmitten des Menschenstroms, war es wie der Sprung des Fernsehzuschauers hinein ins Fernsehbild selbst. Er geschah in dem Moment, in dem wir auf die Polizeibarrikade vor dem Hotel stießen und die Polizisten uns zuerst wegen unserer Anzüge nicht durchlassen wollten, wir uns dann durchzwängen mußten und auf einmal mittendrin waren.

BENJAMIN V. STUCKRAD-BARRE War das überhaupt eine Demonstration, oder was war es genau?

ECKHART NICKEL Ich weiß es nicht. Ich habe kaum etwas von dem verstehen können, was dort durch das Megaphon geschrien wurde. Aber als wir da gegen den Krieg mitliefen, hörte ich hinter uns Stimmen, die sich gegenseitig fragten, ob wir eine Kadergruppe seien. Sie sagten K-Gruppe dazu, genauer gesagt.

CHRISTIAN KRACHT Sie fragten sogar, aus welcher K-Gruppe wir kämen.

BENJAMIN V. STUCKRAD-BARRE Welchen Eindruck hattet ihr von den Demonstranten? Waren sie überzeugt oder eher frustriert? Es war eigentlich die unmotivierteste Demonstration, die ich je schaute.

ALEXANDER V. SCHÖNBURG Es war schlicht leidenschaftslos.

BENJAMIN V. STUCKRAD-BARRE Es gab keine Sprechchöre, sondern nur einzelne Rufer. Die schrien auch nicht wirklich, sagten ihre Sätze nur vor sich hin. Es war ein vollkommen gemäßigter Spaziergang am Ende der neunziger Jahre, verbunden mit dem Hochhalten einiger Transparente. Keine Freude, keine Überzeugungskraft. Eine pessimistische Prozession.

ALEXANDER V. SCHÖNBURG Mit dem kollektiven Erlebnis einer Loveparade konnte diese Demonstration es nicht aufnehmen.

JOACHIM BESSING Abgeschreckt hat mich ja, daß mir diese Demonstration etwas gefährlich vorkam. Es hätte auch zu Ausschreitungen kommen können.

ALEXANDER V. SCHÖNBURG Darauf hatte ich eigentlich gehofft. Wenn ich schon diese Panzerfahrzeuge sehe, dann möchte ich doch auch die Steine fliegen sehen, die Knüppel oder Dachlatten, den Qualm. Napalm vielleicht.

Christian Kracht zieht aus seinen Stiefeletten von Foster & Son, Jermyn Street, ein paar Seiten einer älteren Ausgabe des Stern heraus, die er dort zum Aufsaugen seines Fußschweißes hineingestopft hatte. Er entfaltet eine davon und beginnt vorzulesen.

CHRISTIAN KRACHT Hier schreibt die Schriftstellerin Sybille Berg über ihren Besuch im Kosovo: »Am zweiten Tag steigen die Journalisten in Autos, die sind wie schwere Waffen, sie haben Kampfanzüge an, die Frauen laufen mit harten Schritten, laufen schnell, fahren schnell, vielleicht ist etwas passiert über Nacht. An der Grenze, über Nacht, ist das Auffanglager Blaçe zum Schlachthof geworden. Mit Masken gegen den Geruch nach

Mensch und Angst stehen Soldaten und Polizisten maschinengewehrbewaffnet um das Lager, das so groß ist wie zwei Fußballfelder.« Das ist so ... so Costa-Gavras, ausgezeichnet. Sybille Berg beschwört natürlich auch hiermit die Szene, in der Winona Ryder, also Sybille Berg selbst, im Film »Das Geisterhaus« von dem damals noch unbekannten Vincent Gallo gefoltert wird. Aber es wird noch besser, hört selbst: »Es ist anders als im Fernsehen, das Lager. Man riecht es, man hört es, und schaut ihnen in die Augen, den vierzigtausend Menschen hinter Barrieren, die drängen zur Freiheit. Zu den Bussen, wo die Journalisten beobachten, filmen, fotografieren, in Mikrophone reden und Telefone.«

Und jetzt kommt der eigentliche Satz, glaube ich: »Eine amerikanische Journalistin, gleich einer gutfrisierten Wurst, nähert sich der Absperrung.« Unfaßbar. Einmal so schreiben.

JOACHIM BESSING Warum müssen die Menschen auf Demonstrationen immer so aussehen, wie sie heute wieder aussahen?

ALEXANDER V. SCHÖNBURG Einige waren aber sehr hübsch, fand ich.

JOACHIM BESSING Die Demonstrantinnen mit den Spaghettiträger-Kleidern von Donna Karan, von denen du mir erzählt hast, habe ich nicht schauen dürfen.

BENJAMIN V. STUCKRAD-BARRE Es ist kein neuer Gedanke, daß die Hausbesetzer, Friedensbewegten und so weiter eher Menschen sind, die es nicht verstehen, sich so herzurichten, daß es einem gefällt.

ALEXANDER V. SCHÖNBURG Ich empfand die Menschen, die zur Besichtigung des Reichstags in der Warteschlange standen, auch nicht wesentlich hübscher. Außerdem war das auch die weitaus größere Demonstration.

JOACHIM BESSING Aber die alte Ästhetik der Demonstration, wo man gutfrisierte Männer in Anzügen oder guten Jeansjacken sah, die, fotografiert von William Klein, bei den Mai-Unruhen in Paris mit Steinen warfen, die ist wohl weg.

ALEXANDER V. SCHÖNBURG So etwas gab es vielleicht auch nie. Vielleicht hat das alles Magnum Pictures für dich kreiert.

ECKHART NICKEL Vielleicht war es aber auch Frankreich – die Demonstrationen der achtziger Jahren bekam ich in Frankfurt mit. Wir schauten die meistens vom Café Kranzler an der Hauptwache aus. Das Demonstrationserlebnis war damals von leidenschaftlich gebrüllten Chorälen und regelmäßigen Ausschreitungen bestimmt. Diese Veranstaltungen fanden eigentlich jeden Samstag statt. Das hatte noch eine ganz andere Qualität, auch für uns Zuschauer. Die Leute trugen da noch große, beeindruckende Banner mit guten Slogans; die waren gut vorbereitet gewesen, damals. Der Einheits-Demonstranten-Chic wurde in diesen Tagen aus der Taufe gehoben. Stilprägend war das Palästinensertuch, das den Kampf gegen die bürgerliche Gesellschaft symbolisieren sollte. Heute ist es eben diese formlose Buntheit, die ohnehin in der alternativen Szene ein Zuhause gefunden hat, zusammen mit Piercings an Stellen, wo man sie bisher noch nicht gesehen hatte, wie unter dem Auge oder was weiß ich – das Erbe des vom Tempo der achtziger Jahre ausgerufene »Anything Goes« zog leider auch das Erscheinungsbild von Demonstrationen in Mitleidenschaft.

JOACHIM BESSING Genesis P. Orridge, der in den achtziger Jahren Gründer und Betreiber der okkulten Sexkirche Temple Ov Psychic Youth war und von dort aus, via seinen kurzzeitigen Mitstreiter Marc Almond und die gemeinsame Band Psychic TV, Piercing-Ringe, Tättowierungen und Intimschmuck in ganz Europa modern gemacht hatte, wurde von seiner unapettitlichen Neigung zu diesen Piercings Mitte der neunziger Jahre bei einem Besuch in Hamburg St. Georg schnell kuriert. Nach einem magischen Gelage bei Gesinnungsgenossen besuchte er alleine die berühmte Gay-Sauna Dragon in der Transvestitengasse Pulverteich. Kaum hatte er dort die bereits bevölkerte Heißzelle betreten, heizten sich seine gut drei Kilo Intimschmuck, aufgeteilt in etwa einhundert Einzelringe und -stöpsel aus medizinischem Stahl auf die Umgebungstemperatur – die bei den saunaüblichen neunzig Grad Celsius lag – auf, und Genesis P. Orridge, dem dringenden Bedürfnis, sich die glühenden Ringe aus Hoden- und Brustwarzenfleisch zu reißen, widerstehend, flüchtete aus dem Badehaus und hinein in ein nahe gelegenes Eisenwarengeschäft, um einen Bolzenschneider zu erstehen. Noch in derselben Stunde war sein Körper zwar noch löchrig wie ein Budapester Schuh, aber wenigstens wieder eisenfrei.

BENJAMIN V. STUCKRAD-BARRE Ich habe Demonstrationen eigentlich als das Unpolitischste überhaupt erlebt. Ich empfand es aber immer als lustig, daß alle Demonstranten stets das Gefühl hatten, sie handelten gerade politisch und seien deshalb wehrhafte Demokraten. Dabei waren die Demonstrationen der achtziger und neunziger Jahre nichts weiter als Klassenfahrten. Man schwänzte dafür die Schule, demonstrierte im ungleichen Tausch gegen den Golfkrieg, vor allem wegen der besonderen sozialen Komponente. Ich selbst reiste damals in einem Sammelbus zum Schacht Konrad nach Salzgitter, weil ich mich in eine Frau, die dort bei Protesten sehr engagiert war, verliebt hatte. Es gab damals für mich keine andere Möglichkeit, in ihrer Nähe zu sein, als mich neben diesen Schacht Konrad zu stellen und Polizisten anzubrüllen, daß sie dort keine Brennstäbe einlagern sollen. Wobei es unsinnig ist, als Sechzehnjähriger zu glauben, man habe eine Meinung zu Brennstäben. Aus diesen geschichtlichen Gründen hat sich bei den Demonstranten inzwischen die Erkenntnis breitgemacht – die wir auch Desillusionierung nennen könnten –, daß Demonstrationen in den neunziger Jahren nichts weiter sind als Kaffeekränzchen auf den Straßen und mehr auch nicht. Jene Frau ließ meine anfängliche Begeisterung für sie mit einem einzigen Satz abrupt enden. Sie sagte:

Benjamin von Stuckrad-Barre versucht, sich zu erheben. Es soll feierlich aussehen, aber seine silberne Krawatte von Hugo by Hugo Boss hat sich in der Armlehne seines Sessels verheddert. Dergestalt halb niedergezwungen, halb sich dagegen aufbäumend, stößt er keuchend den fatalen Satz seiner verflossenen Braut hervor.

BENJAMIN V. STUCKRAD-BARRE »Ich habe eine ganz dumpfe Angst.« Ich konnte leider nie herausfinden, wovor sie diese ganz dumpfe Angst hatte.

Joachim Bessing und Eckhart Nickel versuchen, ihren Freund Benjamin von seiner verknoteten Krawatte zu befreien. Der dünne Stoff, eine Art Wachstuch, beginnt knarzend einzureißen. Christian Kracht entnimmt seiner Gesäßtasche einen Leatherman aus purem Gold.

JOACHIM BESSING Dazu kommt noch der Aspekt des Demonstrations-Tourismus.

ECKHART NICKEL Gerade wenn es um Atom-Transporte gehen soll, werden immer noch regelmäßig aus der gesamten Republik Busladungen von Demonstranten durch das Land gefahren.

BENJAMIN V. STUCKRAD-BARRE Wenn wir aber die schütteren Endmoränen der achtziger Jahre außer acht lassen und statt dessen weiter zurück in Richtung 1968 schauen, stellen wir fest, daß damals die Demonstration noch etwas bedeutet hat.

JOACHIM BESSING Sie war vor allem ein Bestandteil des Lifestyles.

ECKHART NICKEL Sichtbar wird das anhand der Bilder von Andreas Baader und Ulrike Meinhof aus dieser Zeit. Das hatte alles einen guten Style, damals.

CHRISTIAN KRACHT Andreas Baader und Gunter Sachs gaben sich im Style fast gar nichts. Ob jetzt Baader Ulrike Meinhof fotografierte oder Gunter Sachs seine Frau Mirja nackt auf dem Bärenfell in Gstaad – im Style waren sie absolut identisch.

ECKHART NICKEL Ob auf der Harley Davidson in Kampen, Sylt, die Whiskystraße entlangschmetternd oder in der konspirativen Altbauwohnung in Heidelberg sich unterduckend – es war eine sich gleichermaßen auseinanderdividierende Sehnsucht danach, Öffentlichkeit zu suchen und wahrgenommen zu werden.

BENJAMIN V. STUCKRAD-BARRE Kann ich fragen, ob ihr euch als politisch bezeichnen würdet?

Ein altersloser Brillenträger betritt zögerlich das Kaminzimmer. Er stellt eine schwarze Tasche aus Nylongewebe auf einem der Sofas ab und stellt sich vor.

FOTOGRAF Guten Tag, Rosental von der Tageszeitung Die Welt ist mein Name. Ich soll fotografieren. Ja? Prima.

JOACHIM BESSING Gut. –

Rosental knöpft seine schwarze Tasche auf und entnimmt ihr eine Spiegelreflexkamera, schraubt ein Objektiv darauf und beginnt scheinbar wahllos, die Runde über die beiden im Raum aufgehängten Spiegel verzerrt zu blitzen. Während er einen neuen Film einlegt, versucht Benjamin von Stuckrad-Barre, ihm ein Glas Weißwein, einen Sancerre, zu reichen. Christian Kracht entwindet Benjamin von Stuckrad-Barre das Glas, bevor es die bittend ausgestreckte Hand des Fotografen erreicht hat, und lehrt es in einem Zug.

JOACHIM BESSING Es gab Anfang der neunziger Jahre das von Diedrich Diederichsen und anderen diktierte Verlangen nach einer alles und jeden durchdringenden Politisierung, und diese schnell durchzuführende Politisierung wurde damals auch streng auf die Richtigkeit ihrer Durchführung überwacht.

CHRISTIAN KRACHT Ausgehend von Diedrich Diederichsens eigenem Essay »The Kids Are Not Alright«, in dem für ihn der Bruch mit der Jugend daraus resultierte, daß Malcolm-X-Kappen tragende Jungs brennende Bierflaschen auf Flüchtlingshäuser im Osten geworfen hatten. Das X-Zeichen erschien Diederichsen durch diese Taten auf einmal sinnentleert und überhaupt leer –

JOACHIM BESSING Dann folgte der ganze Mist aus deutschen Übersetzungen der Malcolm-X-Biographie, Judith Butlers gendertheory und Malcolm X im exegetischen Vergleich mit Rostock und Lichtenhagen. Es wurde allen Ernstes darüber nachgedacht, und in manchen eher Fanzine zu nennenden Zeitschriften geschieht das immer noch, ob es sich bei Homosexualität, Transvestitismus, Sadomasochismus und Windelfetischismus um nachahmenswerte Formen politischen Widerstandes handelt. In Folge davon wurde auch die Popmusik plötzlich wieder schlechter. Diese Platten rezensierten die Redakteure von Spex dann mit denselben Methoden. Als dies alles aber durchlebt und überwunden war, und Diedrich Diederichsen sich auf sein Altenteil an der Stuttgarter Merz-Akademie zurückgezogen hatte, mußte man sich die Frage, ob man politisch ist oder nicht, zum Glück nicht mehr stellen. Das ist bis heute so geblieben.

Der Fotograf verläßt türenschlagend den Raum. Ein Spex-Button kullert über den Teppichboden bis hin zum Kamin, wo er blechern eiernd auf den Marmorfliesen zu liegen kommt.

JOACHIM BESSING Es würde mich interessieren, warum Alexander von Schönburg zur gleichen Zeit Mitglied bei den Jungen Liberalen und bei der Jungen Union war.

ALEXANDER V. SCHÖNBURG Ich war seit meiner frühesten Kindheit ein absolut politischer Mensch. Das Wort Politik kommt vom Begriff der Res publica her, und es geht dort um das Gemeinschaftswesen, und es geht um die Erkenntnis, daß es keine ideale Regierung gibt, aber daß jeder trotzdem am Gemeinschaftsleben konstruktiv teilnehmen muß.

BENJAMIN V. STUCKRAD-BARRE Aber was ist denn mit dem Begriff Außerparlamentarische Opposition?

ALEXANDER V. SCHÖNBURG Um es gleich konkret zu sagen: Ich finde die RAF ein abstoßendes Thema. Das schlimmste an der RAF ist für mich, daß sie alle totale Antihelden sind, die sich völlig gegen einen Staat aufgelehnt haben und dann in dem Moment, in dem sie Gefangene dieses Staates waren, alle Möglichkeiten des Rechtsstaates benutzten. Sie waren nicht von der Sorte Terroristen, die sich fangen lassen und dann sagen: Ihr Arschlöcher, Schweine, Schweine. Statt dessen riefen sie sofort: Ich möchte sofort einen Anwalt, und zwar den besten, den ihr habt. Entweder man lehnt ein System ab, und das mit letzter Konsequenz, oder man nimmt sich einen Anwalt dieses Systems. Aber ich finde es absurd, die RAF in irgendeiner Weise stylish zu finden.

JOACHIM BESSING Genau das passiert aber im Moment in preisgekrönten und auch in England gefeierten Bildbänden, die diese RAF im Au-bout-du-souffle-Chic abbilden. Man sieht darin rauchende Menschen in Eierschneider-Jeans, die in schnellen Autos herumfahren.

ALEXANDER V. SCHÖNBURG Wir stellen also fest, daß wir uns in einem postideologischen Zeitalter befinden und es für uns deshalb auch gar keine Res publica gibt.

ECKHART NICKEL Was ist dann unsere Möglichkeit von Politik?

ALEXANDER V. SCHÖNBURG Bei Harald Schmidt sah ich gestern die jüngste Bundestagsabgeordnete Deutschlands. Sie ist fünfundzwanzig Jahre alt und kommt aus Potsdam. Durch die Sendung blieb es völlig unklar, was sie im Bundestag eigentlich macht, außer nach den Wegen in die Kantine zu suchen und sich dabei zu verlaufen, aber sie nimmt an der Res publica – sicher –

Alexander von Schönburgs Gesicht wird von einem schwärmerischem Ausdruck, einem katholischen Leuchten, verklärt. Das letzte Wort des Satzes haucht er, kaum noch verständlich in sein Weinglas.

ALEXANDER V. SCHÖNBURG – teil.

Christian Kracht zündet sich eine Zigarette, eine Marlboro Lights, an.

BENJAMIN V. STUCKRAD-BARRE Die Überlegung »Hat Politik etwas mit meinem Leben zu tun?« ist an sich eigentlich grotesk. Es muß da bei uns einen Prozeß der Entfremdung gegeben haben, der möglicherweise auch ästhetisch begründet war, daß man sich abgestoßen fühlte von Ortsverbänden und ähnlichem –

JOACHIM BESSING Die Teilnahme an solchen Veranstaltungen, an den Diskussionen, Waldreinigungen und Käsegewicht-Ratespielen auf ihren Straßenfesten ist unmöglich. Man will sich an diesen Dingen nicht schuldig machen.

ECKHART NICKEL Die Politisierung, die ich in meiner Jugend erfahren habe, begann in der Schule im Gemeinschaftskundeunterricht, den es dort in Hessen gab. Mein Lehrer, Herr Axel Süsskoch, schaffte es, daß durch seinen Unterricht die Politisierung für mich bedeutete, von Politisierungen an sich und in jeder Form abgeschreckt zu sein. Meine Versuche, an den Debatten in anderer Art teilzunehmen, stießen bei ihm auf völliges Unverständnis. Er bezeichnete mich liebevoll-angeekelt als apolitisch-konservativen Betrifft-mich-nicht-Wicht. Diese Formulierung konnte ich nie wieder vergessen. Sie hat mich geprägt.

Eckhart Nickel schließt die Augen und saugt gierig an seiner Zigarette, einer Marlboro Medium. Er inhaliert tief und bläst zwei ineinandergleitende Kringel.

ECKHART NICKEL Heute überfliege ich jeden Morgen in der Straßenbahn die ersten Seiten der beiden Tageszeitungen, die ich abonniert habe, nämlich die der Neuen Zürcher Zeitung und der Frankfurter Allgemeinen Zeitung. Während dieser achtminütigen Straßenbahnfahrt –

BENJAMIN V. STUCKRAD-BARRE – machst du dir Notizen in Sütterlin-Schrift.

ECKHART NICKEL – von der Blumentalstraße-Ost bis zum Hauptbahnhof in Heidelberg verschaffe ich mir so einen ersten Eindruck des Weltgeschehens. Meistens beschränke ich mich dabei auf das Lesen der Überschriften und der Rubrik »Kanton Zürich« in der NZZ.

BENJAMIN V. STUCKRAD-BARRE Ist dir wichtiger, was geschieht oder was geschehen könnte? Mir persönlich reicht es häufig, von den Dingen in der Bildzeitung zu lesen, weil es mich nicht interessiert, wie es geschieht, sondern wie es aussieht; wie es bei den Menschen landet.

ECKHART NICKEL Ist also die Bildzeitung der Weg, wie Politik bei den Menschen ankommt?

BENJAMIN V. STUCKRAD-BARRE Ich glaube, ja. Die bilden dort genau ab, was hängenbleibt, stets dem ersten Bürgergrundgedanken verpflichtet: »Was ändert das für mich konkret«?

ALEXANDER V. SCHÖNBURG Es ist eine virtuelle Politik, die in Bild, BZ und so weiter stattfindet. Dort wird mit den fünf Ur-Ängsten des Menschen gespielt: knappes Geld in der Kasse, Krieg, Tod, was weiß ich. Der gesamte Transport der Politik über die Medien hin zu den Menschen ist absolut virtuell. Die ganze Zeit wird dort von vorne bis hinten beschissen. Mit der NZZ ist Eckhart Nickel noch ganz gut dran. Im Grunde gibt es nämlich gar keine langweiligen Zeitungen mehr. Keiner informiert, alle unterhalten. Bis auf das Hamburger Abendblatt, welches dies einfach nicht schafft. Dadurch wird eine virtuelle Politik, eine Angst-Politik betrieben.

Es verkauft sich nun einmal gut, über Bodentruppen zu spekulieren. Alle versuchen deshalb, dieses Thema auf der Seite eins zu halten. Und Herr Joffe wird immer darüber philosophieren, wie toll der Hubschrauber Apache schießt.

BENJAMIN V. STUCKRAD-BARRE Ist die Tat von Joschka Fischer, Außenminister zu werden, also ein subversiver Akt. Ist er dort im virtuellen Zentrum gelandet, weil er sich geschickt getarnt hat?

ALEXANDER V. SCHÖNBURG Er hat lediglich den Marsch durch die Institutionen glücklich hinter sich gebracht. Die sogenannte Alternative Bewegung hat den kiss of death von der Gesellschaft erhalten. Die grüne Ideologie der achtziger Jahre war zunächst ein Mischmasch aus verschiedenen Richtungen – von ganz rechts bis extrem links. Banal gesagt ist also eine Protest-Partei, die nur auf Protest ausgerichtet war und nie Lösungen anbieten mußte, zu einer Regierungspartei gemacht worden. Und jetzt habe ich hier dieses Flugblatt, das mir gerade auf der Demonstration von einer dieser Donna-Karan-Kleidchen-Trägerinnen zugereicht worden ist.

BENJAMIN V. STUCKRAD-BARRE Ich bekam nur eines von Brokers Bierbörse: »Alle Getränke zu brandaktuellen Börsenkursen, vierzehn Sorten Bier vom Faß«. Darunter steht dann noch: »Irgendwann kommt sicher der große Crash. Leckere Tagesgerichte.«

Auf dem schmiergelben Flugblatt in Benjamin von Stuckrad-Barres Händen ist eine Art Fieberkurve zu sehen, die sich nach einigen Zackenkurven steil in eine Tiefe stürzt.

ALEXANDER V. SCHÖNBURG Auf meinem steht: »Sprengen wir den Grünen-Parteitag!«

CHRISTIAN KRACHT Also ist doch Joschka Fischer für die Menschen, die dieses Flugblatt herausgeben, inzwischen ein viel, viel größerer und gefährlicherer Feind –

ECKHART NICKEL – als Helmut Kohl es je war. Könnte es sein, daß der Grund dafür, daß diese Partei jetzt Dinge tut, die sie niemals tun wollte, also zum Beispiel einen Krieg mitführen, könnte es also sein, daß jenes Vakuum, in das die Partei gerutscht ist, kaum daß sie an der Macht war, in Joschka Fischers Manschettenknöpfen, dem Fake-Siegelring und den vielen Anzügen begründet liegt?

ALEXANDER V. SCHÖNBURG Aber nein. Das Vakuum wird vielmehr

gefüllt von einer unpolitischen Masse und von einer Masse, die – leider, muß ich hier sagen – von rechts politisiert wird. Rechts, also stumpf und möglichst ohne nachzudenken. Die Leute aus der linken Szene, die wir heute nachmittag bei der Demonstration geschaut haben, sind sowieso politisiert; weil sie für die eigene Ehre in einer WG leben, wo sie einen Plan an der Wand hängen haben, wer wann den Küchenboden aufputzt. Und dann gibt es die anderen, die wohnen in Sachsen-Anhalt und anderswo, die denken nicht so politisch, haben aber Ressentiments und sind zum Teil gewalttätig.

BENJAMIN V. STUCKRAD-BARRE Ist denn die grüne Idee damit auch rückwirkend gescheitert, oder ist sie nur im Moment gescheitert, macht sie nur eine Pause?

JOACHIM BESSING Die Grünen dürfen doch damals in den achtziger Jahren nicht ernsthaft geglaubt haben, daß sie mit diesen Bärten und Haaren, sonnenblumentragend einmal Kanzler werden können.

ALEXANDER V. SCHÖNBURG Das Traurigste daran ist vielleicht die Ernst-August- und Carolinisierung von Joschka Fischer. Also das Perversum, daß ein Mann, der einmal mit Turnschuhen Minister wurde – was viele cool fanden –, jetzt im gepanzerten Wagen voller Bodyguards vor den Fotografen flüchtet, seine Frau bedeckt sich dabei das Gesicht mit dem Mantel, sie rennen weg vor den Kameras wie Ernst-August und Caroline. Das ist albern. Die Ernst-August- und Carolinisierung von Joschka Fischer war der Todesstoß für die grüne Idee. The kiss of death of the establishment.

ECKHART NICKEL Als die Hochzeitsfeier der beiden Eheleute Fischer vom Supertreffpunkt der ehemaligen Linken im Literaturhauscafé in Frankfurt verlegt wurde nach Darmstadt, ins Schloß Kranichstein, war das auch ein deutliches Zeichen des Abschieds.

ALEXANDER V. SCHÖNBURG Helmut Kohls Abgang war für mich das Zeichen des Abschieds. Gerhard Schröder oder Joschka Fischer würden doch nie in eine Zuschauermenge stürmen, wenn man sie mit Eiern bewirft. Erinnert ihr noch, als Helmut Kohl in Halle den Eierwerfer verprügelte? Dieses Gesicht – das war alles, was wir an dieser Generation geschätzt haben; der jähzornige Onkel, den man so gerne hat. Einmal durfte ich Helmut Kohl schauen, am Wolfgangsee, im Abendlicht. Der Ort St. Gilgen hatte sich fein herausgeputzt, als Helmut Kohl und Hannelore kamen. Die österreichische Polizei hatte eine Garde abgestellt, obwohl der ganze Ort sowieso vom deutschen Bundesgrenzschutz abgeriegelt worden war. Auf dem See vor Helmut Kohls Ferienhaus fuhr Tag und Nacht ein Militärboot auf und ab. Die Häuser des Ortes waren mit Fähnchen geschmückt. Hannelore Kohl ging im Ort einkaufen, sie hat sich immer sehr schön angezogen, in Escada, weil sie wußte, daß alle auf sie, die Gattin des Bundeskanzlers, schauen würden. Sie trug auch immer volle Schminke, bereits um zehn Uhr in der Früh, um eben dann im dortigen Supermarkt Billa einzukaufen.

BENJAMIN V. STUCKRAD-BARRE Und jeden Urlaub ließ sich das Ehepaar Kohl dort mit einem anderen Tier fotografieren. Einmal war es ein Reh, im Jahr davor ein Wildschwein. Das wurden dann die offiziellen Urlaubsbilder. Ich persönlich war aber sehr erleichtert, als es Helmut Kohl nicht mehr gab. Aber wahrscheinlich auch nur aus dem Grund, weil ich hier der einzige bin, der sich nicht mehr an Helmut Schmidt erinnern kann. Ich erinnere dagegen aber noch sehr genau, als meine zutiefst sozialdemokratischen Eltern seufzten: Der Kohl hat gewonnen. Die Narbe. Von da an war Helmut Kohl im Land und lag bleiern über mir.

ALEXANDER V. SCHÖNBURG Du gehörst also zur berühmten Helmut-Kohl-Generation.

BENJAMIN V. STUCKRAD-BARRE Ich habe ihn eigentlich zunächst nur als Comicfigur, als so genannte Birne kennengelernt und deshalb auch völlig unterschätzt. Schuld daran waren vor allem diese debilen Kabarettisten, die ein Doppelkinn machten, ein bißchen stotterten und glaubten, sie würden sich jetzt politisch äußern. Das hat mich also die ersten zehn Lebensjahre lang geprägt. Er war für mich einfach unästhetisch und verkörperte das Gegenteil von Bewegung. Sein Merkmal wurde, daß er immer gewann, egal wie er bespottet wurde. Von Thomas Freytags Siegen hat man dagegen lange nichts mehr gehört.

ALEXANDER V. SCHÖNBURG Bundeskanzler Kohl war aber doch ein beruhigendes Kontinuum.

BENJAMIN V. STUCKRAD-BARRE Nein, überhaupt nicht. Ich war immer tief enttäuscht, als zuerst Johannes Rau verlor, dann Oskar Lafontaine –

CHRISTIAN KRACHT Als Rudolf Scharping verlor, war ich nicht enttäuscht.

JOACHIM BESSING Ich auch nicht.

ALEXANDER V. SCHÖNBURG Ich auch nicht.

ECKHART NICKEL Ich war enttäuscht, denn es hätte in der Geschichte der Bundesrepublik keinen anderen Zeitpunkt geben können, um der spätkapitalistischen Raserei ein Ende zu machen, als diesen: Ein pfälzisch daherbrabbelnder Mö-Bart, der sofort den Fahrradführerschein als erste Bürgerpflicht wiedereingeführt hätte und der stärkendste Wirbel am Gerippe der Kleinfamilie geworden wäre, einer Kleinfamilie, die basisdemokratisch den Staat erhält, ganz laissez faire mit einem Zweimeterbaguette in einer offenen Ente über Europas Grenzen hinweg in den wohlverdienten Politikerurlaub tuckert. Und zwar, das meine ich jetzt wirklich ernst, im Wim-Wenders-Sinn, bis ans Ende der Welt. Denn Deutschland unter Scharping, das wäre endlich der offene Staat gewesen. Ein Staat mit Bürgern im Unterhemd, die, in jedwedem Lokalkolorit, über alle Grenzen hinweg, dem Rest der Welt zuprosten. Eigentlich also eine nette, bis dato nur in Heinz-Erhardt-Filmen und Greser-&-Lenz-Cartoons existierende Parallelwelt. Ganz ohne Audi Quattro, Schröder, Brioni und den ganzen Rest.

ALEXANDER V. SCHÖNBURG Ich fürchte mich jetzt schon vor der Zeit, in der Johannes Rau Bundespräsident sein wird. Bellevue ist an und für sich ein wunderbarer Ort und eigentlich ein wirklich repräsentativer Sitz für ein Staatsoberhaupt. Und daß jetzt Bundespräsident Rau dort sitzen soll ... Seine erste Einführung wird sein, daß die Dolmetscher bei den Staatsbanketten mit am Tisch sitzen dürfen. Die Dolmetschervereinigung im Auswärtigen Amt fordert dies nun schon lange genug, denn sie müssen bei solchen Anläßen bis dato hinter den Politikern sitzen, begreifen sich aber nicht als Handwerker und wollen auch mit an die große Tafel. In der von Johannes Rau geformten Zukunft der protestantischen Verbrüderung mit allen werden diese Dolmetscher also zwischen den Staatsgästen, mit ihnen am Tisch sitzen, was völlig absurd und peinlich ist.

BENJAMIN V. STUCKRAD-BARRE Bei Helmut Kohls Abwahl habe ich mich über die Simulation einer Bewegung gefreut. Daß vielleicht etwas geschehen könnte. Ich hatte selbstredend keinerlei Hoffnung, daß sich dadurch mein Leben ändert oder daß es sozial gerecht werden könnte in diesem Land oder solchen Quatsch, dachte aber, daß sich vielleicht irgend etwas verändern könnte. Gewählt habe ich natürlich nicht, das empfand ich nicht als notwendig, denn es war ja schon ein halbes Jahr vorher klar, daß Gerhard Schröder Kanzler wird. In dieser Zeit vor der Wahl wurde ja eigentlich nur noch ausgerechnet und analysiert, warum Schröder die Wahl gewonnen hatte. Trotzdem hat es mich überrascht, als es in der Zeitung stand, daß Helmut Kohl tatsächlich gehen muß. Das war schön. Ein Gewitter, das mich reinigte.

JOACHIM BESSING Und es hat das Land vor allem dankenswerterweise vom Kabarett gereinigt. Es wurden dann ja auch sofort diese Kabarettisten im Fernsehen befragt, was sie denn jetzt machen, ohne Kohl. Sich selbst im Keller Mut zupfeifend, redeten sie sich gegenseitig ein, mit Gerhard Schröder einen neuen und, wie sie behaupteten, wunderbaren Grund ihrer Berufsausübung zu haben. Besonders »Die Neue Mitte«, so versprachen es damals Dieter Hildebrandt und seine Freunde, sei willkommen und herrlich, und sie witterten da jetzt schon ein immenses Arbeitspensum in der Kabarettindustrie, das da auf sie zukomme. Ich glaube, daß dies eine Fehleinschätzung war.

ECKHART NICKEL Ist das Kabarett also mit in das von uns beschriebene Vakuum gefallen?

JOACHIM BESSING Ganz gewiß, und ich möchte es dort sehr willkommen heißen. Es gibt nichts Schlimmeres als Kabarett. Es ist sogar schlimmer als Theater.

Alexander von Schönburg öffnet das Barfach des Bücherregals und zieht den Pfropfen aus einer demi-bouteille Moët Chandon. Er äugt vorsichtig in den Flaschenhals und gießt sich dann ein. Er telefoniert mit der Hausdame und bestellt Zigaretten, Marlboro Lights, für das Kaminzimmer. Das ausgetrunkene Fläschchen Champagner läßt er achtlos auf der Konsole zurück.

BENJAMIN V. STUCKRAD-BARRE Aber das Kabarett führt uns auch zur Frage, ob es politische Kunst überhaupt geben kann. Kann man Politik in Buch- oder Liedform demonstrieren?

JOACHIM BESSING Das Stück »Winds of Change« der Scorpions zum Beispiel ist ein gelungenes Beispiel für politische Kunst. Der Sänger Klaus Meine berichtete neulich, daß harte Fans dieses Freiheitsstücks immer noch auf seinem Privatanschluß anrufen und verlangen, er solle die charakteristische Pfiff-Zeile pfeifen. Er tut das dann auch. Er sagte, er sei dies den Menschen schuldig, er habe mit seinem Pfeifen eine politische Bedeutung bekommen.

BENJAMIN V. STUCKRAD-BARRE Was völliger Unsinn ist, denn »Winds of Change« war natürlich ein vollkommen dummes Lied, das eben nur zeitgleich zur östlichen Schleusenöffnung herauskam und deshalb zu einem Soundtrack wurde. Ich meine aber viel mehr Bänkelsänger wie Wolf Biermann –

ECKHART NICKEL – Hanns-Dieter Hüsch –

BENJAMIN V. STUCKRAD-BARRE – oder Heinz-Rudolf Kunze, der ja heute noch kantige Lieder schreibt. Er war gerade erst in Köln, und der Kölner Express schrieb danach tatsächlich Rock vom Feinsten. Heinz-Rudolf Kunze macht dann auch explizit Texte über die Nato. Er ist einer der unangenehmsten Deutschrocker und einer der politisiertesten. Es gibt diese Menschen also noch.

ALEXANDER V. SCHÖNBURG Aber typisch für unsere Zeit sind doch eher textarme Lieder.

BENJAMIN V. STUCKRAD-BARRE Genauso wie es typisch ist, daß auf der Demonstration heute weniger Menschen waren als in der Warteschlange vor dem Reichstag. Deshalb mußten Menschen wie Heinz-Rudolf Kunze auch erhebliche Umsatzeinbußen verzeichnen. Diese explizite Form von politischem Protest, also sich mit einer Gitarre oder Orgel oder auf eine Kabarettbühne mit einem pfälzischen Dialekt hinzustellen, scheint passé. Das wollen wir beklatschen.

ECKHART NICKEL Das letzte wirklich überzeugende Produkt der politischen Kunst war für mich die Single »Sonne statt Reagan« von Joseph Beuys. In der Simplizität war das absolut überzeugend und jedem einleuchtend.

JOACHIM BESSING Beuys war aber auch ein Gigant.

ALEXANDER V. SCHÖNBURG Mich überzeugte zuletzt der Aufkleber »Lieber eine Pershing im Garten als eine SS-20 aufs Dach«.

JOACHIM BESSING Leider wird das Kabarett vermutlich niemals verschwinden, denn der Fall Sissi Perlinger lehrt uns, daß beim Verschwinden der Kabarettpersönlichkeit eines politischen Künstlers dieser sein Haupt – gleich einer sich selbst enthauptenden Medusa – doppelt so schlimm in Form der sogenannten Comedy erheben wird.

BENJAMIN V. STUCKRAD-BARRE In diesem besagten Fall ist das aber nichts weiter als eine mißlungene Wiederbelebung von Klim-Bim. Was ja nicht das Schlechteste wäre, wenn es gelänge.

CHRISTIAN KRACHT Klim-Bim war sexy.

JOACHIM BESSING Damit hat aber der Humor von Sissi Perlinger und Lisa Fitz, die sich ja ständig gegenseitig einladen, dort Gäste zu sein, rein gar nichts zu tun. Deren Comedy ist sehr vom Kabarett geprägt und deshalb auch sehr schlecht.

BENJAMIN V. STUCKRAD-BARRE Lisa Fitz ist für mich das Schlimmste. Mit ihrem in der Bildzeitung gefeierten kubanischen Liebhaber, den sie dort heiratete, und mit ihren CSU-Witzen ist sie mir die unangenehmste Frau unter der Sonne.

ECKHART NICKEL Sissi Perlinger reicht an diesen Status lange nicht heran. Lisa Fitz hatte ja auch eine Single mit dem Titel »I ben bled«. Während einer Talkshow sagte sie einmal: Ja freili, i ben für wahre Liebe – des is der Ali, des is mein Liebhaber. Derweil saß ihr gequält gleichgültig-amüsiert blickender Mann im Publikum, und es wurde permanent zwischen dem Gesicht von Lisa Fitz, dem Ali und ihrem Mann hin und her geschnitten. Diese Frau steht für mich für das Schlimmste

BENJAMIN V. STUCKRAD-BARRE Wenn wir uns also in der Ablehnung des Kabaretts einig sind, ist es dann noch nötig und möglich, sich in Wort oder Ton politisch zu artikulieren?

Ein Schweigen entsteht. Das Zimmerfräulein bringt ein Tablett mit Zigarettenpackungen und eine Platte mit geschälten und zu Fächern aufgeschnittenen Früchten. Alexander von Schönburg zündet sich eine Zigarette an, eine Marlboro Lights.

BENJAMIN V. STUCKRAD-BARRE Politische Witze, in der Form, wie sie etwa Harald Schmidt zu machen versteht, bleiben für mich allerdings nötig. Er ist ein großer Aufklärer. Also wenn zum Beispiel Oscar Lafontaine einen Mistelschnaps an die vor seinem Haus in Saarbrücken wartenden Journalisten ausschenkt. An so einem Abend schafft Harald Schmidt es, die ganze Show mit einem Tablett Schnapsgläser in den Händen zu bestreiten. So ist dann politisches Witzemachen möglich; also in der Verweigerung des Kommentars. Lediglich im Abbilden von dem, was wir sehen.

ECKHART NICKEL Das war ja überhaupt immer das Mißverständnis in den dunklen Scheibenwischer-Tagen: Man suchte sein beckmesserisches Glück in der satten Genugtuung der Persiflage, in der Überzeichnung à la Hüsch, der es auch nie geschafft hat, an die Übertreibungskunst der beiden Alten – Waldorf und Stattler – aus der Muppet Show anzuknüpfen. Denn Persiflage ist Interpretation von politischem und ästhetischem Handeln, und das ist falsch. Denn Darstellung ist ja Übertreibung; wer da noch einen draufsetzt, hat verloren; nicht nur die Gunst des Publikums, sondern auch seine natürliche Haarfarbe. Ein Stilmittel übrigens, das heute weltkluge Politiker als eine Art unfreiwillige Selbstpersiflage, als Medienperformance mißverstanden, höchstpersönlich an sich selbst anwenden. Ich denke da nicht von ungefähr an Bundeskanzler Gerhard Schröder, der auf seinen Wahlplakaten vor der Inthronisierung noch so überzeugend stahlblau als graumelierter Bismarck versuchte, einzuladen in den verheißungsvollen neuen Wilhelminismus eines sozialdemokratischen Großdeutschlands. Doch dann, o Schreck: das Alter, die Spuren, der Ernst – alles dahin. Wahrscheinlich wurde er von seiner Frau, einer ehemaliegen Focus-Redakteurin, im Helmut-Markwort-Sinne elitisiert, zeitlos gemacht. Alles an Gerhard Schröder sagt: Klassiker.

BENJAMIN V. STUCKRAD-BARRE Interessant ist da doch, warum sich ganz Deutschland diese Frage stellt und Gerhard Schröder selbst sich auch von Heidi Klum in »Wetten Dass ...?« die Frage stellen lassen muß, ob sich Bundeskanzler Gerhard Schröder die Haare färbt oder nicht. Damit setzt er sich endlich ins Herz der Menschen. Helmut Kohl wäre zu »Wetten Dass ...?« niemals hingegangen. Er hätte sich durch die Frage: Färben Sie ihr Haar, Herr Bundeskanzler Dr. Kohl? sofort angegriffen gefühlt. Aber Gerhard Schröder lächelt und fährt, weil er seine Wette verloren hat, mit der ältesten Frau aus dem Publikum mit Blinklicht in seinem Audi zum Italiener und lädt sie zum Weißwein ein. Wahrscheinlich ist Gerhard Schröder nach mir der unpolitischste Mensch Deutschlands – wenn man sich neben ihm einen wirklichen Politiker wie zum Beispiel Günther Verheugen ansieht, der Ideen hat und mit seiner Teetassenbrille durch die Akten blättert.

ECKHART NICKEL Also ist das sichtbar gefärbte Haar des Bundeskanzlers genauso ein Medientrick wie die zur Schau gestellte Wunde auf Siegfrieds Rücken?

BENJAMIN V. STUCKRAD-BARRE Es geht doch eher darum, wie es dem Bundeskanzler Gerhard Schröder gelingt, von politischen Themen abzulenken und die Menschen mit der Frage zu narkotisieren, ob er für seine

Kaschmir-Modestrecken in der unfaßbaren Zeitschrift In-Style Geld bekommt.

ECKHART NICKEL Weil er in seinem Job nichts Aufsehenerregendes tut, muß sich das Volk eben mit diesen Fragen beschäftigen. Wird es von ihm auch offizielle Urlaubsfotos geben, wie die von Bundeskanzler Helmut Kohl?

ALEXANDER V. SCHÖNBURG Man sah ihn bereits in Marbella am Strand. Der Wechsel der Kanzlerurlaubsorte vom Wolfgangsee in Österreich nach Marbella ist ein weiteres, sprechendes Zeichen.

DER FALL DER MAUER

Christian Kracht bedient den Getränkeautomaten. Ein unvorhersehbarer Schwall heißen Wassers überschwemmt seine Teetasse. Auf der Bedienfront des Automaten beginnt ein rotes Leuchtfeld mit der Aufschrift SERVICE zu blinken.

ECKHART NICKEL Am Tag der Deutschen Wiedervereinigung fand ich mich in der Paranoiagrube in Dahab, am Rande der Wüste Sinai liegend. Es lief »Shine On You Crazy Diamond« von Pink Floyd, und nichts war mir ferner und gleichgültiger als der Tag der Deutschen Einheit. Selbst in dieser debilen Runde von Hippies und Aussteigern fühlte ich mich wohler, als fähnchenschwingend den nächsten Trabi zu begrüßen.

ALEXANDER V. SCHÖNBURG Ich war zu dieser Zeit in England. Vom Ausland her betrachtet, erschienen mir diese Tage mit ihrer großen Euphorie natürlich sehr wichtig. Vor allem als Medienereignis. Es war weltweit die Schlagzeile Nummer eins und damit auch in der für mich relevanten virtuellen Welt interessant. Es war breaking news und dominant. Ich hatte ja vorher schon leidenschaftlich für die deutsche Einigung gekämpft – wie ich mich ja stets in irgendeiner Form politisch betätigt habe –, und für mich war es deshalb auch eine persönliche Genugtuung. Und zwar eine große. Wobei ich entgegen der landläufigen Meinung, der sächsische Dialekt sei der schlimmste Deutschlands, feststellen möchte: Der saarländische Dialekt ist tausendmal schlimmer. Wenn Lotto Lothar noch sprechen könnte, würde er so sprechen, wie man im Saarland spricht. Eloquent sind dagegen rheinisch und bayerisch, würde ich sagen.

BENJAMIN V. STUCKRAD-BARRE Das stimmt in beiden Fällen nicht, denn bayerisch ist furchtbar und rheinisch – ich lebte ja länger in der Stadt Köln – kulminiert im sogenannten Kölsch, einem wirklich ekelhaften Dialekt. Wahrscheinlich aufgrund der besonderen Bevölkerungsstruktur dieser Stadt heißt ein Bier dort Stange, die Kinder Pens, und bereits eingeschulte Kinder wiederum I-Dötzchen; also wirklich schlimm verkommen, diese Sprache.

ALEXANDER V. SCHÖNBURG Oh, ich habe Teile meiner Kindheit in einem Vorort von Bonn verbracht und muß sagen: Ich liebe das Rheinland. Klimatisch ist es angenehm dort, es herrscht eine wohltuend katholische Lebenskultur dort überall.

JOACHIM BESSING Aber die vielbeschworene rheinische Frohnatur empfand ich während meiner Jahre im Rheinland – ich lebte dort in Wuppertal – als sehr unangenehm.

BENJAMIN V. STUCKRAD-BARRE O ja – Hella von Sinnen bringt dies sehr gut auf den Punkt.

JOACHIM BESSING Das Raven ist dort scheinbar erfunden worden, denn wer sich einmal nur während des Karnevals in eine normale, sagen wir ... Bäckerei begeben hat, um dort zum Beispiel einen Viertelklöben – eine Art großes Hefebrot mit Rosinen – zu kaufen, wird dort einen wegen Trunkenheit über dem Tresen zusammenbrechenden Bäckereiverkäufer nebst davorstehenden und schunkelnden Hausfrauen im selben Zustand vorfinden. Selbst im Grunde enthaltsame Menschen wie Hans Nieswandt schwärmen ja öffentlich seit Jahren vom Sex mit älteren Frauen in Kölner Toreinfahrten, während der Karnevalsfeierlichkeiten.

BENJAMIN V. STUCKRAD-BARRE Sex heißt bei Hans Nieswandt aber Reggae-Platten kaufen.

ECKHART NICKEL Du meinst, er bekennt sich dazu, während des Kölner Karnevals an jeder Ecke Reggae-Platten gekauft zu haben?

BENJAMIN V. STUCKRAD-BARRE Da ich aber die meiste Zeit meines Lebens in Göttingen, einem Zonenrandgebiet, verbrachte, wurde die deutsche Einheit für mich vor allem dadurch spürbar, daß diese Menschen dort anlandeten und ihr Begrüßungsgeld für billige Kassettenrekorder ausgaben. Kurzzeitig herrschte in Göttingen eine Stimmung des Willkommens – besonders in der Schule: An den Wochenenden wurde dort im Keller ein

Café für diese Menschen eingerichtet. Ich erinnere mich gut, daß ich einen Freund hatte, der selbst sehr ostig aussah, weil er immer eine verwaschene violette Skijacke anhatte. In manchen Geschäften bekam er einen speziellen Ost-Rabatt eingeräumt. Er wurde sehr unglücklich darüber.

JOACHIM BESSING Aber mit der DDR verschwanden auch die speziellen Farben der DDR. Man sieht das auf Fotos, daß es dort ganz spezielle und eigens hergerichtete Farben für die Kleidungsstoffe gab. Blasse Farben, die jetzt interessanterweise in der aktuellen Prada-Sommerkollektion wieder auftauchen: ein schmutziges Gelb, ein blasses Grün und ein schwaches Grau in Stoffen, die an eine Art Pergament-Plastik erinnern. Diese Farben der Kollektion werden aber nur außerhalb Deutschlands, in Asien, angeboten.

CHRISTIAN KRACHT Dazu paßt eben auch, daß der damals in der DDR verkaufte ORWO-Film heute ... – Wartet!

Christian Kracht verläßt mit eiligen Schritten das Zimmer.

DER FUSSBALL

ALEXANDER V. SCHÖNBURG Ich muß sagen, ich mache eine wahre Katharsis durch. Ich fühle mich, als sei ich in einem ganz schlimmen Horrorfilm.

ECKHART NICKEL Das ist das Schönste, das einem ein Freund sagen kann. Welcome to the Pleasuredome.

ALEXANDER V. SCHÖNBURG Nein, ganz ernsthaft: Ich habe den Eindruck, hier eine Katharsis durchzumachen, die mir zu meinem Verstand zurückverhilft. Deshalb bin ich ja auch gewillt, es durchzustehen. Ich habe Plauderschmerzen.

BENJAMIN V. STUCKRAD-BARRE Interessiert sich jemand von euch für Sport?

ALEXANDER V. SCHÖNBURG Sport? Selbstredend – Ich bin ein Fußballfan. Morgen spielt Bayern München gegen 1860.

BENJAMIN V. STUCKRAD-BARRE Was ist das Kruder-und-Dorfmeister-Phänomen des Sports? Ich möchte die Antwort gleich mitliefern: Es ist der FC St. Pauli.

ECKHART NICKEL Ich hätte jetzt auf den SC Freiburg getippt.

BENJAMIN V. STUCKRAD-BARRE Auch das.

CHRISTIAN KRACHT Nein, das stimmt nicht. Ich kenne mich im Fußball gar nicht aus, aber ihr wählt jetzt bloß einen Underdog, der –

BENJAMIN V. STUCKRAD-BARRE Ich freue mich, daß du meiner Erklärung vorgreifst, obwohl du dich nicht auskennst, aber aufgeputscht durch Sekt und deine Aufputschmittel – nein, was ich meine, ist dieser Zustand in Hamburg, wo sich niemand wirklich für Fußball interessiert, aber mit dem Fan-Sein beim FC St. Pauli eine spezifische Geisteshaltung demonstriert, die Werbern und ihren Infotainment-Muschis eigen ist. Man geht ins Millerntorstadion.

CHRISTIAN KRACHT Du meinst FC St. Pauli und SC Freiburg sind Simulationen von Fußball?

BENJAMIN V. STUCKRAD-BARRE Beide Vereine sind dasselbe wie Massive Attack und Kruder und Dorfmeister.

ECKHART NICKEL Aha, also Sympathie-Fußball.

BENJAMIN V. STUCKRAD-BARRE Ja, und daß es einem so schwerfällt, Meinung wirklich frei zu äußern – man muß so vieles dabei bedenken. Das finde ich so anstrengend. Daß es überhaupt nichts mehr damit zu tun hat, welche Mannschaft sympathischer ist, welche den schöneren Fußball spielt, sondern welche Fans einem gefallen.

CHRISTIAN KRACHT Aber jetzt bist doch du der Revisionist, der Nostalgist, der sagt: Es geht um ehrlichen Fußball und nicht um das ironisch gebrochene Spiel des FC St. Pauli. Eigentlich geht es dir also um den Fußball der Borrussenfront.

BENJAMIN V. STUCKRAD-BARRE Nein, ich interessiere mich überhaupt gar nicht für Fußball. Ich habe nur beobachtet, wie es am Beispiel Fußball passiert ist, daß die Menschen in diese Meinungslosigkeit gestürzt sind. Und daß die Fußballfans plötzlich das Gefühl hatten, es würde ihnen alles kaputtgemacht werden von Halbintellektuellen, die sich nun auf einmal aus seltsamen Gründen für ihren ehemaligen Sport interessieren.

CHRISTIAN KRACHT Was schätzt also Alexander von Schönburg an Bayern München?

Alexander von Schönburg entnimmt seinem zweireihigen Tweed-Jackett von Hacketts eine kurzstielige violett schillernde Pfeife. Benjamin von Stuckrad-Barre balanciert ein Wasserglas auf seiner Stirn.

ECKHART NICKEL Was für eine Form hat die Idee Fußball? Die Form entspricht dem Enddarm. Denn im Fußball zählt allein das Ergebnis; was beim Spiel hinten herauskommt.

JOACHIM BESSING Ich möchte aber wissen, warum irgendwann in den neunziger Jahren jeder anfing, über Fußball zu reden?

CHRISTIAN KRACHT Das kann ich dir sagen, es fing in dem gleichen Moment an, in dem –

BENJAMIN V. STUCKRAD-BARRE Es ist ja gerade diese kranke und dumme Idee von Kult, daß etwas sich von seiner äußeren Form her gegen die Leidenschaft stemmt, wie zum Beispiel – entschuldigt bitte – Guildo Horn, der häßlich ist und schlechte Musik macht, also entgegen allen ästhetischen Prinzipien von Pop existiert, der aber genau deshalb emporgehoben wird, um sich – selbstironisch – über die Auswahlkriterien von Pop hinwegzusetzen.

JOACHIM BESSING Aber warum ist dann die Fanflagge der Fans des FC St. Pauli ein Totenkopf mit darunter gekreuzten Knochen?

CHRISTIAN KRACHT Paß auf: FC St. Pauli ist gleichbedeutend mit Hafenstraße, und wenn der FC St. Pauli gegen Galatasaray Istanbul spielt, kommen die Fans in sehr große Bedrängnis –

ALEXANDER V. SCHÖNBURG Weil sie dann gar nicht wissen, bei welchem Tor sie zuerst schreien sollen.

CHRISTIAN KRACHT Dieser Totenkopf ist die ironische Appropriation. Mit dem TSV 1860 ist es dasselbe in München. Die Menschen sitzen dort im Baader-Café und beschwören den Underdog wie heidnische Stämme ein kleines, braunes, sich selbst immer wieder verdauendes und wieder ausspeiendes Egel-Totem –

BENJAMIN V. STUCKRAD-BARRE Wahr ist doch, daß der Totenkopf der Smiley der siebziger Jahre war.

ECKHART NICKEL So etwas kostet mich ein kleines, wirklich herzhaft erpreßtes Bäuerchen.

CHRISTIAN KRACHT Ich möchte weiter über Fußball sprechen. Es interessiert mich aus dem gleichen Grund wie Joachim Bessing, denn viele meiner Freunde schauten plötzlich Fußball. Es passiert dann, daß ich anrufe und sage: »Hallo«, und die sagen dann: »Nein, ich kann jetzt nicht, ich muß das Spiel schauen.« Es ist bestimmt kein richtiges Rätsel, aber ich weiß eben nicht wirklich, was es bedeuten soll. Ist das jetzt ironisch, dieses neue, zwanghafte Fußballschauen?

BENJAMIN V. STUCKRAD-BARRE Offenbar kann man als Kind Dinge erlernen, die sich später nicht mehr erlernen lassen. Ich kann aus den achtziger Jahren nahezu die Spielernamen jeder Erst- und Zweitligamannschaft herbeten, bis hin zum Ersatztorwart. Ich hatte also damals die Fähigkeit, diese Namen auswendig zu lernen und zu stapeln.

Christian Kracht betrachtet mit hochgezogener Augenbraue das irisierende Muster auf dem Hals von Alexander von Schönburgs Pfeifchen.

CHRISTIAN KRACHT Fußball ist eben street. Es ist das gleiche wie bei dem G-Funk des Negers: Es ist das gleiche street-Gefühl, daß Fußball hier auslöst. Fußball ist street, FC St. Pauli ist illegal –

ECKHART NICKEL Vor allem setzte die Faszination auf der schmaleren Front ja gerade in dem Moment ein, als Fußball in den VIP-Lounges braunsakkoig und gelbkrawattig und beckenbauerig daherkam, daß es von außen betrachtet gar nichts mehr mit street zu tun hatte.

CHRISTIAN KRACHT Nein, nein, nein, Eckhart Nickel. Du bist auf dem völlig falschen Dampfer. Dem Fußball wohnt doch folgender Gedanke inne: Das Handwerk des Fußballspielens selbst ist eine Legitimation dafür, so darüber sprechen zu dürfen, wie wir jetzt darüber sprechen, so, als würde Fußball mit Heideggers klobigen Holzpantinen gespielt.

JOACHIM BESSING Aber ist ein Grund für die plötzliche Beliebtheit von Fußball an der schmalen Front nicht auch, daß es einfach komisch ist, Fußballspieler reden zu lassen. Jeder kann ein Interview mit, zum Beispiel, Franz Beckenbauer führen, und es wird automatisch zum Brüller.

DIE ENGLISCHEN VERHÄLTNISSE

CHRISTIAN KRACHT Fußball war The Face, Fußball ist I-D, war Billy Bragg und Northern Soul. Dann kam die leidliche lad-culture, das Magazin Loaded, und schwuppdiwupp war Fußball nicht nur street, sondern im Umkehrschluß Proll-street, hedonistisch und deshalb merkwürdigerweise gut. Aber diese Werte, die allesamt hauptsächlich in England relevant sind, werden nun hier in Deutschland von Menschen wie Ulf Poschardt benutzt, um englische Verhältnisse zu schaffen. Denn die englischen Verhältnisse existieren hier nicht, und da dies allen Lesern von The Face, zu denen auch Ulf Poschardt gehört, sehr leid tut, würden sie eben gerne –

JOACHIM BESSING Du meinst, daß über die Rezeption und Verbreitung von Fußball-Gedanken im SZ-Magazin die Schmutzsucht und Working-Class-Hero-Baderei englischer Zeitschriften etabliert werden soll?

BENJAMIN V. STUCKRAD-BARRE Ich glaube das auch. Ich glaube vor allem auch, daß Ulf Poschardt glaubt, daß ihn so etwas interessant macht. Denn er ist Doktor, Chefredakteur und so weiter – dann aber: »Interessant. Stehplatz im Stadion. Wow«.

ALEXANDER V. SCHÖNBURG Ich finde diesen Mann uninteressant. Er ist vielleicht für euch eine wichtige Figur des Zeitgeschehens.

CHRISTIAN KRACHT Er ist ein Titan.

ECKHART NICKEL Ein moving target.

BENJAMIN V. STUCKRAD-BARRE Warum sind wir nicht intelligent genug, nicht so oft über Ulf Poschardt zu sprechen?

CHRISTIAN KRACHT Ich habe mit Joachim Bessing ein Drehbuch geschrieben für einen Spielfilm, das zu sechzig Prozent bis fünfundsiebzig Prozent fertig ist. Es heißt Hamburg und handelt eigentlich von Ulf Poschardt – er ist dort die Hauptfigur. Es geht um die Poschardtisierung Deutschlands.

ALEXANDER V. SCHÖNBURG Or a sitting duck for that matter. Das verstehe ich wiederum.

BENJAMIN V. STUCKRAD-BARRE Warum?

ALEXANDER V. SCHÖNBURG Ich verstehe, daß du so eine Figur nehmen kannst und beschreibst –

CHRISTIAN KRACHT Die Figur, das Symbol Poschardt ist einfach nicht so öffentlich wie die Figuren, mit denen wir sonst hier hantiert haben. Und dadurch, daß sie nicht so öffentlich ist, ist sie auch diffuser und angenehmer.

ALEXANDER V. SCHÖNBURG Eigentlich ist er der perfekte Mann aus der Marlboro-Werbung: das verhaßte Image, das er euch vorspiegelt.

BENJAMIN V. STUCKRAD-BARRE Ulf Poschardt ist Krönung light. Einmal sah ich ihn in einem Video, für die Kamera hatte er seinen Kleiderschrank geöffnet. Man sah ihn dort stehen, mehr und mehr Spindtüren öffnend,

Kleidung ins Licht haltend. Dazu rappte er:

Hier sind so Gürtel
Wenige sind es nicht
Viel Helmut Lang
Sneakers
Und natürlich
Mein Beastie-Boys-Shirt

ALEXANDER V. SCHÖNBURG Er ist real gewordene Krönung light – und darauf seid ihr vielleicht neidisch.

CHRISTIAN KRACHT Mag sein. Aber warum spricht Alexander von Schönburg nicht endlich über seinen Lieblingsverein Bayern München?

ECKHART NICKEL Genau – der Verein mit dem Navy-Blazer –

JOACHIM BESSING Ich fände diesen Fußball-Akzent vor allem deshalb gut, weil sich Fußball in Deutschland gut verkauft.

BENJAMIN V. STUCKRAD-BARRE Ich habe eine ganz persönliche Fußball-Erfahrung: Es gab in der Zeitschrift Fußball Magazin, die ich abonniert hatte, die unfaßbar langweilige Rubrik »Fragen Sie Ihren Star«. Jeden Monat war dort ein Fußballstar auserkoren, der bereits in der vorigen Ausgabe annonciert worden war, und die Leser durften dann bis zum Zehnten des Vormonats eine Postkarte dorthin schreiben –

CHRISTIAN KRACHT Also wie Rocko Schamoni, der unter Pseudonym für das FC-St.-Pauli-Magazin Millerntor Rooarr schreibt –

BENJAMIN V. STUCKRAD-BARRE Ja, genau. Man durfte also diesem Star eine Frage stellen wie »Was ist dein Lieblingsessen?« und so weiter. An den Star Lothar Matthäus schickte ich dann damals die Frage: »Welche drei Dinge würden Sie auf eine einsame Insel mitnehmen?«, und es kam dann zu diesem Zufall, daß der Redaktion des Fußball Magazins damals ein Fehler unterlief und sie diese Frage innerhalb von drei Seiten der darauffolgenden Ausgabe dreimal abdruckten – und das mit den folgenden Antworten von Lothar Matthäus:

1. Meine Frau
2. Einen Videorekorder
3. Einen Fußball.

ECKHART NICKEL Ich glaube, derjenige, der hier am meisten von uns leidet, ist Alexander von Schönburg.

ALEXANDER V. SCHÖNBURG Ich fühle mich gerade jetzt wie Uwe Barschel – in diesen Momenten meiner schlimmsten Katharsis.

CHRISTIAN KRACHT Die Katharsis ist doch der Scheitelpunkt der Tragödie und der Parabel. Das hieße, die verschmutzte Unterhose würde sich nach der Reinigung in einen sauberen Büstenhalter verwandeln.

JOACHIM BESSING Alexander von Schönburg spricht hier doch permanent Sachen aus, die da drunten, bei den Wasserwerfern, vor den Wannen, auf den großen Widerwillen stoßen, der sich auch aggressiv äußern dürfte. Ich hatte heute mit Christian Kracht eine Fantasie im Fahrstuhl. Also wir sahen Alexander von Schönburgs Kopf, der abgeschnitten auf einer Stange von den Massen durch Berlin-Mitte getragen wurde.

ALEXANDER V. SCHÖNBURG Das wäre für mich das schönste Kompliment seit langem.

DIE DREI-WETTER-TAFT-WELT

JOACHIM BESSING Gibt es denn eigentlich überhaupt noch sogenannte gesellschaftliche Tabus?

ALEXANDER V. SCHÖNBURG Die katholische Kirche zu verteidigen ist zum Beispiel ein modernes Tabu. Es ist ein Allgemeinplatz, für die Antibabypille und gegen die Familienpolitik des Papstes zu sein. Wer heute, wie ich, sagt: Ich bin für den Papst und gegen die »Pille danach«, bricht ein gesellschaftlich vereinbartes Tabu. Vielleicht ist es auch ein ähnlicher Tabubruch, wenn eine Frau sagt: Ich gehöre hinter den Herd und möchte gerne meine Kinder erziehen. Ich möchte gar nicht in die Drei-Wetter-Taft-Welt eintreten.

BENJAMIN V. STUCKRAD-BARRE Also ist nach dem Bruch aller Tabus das reaktionäre Verhalten tabu?

CHRISTIAN KRACHT Nein, das von Alexander von Schönburg beschriebene Verhalten ist doch nicht reaktionär. Die Drei-Wetter-Taft-Welt stellt doch die Norm dar. Also ist alles andere außergewöhnlich.

BENJAMIN V. STUCKRAD-BARRE Der Vorgang des Tabubruchs, um hier noch einmal meinen Gedanken des Reaktionären aufzugreifen, ist doch, genau das zu tun, was sich nicht schickt. Daß es also durch die Allgegenwart der Analglöckchenbimmler zum Tabubruch geworden ist, sich reaktionär zu verhalten.

CHRISTIAN KRACHT Aber es ist nicht reaktionär. Dieses Verhalten außerhalb der vereinbarten Norm.

Benjamin von Stuckrad-Barre zerbricht seine imaginäre Brille.

BENJAMIN V. STUCKRAD-BARRE Dann eben restaurativ, also alte Regeln, und damit auch alte Tabus, wiederherstellend. Das müßte nun aber endlich stimmen, bei diesem Beispiel mit dem Papst.

CHRISTIAN KRACHT Oder bei diesen grauenvollen dänischen Regisseuren um den spektakulär schlechten Lars von Trier mit ihrem Zucht- und Ordnungsverein Dogma. Filmen ohne Licht, ohne Sound, ohne Schauspieler – in letzter Konsequenz: ganz ohne Film.

ALEXANDER V. SCHÖNBURG Tellement intéressant!

ECKHART NICKEL In diesem Zusammenhang würde mich eine Antwort auf die Frage interessieren, ob ein Ehepaar, das erfährt, daß ihr erwartetes Kind schwer behindert sein wird, sich zu einer Abtreibung durchringen sollte.

CHRISTIAN KRACHT Das ist ehrlich gesagt eine Partyfrage.

BENJAMIN V. STUCKRAD-BARRE Nein, das ist genau die Sorte Frage, die auch während der Musterung gestellt wird. Ähnlich wie der Fragenklassiker »Würden Sie diesen Menschen erschießen, der gerade ihre Frau vergewaltigt?«

ALEXANDER V. SCHÖNBURG Ein weiteres Beispiel für ein Tabu der modernen Gesellschaft ist die Liberalität. Es ist ein allgemein akzeptierter Zustand, daß es keinen Spaß mehr macht zu rebellieren, weil die Rebellion schon ein Teil des Systems ist. Die Hausbesetzer der Hafenstraße in Hamburg waren früher einmal gegen den Staat und gegen den Hamburger Senat. Heute verkaufen sie in ihrer sanierten Hafenstraße Spiegeleier an die Touristen. Jeder kann die Hafenstraße betreten, ohne mit einem Mistkübel übergossen zu werden, und dort ein öko-alternatives Rebellions-Spiegelei bestellen.

Ein beängstigender Glanz, ein irrlichternes Flackern läßt Alexander von Schönburgs rehbraune Augen erstrahlen. Für einen kurzen Augenblick nur scheinen sie sich sogar ins Blaue zu verfärben. Oder ist das nur das Abendlicht, von drüben, von der Quadriga her?

ALEXANDER V. SCHÖNBURG Selbstverständlich gefallen sich die Hamburger wiederum darin, derart liberal zu sein und sich eine rechtsfreie Zone mitten in der Stadt zu leisten. Es gehört zum guten Ton der liberalen Hamburger, die Hafenstraße und ihre Bewohner zu akzeptieren. Joschka Fischer in seiner Funktion als Außenminister und diese von mir beschriebene aktuelle Hafenstraße gehören unmittelbar zusammen – sie bedeuten die Einbürgerung der Rebellen und ihrer Rebellion.

BENJAMIN V. STUCKRAD-BARRE Hat es Joschka Fischer geschafft, oder hat es die Gesellschaft geschafft?

ALEXANDER V. SCHÖNBURG Es ist vielmehr die Macht der Bourgeoisie. Ich sehe das Rebellions-Spiegelei als Sieg der Bourgeoisie über die irgendwann einmal ernstgemeinte Rebellion.

Eckhart Nickel leimt Benjamin von Stuckrad-Barres nicht existente und zerbrochene Brille mit ebenfalls nicht existentem Tesafilm zusammen und setzt sie sich auf die Nase.

ECKHART NICKEL Das Rebellions-Spiegelei wird ja landauf, landab in sogenannten Volxküchen serviert. Woher kommt diese eigenartige Technik der Rebellen, ein existentes, aber für sie mit einem Ruch behaftetes Wort wie Volk zu wählen, es dann aber in der eigenen Schreibung mit einem orthographisch falschen X zu verfremden?

Joachim Bessing schnappt sich die ehemals Benjamin von Stuckrad-Barre, nun Eckhart Nickel gehörende, nicht existierende Brille.

JOACHIM BESSING Es handelt sich dabei um die von Henry Louis Gates beschriebene Technik des »Signifying«. Das Wort enstammt der afrikanischen Legende des signifying monkey, einem Affen im Prinzip, der abends, wenn die Alten am Buschfeuer hocken und sich Geschichten erzählen, also Politik machen, dabeihockt und die Wortführer imitiert. Henry Louis Gates hat daraus seine Theorie der Signifying Language entwickelt, in der er behauptet, daß die sogenannten Mittlersprachen – die Lingua franca – Handelssprachen nach alter Theorie, zwischen Kolonialisten und Ureinwohnern, sich der Technik dieses parodierenden Affen bemächtigen. Die Ureinwohner also mit der Verwendung der Mittlersprache und neuerfundenen Worten, die sich lediglich dem Klang nach an die Fremdsprache der Herrschenden anlehnen, die Fremdsprache und deren Sprecher nachäffen. Besonders deutlich erkennt man das am Patois, dem Englisch der Reggaemusik von Jamaica. Genauso wie dieser Sprachaffe sitzt der Volxküchenbetreiber in der Gesellschaft mit dabei, und mit seinem X macht er sich lustig über das Wort Volk, das er ironisch verwendet. Damit kündigt er die von ihm erst noch zu schaffende Distanz zwischen der geschichtlichen Volksküche und seiner rebellischen Volksküche an.

Joachim Bessing erschlafft sichtlich, fällt fast in sich zusammen. Sein interessanter und lehrreicher Vortrag hat ihn beinahe an den Rand seiner Kräfte gebracht.

DIE MENGENLEHRE

BENJAMIN V. STUCKRAD-BARRE Die Unmöglichkeit, ein Tabu zu brechen, mündet aber doch wiederum in diese Freiheit, die die Menschen zu vollkommenen wirren Sklaven macht. Weil es jedem freigestellt ist, Moderator von »Sodom TV« zu sein oder gemäßigter Nazi, ganz wie man es will.

JOACHIM BESSING Besonders schmerzhaft mußte ich dieses in meiner frühesten Jugend erfahren, als ich für kurze Zeit in einen Kinderladen gesteckt wurde. Dort durften die Kinder alles, zogen sich nackt aus, bemalten sich mit Fingerfarben oder gleich mit ihren Exkrementen. Alles unter absoluter Duldung, wenn nicht Begünstigung der freidenkenden Kinderladenbetreiber.

ECKHART NICKEL Menschen, die aus solchen libertin denkenden Haushalten stammen und die in ihrer Kindheit an den Stränden zum Nacktbaden gezwungen wurden, entwickelten sich in der Regel hin zu den Schamhaftesten.

BENJAMIN V. STUCKRAD-BARRE Aber aus Kindern, die zu Hause nach der Uhr geschlagen wurden, sind auch nicht gerade große Freigeister geworden.

ECKHART NICKEL Selbstverständlich nicht. Aber die erzwungene Freiheit ist genauso schädlich.

BENJAMIN V. STUCKRAD-BARRE Ich wurde streng autoritär, aber ohne Schläge erzogen. Das tat mir gut.

JOACHIM BESSING Was bedeutet streng autoritär genau?

BENJAMIN V. STUCKRAD-BARRE Das bedeutet: ganz klare Regeln und auch Strafen. Aber nicht in Form von körperlicher Gewalt.

CHRISTIAN KRACHT Körperliche Gewalt in der Familie ist wirklich verabscheuenswert.

BENJAMIN V. STUCKRAD-BARRE Und zwar genau in dem Maße, wie Lehrer, die ihren Schülern das »Du« anbieten. Der Lehrer versagt in dem Moment, in dem er diesen Kumpelton anschlägt und damit versucht, vor der Autorität zu fliehen, die aber einfach nötig ist, um zu lehren. Es ist ein verquerer Hippiegedanke, daß die Gesellschaft ohne Hierarchien funktionieren könnte. Es muß Formen von Sanktionen geben. Ich finde es ekelhaft, wenn jemand dies verwischt. Ekelhaft wie diese Fingerfarben.

ECKHART NICKEL In meiner Schulzeit gab es aber in erster Linie diesen Typus des Lehrers. Die alten Nazi-Drachen waren gerade in Rente gegangen, und alle neu Eingestellten wurden direkt von den Demonstrationen weg in den Lehrbetrieb übernommen. Sie führten dort diesen streng riechenden antiautoritären Erziehungsstil ein.

BENJAMIN V. STUCKRAD-BARRE Und mit diesem strengen Geruch setzt sich eine Spirale in Gang. Meinen kommunistischen Kunstlehrer hielt ich mir mit neokonservativem Spott vom Leib. Fünfzehn Jahre vorher, bei Wolfgang Niedecken, war es genau andersherum. Der hatte eben noch Nazi-Lehrer im Deutschunterricht und hat aus Rache die Band BAP gegründet. Diese Auflehnung ist natürlich in beiden Fällen inhaltsfrei – es kommt entschieden darauf an, was von oben kommt.

JOACHIM BESSING Mit uns wurde auch aus diesem Geiste heraus viel experimentiert in der Schulzeit. Ich erinnere mich noch gut an die Einführung der sogenannten Mengenlehre – einer völlig frei erfundenen Wissenschaft, einer Art grafisch dargestellter Ersatzmathematik, für die die Schüler eigens zu diesem Zweck hergestellte orangefarbene Plastikschablonen benutzen mußten. Es dauerte keine fünf Jahre, bis dieses, wie es sich dann herausstellte, völlig verwirrende und vor allem nutzlose Unterrichtsfach – im nachhinein läßt es sich nur mit dem sprichwörtlichen Hustensaft des fahrenden Scharlatans vergleichen – spurlos aus den Lehrplänen verschwand.

BENJAMIN V. STUCKRAD-BARRE Zu meiner Schulzeit gab es die Mengenlehre bereits nicht mehr.

ECKHART NICKEL Erinnert ihr euch an diesen blauen Kasten, den man uns natürlich zunächst erfreuten Schülern als Ersatz-Mathebuch hinstellte? Das war ein Teufelswerkzeug, sozusagen die Büchse der Pandora aus dem Legoland. Die Haptik, und allein die Haptik nahm uns Schüler gefangen. Doch schnell merkten wir, daß mit dem darin befindlichen Formenirrsinn – gelbe runde LSD-Plätzchen waren das, dicke blaue Pyramiden und gleißend rote Würfel – außer einem kurzzeitigen und schnell langweilig werdenden In-der-Hand-Wiegen nichts anzufangen war. Als dann diese schlimmen, dem kranken Hirn eines Reformlehrers entsprungenen Plastikzapfen noch nicht einmal stapelbar waren, ließen wir die Kästen, deren einziger Reiz möglicherweise in der Verschlußtechnik lag, die an jene der späteren Powerbooks erinnerte, unauffällig unter den Tisch zu Apfelkrotzen, Double-Bubble-Kaugummiresten und der sorgsam verpackten Vollkornschnitte im Butterbrotpapier gleiten. Vielleicht hätten wir das Ding mehr gemocht, wenn es uns als Lehrmittel geschenkt und nicht geliehen worden wäre. Man kennt ja noch den großen Stolz und die noch größere Freude, wenn in den ausgeteilten Büchern am Anfang des Schuljahres hinten auf der letzten Seite der fette Stempel »Dem Schüler übereignet« prangte. Aber das war eben Hessen. Ein Hessen, wie ich es heute vermisse.

CHRISTIAN KRACHT In der Schweiz, meiner Heimat, gab es keine Mengenlehre. Es gab dort auch keine Zusammenlegung von Gymnasium, Realschule und Hauptschule zur Gesamtschule wie in Deutschland.

ECKHART NICKEL Die Gesamtschule war der größte Fehlgriff der deutschen Bildungspolitik. Zuerst saßen alle Schüler gemeinsam in zwei idyllischen Schuljahren, um sich dann, schockartig, einer um so härteren Selektion ausgesetzt zu sehen. Plötzlich mußte man sich von netten Kameraden verabschieden, nur weil die nicht den nötigen Notendurchschnitt hatten. Sie wurden dann gleich in den Realschul- oder Hauptschulzweig abgesondert. Man traf sie von da an nur noch auf dem Pausenhof –

Eckhart Nickel drückt seine Zigarette, eine Marlboro Medium, aus und zündet sich sofort danach eine weitere an.

ECKHART NICKEL – wo dann schon nach kurzer Zeit die ersten Veränderungen an ihnen sichtbar wurden: Sie verhielten sich auf einmal wie andere Hauptschüler, die Mädchen bekamen mit sechzehn Jahren ihre ersten Kinder, drifteten also in die Asozialen-Szene ab – es war ganz, ganz trostlos.

Erhitzt und sichtlich aufgewühlt, dreht Eckhart Nickel die Glut seiner Zigarette am Rand des Aschenbechers zu einem sauberen Kegel zurecht.

BENJAMIN V. STUCKRAD-BARRE Das ist ein interessantes Thema, diese Hauptschüler, die alle mit siebzehn Jahren immer irgendeine sechzehn Jahre alte Klassenkameradin schwängerten. Furchtbar.

JOACHIM BESSING Ja, in den Hauptschulen wurden wirklich ganze Teile von Generationen vernichtet.

ECKHART NICKEL Ich kann mich in diesem Zusammenhang noch gut an die Talfahrt eines guten Schulfreundes von mir erinnern: Er stammte aus einer halb-österreichischen Familie, und in der Grundschule spielten wir beiden immer Schulze & Schulze aus Tim & Struppi. Er war ein heller Kopf mit viel Fantasie gewesen, der dann aber in die Gesamtschule selektiert wurde. Der Vater des Freundes hat sich dann wenig später einen Schnäuzer wachsen lassen –

JOACHIM BESSING Die Gesamtschule griff also auf die ganze Familie über?

ECKHART NICKEL Wenn ich es überspitzt formulieren sollte, würde ich sagen: ja. In meiner Heimatstadt Bergen gab es damals ein Volksfest, und auf diesem Volksfest formierte sich jedes Jahr eine Jungenriege, die Berger Marktburschen genannt wurde. Diese Marktburschen bestanden nach der Einführung des Gesamtschulmodells plötzlich zu achtundneunzig Prozent aus Gesamtschülern mit hundert Prozent Haupt- und Realschulanteil. Die restlichen zwei Prozent – das war ich – kamen vom Frankfurter Gymnasium. Worauf ich dann in vorauseilendem Gehorsam beim Marktburschentreffen freiwillig ausgetreten bin. Den Zerfall der jugendlichen Gesellschaft mit anzusehen, konnte ich einfach nicht mehr ertragen.

DER GEFASSTE KIESELSTEIN

CHRISTIAN KRACHT Nach dem Sybille-Berg-Zitat aus dem Stern, das ich vorhin mit euch sharen wollte, möchte ich euch jetzt einen gelungenen PR-Text über das Neue Berlin vorlesen. Also: Das Kaufhaus Galeries Lafayettes in Berlin schrieb heute in seinem Magazin namens Leonce: »Berlin und Paris, zwei Metropolen, weit von einander entfernt und doch durch ihre Vergangenheit, Gegenwart und Zukunft eng miteinander verbunden. Eine kräftige Ost-West-Achse, die seit Jahrhunderten Staats-

männer, Künstler und Kulturschaffende zueinanderführt.«
Das ist erst der Vorspann – weiter:
»Wen wundert es da, daß auch die Grande Dame der Kaufhäuser, die Galeries Lafayettes, vor drei Jahren den Weg von der Seine an die Spree gewagt hat. Berlin im 17. Jahrhundert: Der Adel parliert en français, residiert in Schlössern, die Bellevue, Mon Bijou und Sans Soussi heißen. Man kuriert sich im Maison Charité, promeniert über den Belle-Alliance-Platz, und selbst König Friedrich I. geniert sich nicht festzustellen: Je ne suis pas fort en allemand – Deutsch ist nicht meine Stärke. Dann kommen die Hugenotten, aus Frankreich vertriebene Protestanten, und mit ihnen halten die Vorteile des savoir vivre auch in die Tristesse des preußischen Bürgertums Einzug. Man ißt nicht mehr Stampfkartoffeln und Mohrrüben, sondern Püree und Karotten, labt sich an Filet und Frikassee, trägt Manschetten, achtet auf seine Taille und das Portemonnaie in der Kommode, sucht Amüsement in den Salons, redet über die Malheurs und Miseren des Alltags, fordert Revanche, wittert Chancen und Sabotage. Längst sind die Galeries Lafayettes zum Wahrzeichen der französischen Hauptstadt geworden: ein lebender Mythos. Ebenso bekannt wie der Eiffelturm und die Champs-Élysées – Botschafter in Sachen guten Geschmacks. In Berlin sind die Galeries Lafayettes seit drei Jahren vertreten. Dort, wo sich die neue Hauptstadt noch immer ihren alten frankophilen Charme bewahrt hat, im Karee zwischen Gendarmenmarkt und Französischer Straße, eröffnete George Meier, der damalige Präsident und Vertreter der Eigentümerfamilie, die erste deutsche Dépendance des Unternehmens. Pünktlich zur Hundertjahrfeier bekommt das Pariser Mutterhaus damit eine kleine Tochter. Die, umgeben von Baustellen und Verkehrschaos, in der Friedrichstraße trotzig das Laufen lernt.«
Ich wollte jetzt noch kurz erwähnen, was es dort alles gibt:
»Eine Galerie der Schönheit empfängt den Besucher im Erdgeschoß. Hier reihen sich die Marken-Shops von Chanel, Clarins, Dior und Lancôme wie Perlen auf einer Kette.«
Das klingt jetzt, als wäre man weiß Gott wo, aber man weiß ja, in Wirklichkeit gelangt man beim Betreten der Galeries Lafayette zuerst in diese Taschenabteilung –

JOACHIM BESSING Schlüpfer-Wühlstände stehen dort –

CHRISTIAN KRACHT Ja, und dann gleich Ledersachen, Handgelenktaschen für den Herrn –

JOACHIM BESSING – zusammen mit billigen Seidenkrawatten von Fil-à-Fil oder The Old Tie-Rack –

CHRISTIAN KRACHT Es geht aber jetzt weiter: »Vis-à-vis befindet sich die Accessoires-Abteilung mit Hüten, Taschen, Gürteln, Schmuck und den Shops von Mandarina Duck und Coccinelle. Bienvenue in der Welt der Mode, wie die Galeries Lafayettes sie sehen, mit internationalem Flair und französischen Akzenten. Designer wie Agnès B., Kenzo Jungle, die Jeans-Linien von Armani, Calvin Klein, Iceberg und Trussardi, Morgan, Turnover, Mexx und exklusive Eigenkollektionen wie Avant-Première sowie Modes de Paris. Ein Zusammenschluß junger Linien aus jenem Pariser Viertel, in dem sich kleine Hersteller von den großen Laufstegschauen inspirieren lassen, bestimmt das Angebot in der ersten Etage. Klassischer und mitunter sogar extravagant geht es in den Mode-Corners von Cerruti 1881, Episode, Mani by Giorgio Armani, René Lézard –«

ECKHART NICKEL Mani by Giorgio Armani gibt es doch gar nicht wirklich!

JOACHIM BESSING Ganz sicher nicht –

CHRISTIAN KRACHT Die dritte Etage ist ganz dem Mann von Welt gewidmet –

JOACHIM BESSING Endlich nun der Mann von Welt.

CHRISTIAN KRACHT »Hier finden sich exklusive Anzüge für Büro und besondere Anlässe, lässige Outfits für den Alltag und Casuals für die Freizeit von Armani Jeans, Cerruti Brothers, Kenzo, Mexx, Pierre Cardin und Yves Saint Laurent.«

JOACHIM BESSING Darf ich ganz kurz fragen, worin der Unterschied zwischen Casuals und Lässigem für den Alltag besteht?

CHRISTIAN KRACHT Casuals sind, glaube ich, Blousons –

ECKHART NICKEL – Leisure-Wear –

Benjamin von Stuckrad-Barre schlägt das aktuelle WOM Journal auf. Ein Bild der Scorpions, fotografiert von Alfred Steffen in der Hamburger Kantine des Spiegel, ist auf dem Cover zu sehen. Er liest den Vorspann der Titelgeschichte vor.

BENJAMIN V. STUCKRAD-BARRE »Fit für das neue Rock-Jahrtausend, die Skorpione '99: neuer Wein in alten Schläuchen. Wir erkennen sie kaum wieder – Groove-lastig, kompakt und kurzgeschoren kommt ›eye to eye‹ daher. Mit neuem Drummer präsentieren Klaus Meine, Rudolf Schenker und Co. deutlich abgespecktes Material. Überflüssiger Bombast wurde stringent im songwriting«–

JOACHIM BESSING Wer hat eigentlich dieses Re-Design der Scorpions gemacht?

CHRISTIAN KRACHT Ich vermute, es war Jim Rakete.

JOACHIM BESSING Es besteht im Groben aus Sonnenbrillen von Oakley und großgemusterten Gucci-Op-art-Hemden.

CHRISTIAN KRACHT Eigentlich eine Appropriation dieser gottlosen Irengruppe U2 zur Ära Zooropa.

ECKHART NICKEL Die Platte zur Tournee hieß »Achtung Baby«, mit einem Mauerfalter auf dem Cover.

JOACHIM BESSING Damals gerade vom Image der Schmuddelchristen befreit und auch vom Image der mit BB-King-Musizierenden, waren sie dann auf einmal Medienphilosophen, aber auch deutlich vom sogenannten Trip-Hop beeinflußt. Genau dasselbe ist nun also bei den Scorpions passiert, lediglich ein paar Jahre später.

CHRISTIAN KRACHT Wie ist denn die Musik der Scorpions jetzt?

Benjamin von Stuckrad-Barre fährt fort im Text.

BENJAMIN V. STUCKRAD-BARRE »Peinliches Pathos wurde dieses Mal einer neuen Ironie geopfert. Keine Frage – mit ›eye to eye‹ verläßt Deutschlands Hard-'n'-heavy-Flaggschiff die gewohnte Fahrrinne und geht auf Expeditionskurs. Und wo es elektronisch beept und faucht, erklingt auch Klaus Meines Stimme jugendlich, kontrastiert er Schenkers schwere Gitarren-Glocke mit der nötigen Wucht. Klar ist das noch der alte Wein. Aber schmeckt der nicht sowieso am besten?«

JOACHIM BESSING Also wie hätte man sich jetzt diese neue Musik der

Scorpions vorzustellen, anhand dieser professionellen Beschreibung?

CHRISTIAN KRACHT Das könnte ich leider nicht beantworten, möchte aber anhand des gerade Gehörten noch einmal auf das Phänomen des von uns in Zukunft so zu nennenden Re-Modelings zurückkommen.

BENJAMIN V. STUCKRAD-BARRE Klaus Meine sagt hierzu:
»Ich bin mir sicher, daß wir noch einmal einen draufgesetzt haben und zwei Schritte nach vorne gegangen sind. Wir haben hier etwas Ungewohntes vorgesponnen. Es wäre gut, wenn Publikum und Medien uns folgen würden. Nimm doch Cher mit ›Do You Believe‹ als Beispiel – am Anfang fanden das doch alle scheiße und meinten, Dance passe nicht zu ihr. Jetzt ist sie nummer Eins und plötzlich wieder die tollste und angesagteste Frau der Welt. Ich meine: Hast du einen Hit, bist du der Trend. Hast du keinen Hit, läufst du unter Ausschluß der Öffentlichkeit.«

JOACHIM BESSING Vorreiter für Re-Modelings dieser Art sind auf jeden Fall U2.

CHRISTIAN KRACHT Gibt es noch andere?

JOACHIM BESSING David Bowie war ein sich ständig re-modelnder Mensch. Ich glaube auch fest, daß sich Bands wie U2 und die Scorpions auf dieses Vorbild beziehen. Sich zum Beispiel The Thin White Duke zu nennen, wenn man sich gerade in der Kokain-Phase befindet, oder Ziggie Stardust, wenn man auf Heroin ist. Das hat Bono Vox ganz sicher beeindruckt, denn irgendwann muß er ganz natürlich auch von seinem eigenen Kreische-Bild angeekelt gewesen sein. Er hatte dann auch sicherlich keine Lust mehr, die Fans während der Konzerte zum Beten aufzufordern; wollte dann auch wie alle anderen interessant und modern sein. Die Konsequenz daraus war dann »Achtung Baby«, die Folge das Live-Theater-Kabarett Zooropa. Mit ihm selbst als Medien-Mephisto, vor Tausenden von flimmernden Bildschirmen. Ein Bühnenbild wie eine Essenz eines Films von Oliver Stone.

CHRISTIAN KRACHT Ist die Zooropa-Tour denn zeitgleich mit den Filmen »Pulp Fiction« und »Natural Born Killers« herausgekommen?

JOACHIM BESSING Nein, diese die neunziger Jahre wie nichts sonst stilprägenden Ereignisse traten ganz sachte gestaffelt in Erscheinung. Trotzdem sind es unzweifelhaft die drei Angelpunkte, an denen der ganze stilistische Kreisverkehr der neunziger Jahre aufgehängt ist. Deshalb haben diese ge-re-modelten Scorpions auch etwas Liebenswertes. Denn sie sind berühmt geworden dafür, daß sie im Ausland, speziell in Rio de Janeiro, ganze Stadien mit hunderttausend Menschen füllen können, und das mit einer Art von Musik und einer Art von Show, die ja mit Recht schon zur Mitte der siebziger Jahre démodé war. Daß die nun 1999 – man muß das Reizwort Millennium zumindest einmal aussprechen dürfen – sich quasi in eine ganz neue, ganz hoffnungslose Richtung, eigentlich also direkt ins absolute Aus stilisieren – das ist doch ein ganz deutliches Bild unserer Gesellschaft, besonders der Gesellschaft der älteren Menschen unter uns.

CHRISTIAN KRACHT Aber optisch zielt dieses Re-Modeling mit den schweren Schlüssel- und Portemonnaieketten, den Seitentaschenhosen von Carrhart und der gebügelten Überohrenfrisur doch eindeutig in die Richtung der Neuen Mitte, dieser Uniform, die ich in Berlin-Mitte tagtäglich auf der Straße vor den Espresso-Bars sehe.

BENJAMIN V. STUCKRAD-BARRE Es ist eigentlich auch die Uniform der Neuen Berufe, in deren Wesen verankert ist, daß sie zahlreicher erscheinen, als sie tatsächlich sind, weil die Branche eben eine Multiplikationsbranche ist.

ECKHART NICKEL Trotzdem ist das Lustige beim Re-Modeling der Scorpions doch, daß sie mit neuer Optik und neuem Sound präsentiert werden, was aber nicht stimmt, weil das alles ja nichts mit dem Urbild der Scorpions zu tun hat. Die Ästhetik, die auf den neuen Pressefotos zu sehen ist, entspricht eindeutig dem ästhetischen Horizont eines heterosexuellen Stylisten aus einer mittleren deutschen Kleinstadt vor etwa zehn Jahren.

CHRISTIAN KRACHT Das stimmt nicht ganz. Diese Oakley-Wraparound-Sunglasses zumindest –

JOACHIM BESSING sind genau der Look, mit dem Metallica vor ein paar Jahren ihre Fans überrascht haben, anläßlich der Platte »Load«. Kurze, ordentliche Haarschnitte, Feinrippunterhemden. Piercings und Sonnenbrillen aus der Snowboarder-Szene sind doch inzwischen gängige Mittel zum Re-Modeling einer Rockband geworden.

BENJAMIN V. STUCKRAD-BARRE Genau wie die braun-geschwefelten Bandfotos von Anton Corbijn. Aber die Frage, die wir uns dabei stellen sollten, ist doch: Ist das Verrat, oder ist das die Aufgabe eines Künstlers, sich anzupassen, sich zu re-modeln?

CHRISTIAN KRACHT Es ist weder Verrat noch Anpassung – das Re-Modeling ist vorausschauend.

BENJAMIN V. STUCKRAD-BARRE Das stimmt nicht. Wie Eckhart Nickel gerade richtig sagte, ist dieser Style doch schon zehn Jahre alt.

CHRISTIAN KRACHT UND ECKHART NICKEL Aber es ist der Style, der jetzt gerade modern ist, also vorausschauend.

BENJAMIN V. STUCKRAD-BARRE Aber damit sind sie dann nicht Avantgarde.

CHRISTIAN KRACHT UND ECKHART NICKEL Nein, sondern contemporary, was ja viel schlauer ist.

JOACHIM BESSING Aber die Scorpions sind offenbar auch hilflos, haben keine Wurzeln –

BENJAMIN V. STUCKRAD-BARRE Das ist doch jetzt eine Rock-Argumentation, dieses »Sie haben keine Wurzeln«.

JOACHIM BESSING Nein, das hat damit nichts zu tun. Du kannst es ja sofort an ihren Videos erkennen, daß sie mit ihrem neuen Look selbst gar nichts zu tun haben. Früher spielten die Clips gerne im Milieu reicher, gelangweilter Hausfrauen: Der Ehemann verabschiedet sich und bricht zu einer Geschäftsreise auf, dann sägt die Gitarrenmelodie los, und im Takt des Rock-Rhythmus läßt sich die Ehefrau von einem auf dem Grundstück herumlungernden Pool-Cleaner verführen. Oder die Band steht in der Wüste Namib vor einer Pyramide aus funkelndem Kristall, und die Langhaarfrisuren werden von einer Windmaschine vor- und zurückgeweht. So! Jetzt aber, mit der neuen Identität, spielen sie verrückt, und auf einmal sehen wir Klaus Meine im nachgestellten Oval-Office und ein Monica-Lewinsky-Double aus Hannover macht diesen erotischen Zigarrentanz. Das ist nur noch die genaue Umsetzung der Gedanken über den von Eckhart Nickel beschriebenen Stylisten und hat mit der Rockgruppe Scorpions nichts mehr zu tun.

ECKHART NICKEL Beim Bild der Scorpions wird etwas vernichtet. Es wird die natürliche Distanz, die die Scorpions ja zur Gegenwart haben, ausgelöscht. Indem man zeitgemäß ausschaut, wird versucht, etwas zu nivellieren, was zu jedem Menschen gehört – die eigene Geschichte. Es ist der verzweifelte und heisere Schrei der Scorpions nach Gegenwärtigkeit.

BENJAMIN V. STUCKRAD-BARRE Genauso, und zwar haargenau so, hört sich auch die neue Musik an: Es ist zwar ein leichtes Fiepen und Beepen zu hören, bei genauerer Betrachtung allerdings handelt es sich um ein vertrautes und typisches Lied der Scorpions, dem, nach Fertigstellung durch die Band selbst, lediglich einige musikalische Pailletten aufgepappt wurden. Darunter schillert aber deren gute alte Hämorrhoidengitarre deutlich hervor.

CHRISTIAN KRACHT Sind die Scorpions dann dem von ihnen selbst beschriebenen Phänomen Cher einfach nur nachgefolgt?

JOACHIM BESSING Nein, denn Cher hat sich nicht nur in Anklängen, sondern vollkommen, auch mit dem computermodulierten Gesang ihrer Stimme, der Modernität unterworfen. Die Scorpions dagegen befinden sich lediglich in einem teilrenovierten Zustand. Dieses zeigt sich am eindeutigsten an den zur Zeit in den Städten ausgehängten Plakaten, die für die neue Welttournee der Scorpions werben: Auf diesen Plakaten ist die Band nämlich mit ihren alten Frisuren, alten Muskel-T-Shirts und Motorradmützen bei ihrer bekannten Höllenshow zu sehen – die Band ist ja im Konzert für die sogenannte Scorpions-Pyramide, den Höhepunkt ihrer Auftritte bekannt: Die beiden Gitarristen knien dann ganz vorne am Bühnenrand und schmettern ein Stakkato in die Menge, während der Sänger, auf den Schenkeln seiner knienden Kollegen stehend, die Menge durch sein Mikrofon dazu treibt, um ein Doppelsolo zu betteln. Dieses, vom neuen Image komplett verschiedene Bild der Band aus vergangenen Tagen wurde natürlich in einem schlauen Schachzug verbreitet: Es zeigt die Live-Identität der neuen Scorpions und signalisiert: Sie sind noch ganz die alten. Damit wird der alteingesessene Fan angesprochen, der das Konzert sonst vielleicht nicht mehr besuchen würde angesichts des neuen, unschwitzigen Stylings seiner Band. Während das Bild mit neuen Frisuren und Brillen für das Medien-Image der Band wirbt und signalisiert: Sie sind wieder ein Thema. Also zerfällt die Identität der Scorpions in Zukunft in zwei gleichbedeutende Hälften: die Live-Hälfte und die Album-Hälfte. Hier unterscheiden sie sich deutlich von U2, die seit der Aufnahme ihrer Identität als Medienphilosophen nur noch diese Hülle ausfüllen wollen, und das Christenrockertum vollends aufgegeben haben.

BENJAMIN V. STUCKRAD-BARRE Die Medienkritik von U2 war vor allem bombastischer Quark, richtiggehender Unsinn. In den Konzerten war alles mit Kameras und Bildschirmen vollgehängt, und das war es auch.

CHRISTIAN KRACHT Aber über diesen Satz würde sich doch Bono Vox am meisten freuen. Dieser Medienzirkus ist für ihn ja inhaltsleer –

ECKHART NICKEL Genau wie der brennende Mauerfalter für ihn inhaltsleer sein muß.

BENJAMIN V. STUCKRAD-BARRE Aber ich glaube, er wollte schon Systemkritik damit üben.

ALEXANDER V. SCHÖNBURG Ich sah Bono Vox vor kurzem im San Lorenzo in London. Ich glaube nicht, daß es an diesem Abend Systemkritik war, als er die Spaghetti al Spinacchi gegessen hat.

JOACHIM BESSING Natürlich nicht, U2 besaßen ja auch kurz darauf eine eigene Diskothek –

CHRISTIAN KRACHT – und der Schlagzeuger Adam Clayton wurde flugs der Freund von Naomi Campbell, die später das ruinöse Fashion Café betrieb, eine Art Hard Rock Café der Modewelt.

JOACHIM BESSING Sie sind eben vollständig in die moderne Welt eingetaucht. Bono Vox lacht sicher heute noch am lautesten darüber, daß ihnen dieses gelungen ist, das vollkommene Re-Modeling.

CHRISTIAN KRACHT Eigentlich kann also nur das Re-Modeling als Sinn des Lebens subsumiert werden.

DER RITT AUF DER SCHERE

ECKHART NICKEL Aber mit unserem Begriff des Re-Modeling ist hier nicht alles abgedeckt. Ein weiterer Scherenritt ist in diesen Fällen die Verpoppung des Rock, also von den Langhaarfrisuren aus hin zu: Haare ab, coolness, Style – tongue in cheek.

CHRISTIAN KRACHT Alle Wege führen hier immer hin zur Ironie. Bei unseren beiden Haupt-Modellen für das Re-Modeling, den Scorpions und U2, zeigt, völlig gleich, wie unterschiedlich die Modellierungen geglückt sind, immer ein Vektor hin zur Ironisierung. Ein weiterer wichtiger Aspekt läßt sich da im Re-Modeling von Robbie Williams suchen.

ALEXANDER V. SCHÖNBURG Wobei ich Robbie Williams immer abgelehnt habe, weil er mir zu facile war. Aber seit er sich zum Heroin-Chic bekehrt hat, böse ist und versucht, im Hotelzimmer das Telefon ansatzweise zu zerstören –

CHRISTIAN KRACHT Genau dieses. Bei Robbie Williams finden wir nämlich den Ritt auf der Schere in die exakt entgegengesetzte Richtung: vom totalen Pop hin zum Rock.

BENJAMIN V. STUCKRAD-BARRE Aber unter begleitender Perfektionierung des Pop. Im Durchlauferhitzerverfahren stürzte er sich von der Take-That-Bühne herunter und landete direkt im harten Rock, wo er sofort drogensüchtig wurde und praktisch in derselben Minute schon in die Entzugstherapie ging, um dann gleich wieder rückfällig zu werden. So eine Entwicklung dauert bei herkömmlichen Rockbands Jahre. Bei Robbie Williams waren es nur wenige Wochen. Was für ein Genie!

ALEXANDER V. SCHÖNBURG Möglicherweise war diese gesamte Historie aber auch nur MTV-virtuell, wie der CNN-virtuelle Irak-Krieg.

ECKHART NICKEL Auf jeden Fall gelang Robbie Williams damit das Allerwichtigste: der Generationensprung – von der Boygroup hin zum Pet Shop Boy.

JOACHIM BESSING Und damit einhergehend stilisierte er sich zu Englands jungem Satyr, der nach dem Vorbild von John Lennon Preisverleihungen stört und freche Reden hält; fast wie Bono Vox in seiner Mephisto-Phase.

BENJAMIN V. STUCKRAD-BARRE Außerdem betreibt er die absolut selbstironisierende Affirmation des Medienechos auf seine Schandtaten. Wenn er nach Drogen- und Alkoholrückfällen gefragt wird, bejaht er freudig und gesteht darüber hinaus, in der letzten Nacht einige Schafe gefickt zu haben.

ECKHART NICKEL Er spielt also vierhändig auf der sogenannten Klaviatur der Medien.

CHRISTIAN KRACHT Das Merkwürdige daran ist doch, daß dies alles wirklich funktioniert. Wenn wir nun eine Rangliste aufstellen würden, welche Re-Modelings geglückt sind, landeten Robbie Williams auf Platz eins, U2 auf Platz zwei und die Scorpions auf dem letzten Platz.

BENJAMIN V. STUCKRAD-BARRE Am Anfang war es bei Robbie Williams ein kalkuliertes Re-Modeling. Nicht ohne Zufall war seine erste Veröffentlichung eine schlechte Coverversion von George Michael, der auch ein bestens ge-re-modelter Künstler ist, um die Kluft zwischen gerade abgelegtem und neu aufzunehmenden Image traditionsgerechter zu füllen. Aber dann ist er im Anschluß direkt auf die Rock-Mine getreten, und er ist damit einer der wenigen, die es geschafft haben, mitten im Rock, und nicht in der Phase der Reinigung vom Rock, die erfolgreichen Lieder zu schreiben. Bei den Aufnahmen zu seiner ersten Platte, so geht die Geschichte, war er noch vollkommen auf Drogen und damit noch mitten im Rock.

CHRISTIAN KRACHT Und wenn das Re-Modeling nicht klappt, wie zum Beispiel im Falle von Prince oder Michael Jackson? Ich kenne die Parameter des Re-Modelings nicht, aber in diesen beiden Fällen klappte eben nun gar nichts. Michael Jackson wurde immer geistesgestörter, während Prince –

Eckhart Nickel, der seit geraumer Zeit mit dem Rücken zur Gesprächsrunde in einem Ohrensessel mit Blick auf das Brandenburger Tor sitzt, senkt langsam seine linke Hand vor die Augen, um sich vor dem plötzlich, durch die grün eloxierte Quadriga hindurch flach einfallenden Sonnenlicht zu beschirmen. Seine Ohren werden von den Sonnenstrahlen blutrot durchleuchtet.

ECKHART NICKEL Es gibt genau zwei Wege, in die das Re-Modeling hineinführt, nämlich entweder in das Unsichtbarwerden, das Aufgehen in der neuen totalen Gegenwart, oder aber in das Verschwinden in die absolute Bedeutungslosigkeit und die Unbeachtetheit wie im Falle Prince.

ALEXANDER V. SCHÖNBURG Ich hatte einmal das Glück, Prince kennenzulernen. Wir waren mit seinem Vater sogar recht befreundet, und wenn ich von »wir« rede, dann meine ich meine Familie. Meine Begegnung mit Prince fand zu Zeiten seiner Sign-Of-The-Times-Tournee in München statt – diese Platte stellt für mich übrigens den Höhepunkt seines Schaffens dar. Wie dem auch sei. Wir fühlten uns damals natürlich verpflichtet, uns um den Künstler zu kümmern, und organisierten mit Michael Käfer eine Aftershow-Party für Prince und seine Entourage im P1. Das Ganze wurde ein Reinfall. Wie gewöhnlich hatte es Käfer allen herumerzählt, und ganz München stand um das P1 herum, wie die Berliner es heute vor dem Reichstag tun. Durch die Katakomben unter dem Haus der Kunst bahnten wir uns einen Weg für unsere Gäste in die umzingelte Diskothek hinein. Doch auch innen war die vermeintlich exklusive Party schon dermaßen überfüllt, daß es nicht auszuhalten war. Ich erinnere mich an herzzerreißende Szenen. Es gab zum Beispiel im alten P1 noch eine Treppe, die hinauf auf eine Empore führte. Auf dieser Empore saßen wir mit Prince. Die Treppe wurde von seinen Bodyguards streng bewacht, und vor den Bodyguards standen scharenweise Berufsmünchner, die ihre Seele dafür verpfändet hätten, um zu uns hinaufzukommen. Ich sehe heute noch das schweißglänzende Gesicht von Fritz Egner vor mir, der sich bettelnd an den Handlauf der Treppe klammerte und dauernd schrie: »Ich bin Fritz Egner! Laßt mich rauf!«. Ich gab den Bodyguards ein Zeichen, ihn zu entfernen, was nicht einfach war. Auch der faltige Fernsehkommissar Siegfried Lowitz preßte sich damals ins Getümmel hinein. Einige Mädchen rafften ihre Blusen und zeigten ihre Brüste, um sich somit eventuell für die Star-Empore qualifizieren zu können. Wenn ich ein Mädchen sah, das ins Konzept paßte, zeigte ich auf sie, und die Bodyguards zerrten sie dann aus der hysterischen und schweißnassen Masse. Aber es machte alles nicht wirklich Spaß. Wir hatten uns auf eine intime Privatparty gefreut, Prince selbst hatte angekündigt, Platten aufzulegen, Käfer hatte ein Buffet mit Flußkrebssülze und Veilchenschaumsuppe hergerichtet – alles umsonst. Prince, der eigentlich die ganze Zeit geschwiegen hatte, flüsterte meiner Schwester zu, daß er mit uns alleine lieber in der Bar des Hilton weiterfeiern wollte. Wutentbrannt ließ uns meine Schwester eine Schneise durch das Volk schlagen. Auf unserem mühsamen Weg zum Ausgang schimpfte sie in einer Tour auf den Caterer Käfer ein, verkündete, nie mehr ins P1 auszugehen. Dann brausten wir in den Limousinen ins Hilton. Kaum hatten wir uns dort an die Bar gesetzt, stellte der Manager von Prince fest, daß wir keine Mädchen mitgenommen hatten. Ich erbot mich, mit drei Bodyguards zurück ins P1 zu fahren, um welche zu besorgen. Noch heute nähre ich mich von dem Gefühl, als ich in dieser Nacht wie ein Sklavenhändler auf der Empore des P1 stand, einen Suchscheinwerfer dirigierend, und einzelne Mädchen von den Bodyguards aus der Menge in die Limousinen schleifen lassend. Obwohl Prince auch in der angenehmeren Hotelbar kein Wort sprach, umringten ihn die Mädchen und erglühten in Faszination. Prince ist eben ein Zwerg, und Zwerge wirken auf Frauen oft ungeheuer erregend.

Alexander von Schönburg zündet sich eine Zigarette, eine Marlboro Medium, an, starrt in die fassungslose Runde und fährt fort zu monologisieren.

ALEXANDER V. SCHÖNBURG Nun zu meinem eigentlichen Anliegen, dem Grund, warum bei Prince alles schiefgehen mußte: sein Vater, John Nelson. Er begleitete Prince während der Tournee, und wir überredeten ihn, für ein paar Wochen bei uns in München zu wohnen. Um ihn tagsüber zu beschäftigen und uns sein grausliges Klavierspiel vom Hals zu halten, mußten wir schon bald einen befreundeten Arbeitslosen bitten, ihm bayerische Sehenswürdigkeiten zu zeigen: Neuschwanstein und so. Abends hatten wir dann meistens arrangiert, daß er in einer Bar namens Madrigal, die kurze Zeit später leider schließen mußte, Klavier spielte. Er spielte furchtbar. Im Grunde konnte er lediglich herumklimpern wie ein Kind. Trotzdem saß er fortan jeden Abend im Madrigal, klimperte vor sich hin, und die vollgekoksten Münchner waren begeistert von dem Schwarzen, weil sie wußten, daß er der Vater von Prince ist. Nun kommt's: Der unerwartete Höhepunkt des Bayernurlaubs von John Nelson war dann ein Abend in Regensburg. Meine Schwester hatte ihn zum Abendessen auf ihr Schloß eingeladen. Dummerweise hatte sie vergessen, daß sie an ebendiesem Abend unbedingt in Frankfurt sein wollte und daß am Folgetag das jährliche Requiem für den zuletzt verstorbenen Fürsten in der Kirche zu St. Emmeran stattfand. Zu Gast waren also bereits alle Verwandten meines Schwagers – lauter seriöse Leute – die Liechtensteins, die Bragancas, die Schönborns und so weiter. Die Herren trugen schwarze Anzüge mit schwarzen Krawatten, die Damen lange schwarze Kleider. Da stieß ein Lakai die Türen des Salons auf, und ein allen unbekannter schwarzer Mann kam herein. Er hatte einen violetten Anzug an, darunter quoll ein gerüschtes gelbes Hemd hervor, um seinen Hals hatte er sich einen türkisen Shawl gebunden, seine Füße steckten in übergroßen Clowns-Schuhen in shocking pink. Die Gespräche erstarben für einen Moment, in diesem Moment überlegten die meisten der Trauergäste, ob es sein könne, daß meine Schwester einen Clown zur Dekoration bestellt habe. Dann stand mein Schwager auf und begann, wie es ihm beigebracht worden war, eine Konversation mit John Nelson, dem Vater von Prince: »Ach Sie sind Klavierspieler? Wie schön! Was spielen Sie denn? Jazz? Ach wie interessant, ich war sehr mit Louis Armstrong befreundet.« Mein Schwager gehörte noch zur inzwischen ausgestorbenen Art von Menschen, die sich von nichts in Verlegenheit bringen lassen. Er lebte getreu seiner Maxime: Ein Gentleman eilt nicht, wundert sich nicht und zahlt nicht. Kurze Zeit später also war John Nelson aufs angenehmste in Konversation mit den Liechtensteins und den Schönborns vertieft. Die hatten noch nie einen Schwarzen gesehen, eventuell einmal auf Reisen, und waren deshalb ganz angetan. Nelson selbst schlug sich übrigens fabelhaft, wenngleich seine Tischmanieren später an der Hoftafel für einiges Erstaunen unter der Lakaienschar sorgten. Der Vater von Prince aß den Salat mit den Händen und betastete erstaunt die übergroßen, silberschweren Gabel und Messer, als ob er solches Gerät noch nie in seinem Leben erblickt habe. Aber wieder: Außer den Bediensteten schaute ein jeder höflich beiseite und ließ sich nichts anmerken. Für mich ging dieser Abend als einer der schönsten Regensburger Abende überhaupt in die Geschichte ein.

BENJAMIN V. STUCKRAD-BARRE Nun. Trotzdem würde mich jetzt doch interessieren, wo in dieser Anekdote der Grund für das Scheitern jeglichen Re-Modelings bei Prince zu suchen ist?

Alexander von Schönburg rempelt wie unabsichtlich den inzwischen eingeschlafenen Eckhart Nickel an. Nickel schlägt die Augen auf.

ECKHART NICKEL Absolut.

ALEXANDER V. SCHÖNBURG Nun ja – wir könnten zu dem Schluß kommen, daß das Re-Modeling von Prince das mißglückteste der gesamten Popgeschichte war. Sein Versuch, als »Symbol« die Identität »Prince« abzulegen, ist ja bekanntermaßen saftig in die Hose gegangen. Heute ist er schwerstens verschuldet, hat sich in irgendeiner Wüste ein riesiges Studio gebaut, das niemand bucht; er selbst auch nicht, seine Manager haben ihn wie eine Weihnachtsgans ausgenommen, und Radiosprecher nannten ihn, verwirrt vom nur noch in Indien stärker grassierenden Umbenennungswahn, weiterhin noch »T.A.F.K.A.P.«, als er längst »Symbol« hieß – Moment – oder war es umgekehrt? Egal.

JOACHIM BESSING Genau, egal. Aber was bringt uns jetzt die John-Nelson-Anekdote? Liegt es bei Prince in den Genen? Hat ihm der Vater die todbringende Authentizität im Tausch für besseres Klavierspiel vererbt? Dieter Bohlen sagt ja immer: Wenn du meine Stücke auf dem Flügel spielst, klingt das wie Mozart, Stücke von Prince klingen wie Schrott. Da hat Bohlen übrigens auch recht.

ALEXANDER V. SCHÖNBURG Die todbringende Authentizität? Wir, die wir hier sitzen, sind so unauthentisch, daß es sich gar nicht lohnen würde, uns zu re-modeln. Wir befinden uns schon unser ganzes Leben in ständiger Metamorphose. Unsere einzige Rettung wäre eine Art Somme-Offensive. Unsere Langeweile bringt den Tod. Langsam komme ich zur Überzeugung, daß wir uns in einer ähnlichen Geistesverfassung befinden wie die jungen Briten, die im Herbst 1914 enthusiastisch die Rugby-Felder von Eton und Harrow, die Klassenzimmer von Oxford und Cambridge verließen, um lachend in den Krieg gegen Deutschland zu ziehen. England war damals ebenfalls – wie heute Europa – am Ende einer Phase des Wohlstands und der Stabilität angekommen. Junge Menschen sehnten sich nach Aufregung, nach Heldentum, ja, Heldentod letztendlich. Ich habe kürzlich wieder einen grauenhaften Bericht über diese Somme-Offensive gelesen, wie diese jungen Leute zu Hundertausenden in die Schützengräben zum Sterben geschickt wurden. In einer ganz ähnlichen Verfassung befindet sich unsere Generation heute. Wir werden von vorne und von hinten entertained. Die Spannung ist weg. Das geht sogar so weit, daß sich völlig gesunde und vernünftige Menschen, wie wir es sind, für Geld im Adlon einsperren lassen, um über unsere Wohlstandsverwahrlosung zu lamentieren. Wäre das hier Cambridge und nicht Berlin, und wäre es jetzt der Herbst des Jahres 1914 und nicht der Frühling des Jahres 1999, wären wir die ersten, die sich freiwillig meldeten.

Es wird dunkel.

DER ROCK

BENJAMIN V. STUCKRAD-BARRE Ist aber das Re-Modeling wirklich ein modernes Phänomen? Gibt es denn überhaupt einen Unterschied zwischen Re-Modeling und Comeback?

JOACHIM BESSING Selbstverständlich. Bruce Springsteen ist zum Beispiel der Künstler, der sich ja nie richtig ge-re-modelt hat.

ALEXANDER V. SCHÖNBURG Pink Floyd.

JOACHIM BESSING Pink Floyd?

ALEXANDER V. SCHÖNBURG Pink Floyd ist ebenso eine Gruppe, die sich nie ge-re-modelt hat.

CHRISTIAN KRACHT Pink Floyd hätten es auch nicht geschafft –

JOACHIM BESSING Vielleicht gibt es ja Kunstformen, die sich nicht remodeln lassen? Pink Floyd beherrschen ja die Form dieses Kunst-Rocks, Art Rock eben, und das läßt sich vom Design der Plattencover bis zur Länge der einzelnen Stücke nicht re-modeln.

ALEXANDER V. SCHÖNBURG Es läßt sich aber auch nicht nachahmen, das ist gerade das Gute daran.

JOACHIM BESSING Wenn du einmal, wie es Roger Waters und David Gilmour aus ehrlicher Überzeugung getan haben, »Shine On You Crazy Diamond« gesungen hast –

BENJAMIN V. STUCKRAD-BARRE »The Division Bell« war ein anderer Titel. Und durchsichtige Künstler, wie zum Beispiel Boney M, die sind eben wieder hervorzerrbar.

JOACHIM BESSING Bei den ständig wiederkehrenden Boney M handelt es sich eindeutig um Comebacks. Bands wie diese werden auch oft mit dem Zusatz '99 versehen, um darauf hinzuweisen: Sie sind wieder da.

ALEXANDER V. SCHÖNBURG Was ist mit den Rolling Stones? War das Re-Modeling, war das Comeback – beides?

CHRISTIAN KRACHT Aber das liegt doch in der Sehnsucht nach Ehrlichkeit, nach ehrlicher Musik begründet, die einen Menschen, der es eigentlich besser wissen müßte dazu treibt, in zweiundfünfzig Ausgaben des Spiegels fünfzig Artikel über die Rolling Stones zu schreiben. Eine ganz merkwürdige Sehnsucht dieser Menschen ist das, und zu ihren Sehnsuchtszielen gehören nicht nur die Rolling Stones. Dazu gehört leider auch Elvis Costello – handgestrickter Rock eben.

ECKHART NICKEL Was mir die ganze Zeit über als sehr sinngemäßes Bild für diese ganze Geschichte aufscheint, ist der Rock; daß der Rock an sich, den die Rolling Stones repräsentieren, dieses Re-Modeling gar nicht kennt. Der Rock muß sich immer treu bleiben. Der Rock ist stringent, er ist die Saite. Während Tempo oder The Beatles nur dadurch überleben, daß sie sterben.

JOACHIM BESSING Der Rock ist also quasi zum Ewigleben verdammt.

ALEXANDER V. SCHÖNBURG Es gibt ja auch keine alten Popper, es gibt nur alte Rocker.

ECKHART NICKEL Der Rock ist die ewige Hölle; diese Gitarren-Hölle.

JOACHIM BESSING Und dazu kommt dann noch: We'll never stop living this way.

ECKHART NICKEL Das wäre dann jetzt der griffige Beweis, daß Techno eigentlich Rock ist.

BENJAMIN V. STUCKRAD-BARRE Ihr wißt ja, wie dieser Hit von Westbam heißt: Beatbox-Rocker. Westbam selbst fährt im dazugehörigen Video als Pfarrer verkleidet auf einem Fahrrad durch die Stadt und teilt Hostien aus, auf die das Wort POP aufgestempelt ist. Für mich Lied und Video des Jahres, ach was: des Millenniums.

ECKHART NICKEL Ich glaube, so etwas entsteht aus Angst. Diese Angst, daß alles so bleiben soll, wie es ist, wie es gut ist – das ist Rock.

JOACHIM BESSING Demzufolge ist Rock ja eigentlich die Kindermusik, der Kinder-Style, das ewige Kinderleben.

BENJAMIN V. STUCKRAD-BARRE Nein, genau umgekehrt. Die Entdeckung des Rock ist der Moment, in dem man zum ersten Mal ein Greis ist. Die erste Rock-Erfahrung ist immer die erste Greisenerfahrung eines Jugendlichen.

ECKHART NICKEL Wie ja auch Mick Jagger schon in frühester Jugend so greisenhaft aussah wie jetzt.

CHRISTIAN KRACHT Das ist der satanische Spiegel – der erste Moment, in dem der Rock-Säugling seiner selbst im Spiegelbild gewahr wird; das wird dann der Mensch, der zum Rock findet.

JOACHIM BESSING Er lächelt nämlich dann und sieht: Rock lächelt auch. Aber hat Rock nicht auch formale Samen ausgestreut – das Saufen, die Haare, der Fuß auf der Monitorbox – die verhindern, daß er sich verschlanken, verjüngen und re-modeln kann?

BENJAMIN V. STUCKRAD-BARRE Lustigerweise gab es ja am Anfang der neunziger Jahre viele Versuche, den Rock zu re-modeln. Ich denke da an den sogenannten Crossover, Bands wie Dog Eat Dog. Aber ist dem Rock dadurch etwas zugestoßen? Nein – der Rock ist derselbe geblieben.

ECKHART NICKEL Der Rock versucht das ja immer wieder. Seit es Rock gibt, versucht er, sich anderen Sphären anzuverwandeln. Das führte zu den allertraurigsten Symbiosen: Es gab Classic-Rock und Rock goes Classics, Rock-Rave, Rock-Pop, all dies.

CHRISTIAN KRACHT Schaut doch bitte einmal allein auf den Terminus Rock = Stein. Stein = Ewigkeit. Guns 'n' Roses zum Beispiel konnten sich gar nicht re-modeln. Sie waren die manierierteste Rockband aller Zeiten.

BENJAMIN V. STUCKRAD-BARRE Warum haben die nur so kurz gelebt?

ALEXANDER V. SCHÖNBURG Sie waren einfach perfekt.

JOACHIM BESSING Aber sie waren zu perfekt. Guns 'n' Roses waren das perfekte Gesamtbild, die Vignette und zugleich der Weltenkosmos des Rock selbst. Also: Double-Bassdrum, Heroin, Pyrotechnik und Schottenrock und Mikrofonständer jonglieren und Fuß auf der Monitorbox und Jack Daniels auf der Panoramabühne trinken, Zehn-Minuten-Gitarrensolo und lange Haare und Lipgloss und Groupies und Models als Ehefrauen und Todfeinde als Bandkollegen und Superstardom und private Concorde – das war einfach zuviel. Die totale Travestie. Eigentlich also Barock.

BENJAMIN V. STUCKRAD-BARRE Guns 'n' Roses konnten sich also nicht unsichtbar machen?

ECKHART NICKEL Nein.

ALEXANDER V. SCHÖNBURG Trotzdem ein unglaublicher Erfolg für eine unglaublich kurze Zeit.

BENJAMIN V. STUCKRAD-BARRE Ich durfte dann später einmal den Gitarristen Slash bei seinem Solokonzert in der Großen Freiheit, Hamburg sehen – seine Gruppe hieß Slashs Snakepit –

CHRISTIAN KRACHT Dieser Name ist unfaßbar!

ALEXANDER V. SCHÖNBURG Wie wäre es denn mit Queensryche?

CHRISTIAN KRACHT O Gott –

BENJAMIN V. STUCKRAD-BARRE Oder Blind Guardian – Ja, auf jeden Fall war das damals dann eben ein kleines Guns-'n'-Roses-Konzert –

JOACHIM BESSING Ich war auch dort, und es war eher der sogenannte Five-Bar-Blues. Das ist die Seele und das Herz des Rock: Sie bluesen gerne auf ihren sogenannten Riffs herum. Das macht ihnen Spaß.

BENJAMIN V. STUCKRAD-BARRE Und zwar auf doppelläufigen Gitarren.

JOACHIM BESSING Rock wird betrieben von Buben, die am liebsten nur Gitarrensoli spielen wollen. Wer schon einmal in einer Band gespielt hat, weiß, daß es gefährlich wird, sobald der Gitarrist endlich die Pentatonik beherrscht: Dann will er nämlich seine Soli haben und am liebsten durch das ganze Stück hindurch. Das Warten auf das Solieren wird für ihn dann plötzlich zum Inhalt und Sinn aller Stücke. Rock ist eigentlich von seinem innersten Wesen her genau wie diese Klischee-Bubenband aus der allgemeinen Jugendzeit.

CHRISTIAN KRACHT Aber die weltweit gleichzeitige Veröffentlichung zweier Doppelalben von Guns 'n' Roses, nämlich »Use Your Illusion I & II«, Anfang der neunziger Jahre war das Meisterlichste, was der Rock je zustande gebracht hat. Deshalb war ja auch mein Tip an Benjamin von Stuckrad-Barre, seine zeitgleich erscheinenden Bücher »Remix« und »Livealbum« von vornherein »Benutze deine Fantasie I & II« zu nennen: Sein meisterliches Verschwinden im Rock – es wäre das Allerallerbeste für Herrn von Barre gewesen.

BENJAMIN V. STUCKRAD-BARRE Blödsinn. Meine Stadientour »Alive« ist bereits gebucht, und du bist dort die Vorband, Kracht. Du trittst im Alternative-Tent auf, und nach dir spielen »Mr. Ed jumps the Gun«.

CHRISTIAN KRACHT Es ist ja so, lieber Benjamin, daß ich mit meinem Bestseller »Faserland« – obwohl du gerade meintest daß ich drüben im Independent-Zelt als »Bingo Handjob« vor zwanzig zahlenden Gästen spielte, sich aber wie jedermann weiß, hinter diesem Pseudonym Michael Stipes Rockgiganten REM verbergen, also ich selbst – mit einer Zeile mehr Frauen erreicht habe als du mit deinen sechs Büchern. Das ist wirklich so. Ruf doch einfach jetzt Thomas Middelhoff an, er schickt dir meine Verlagsabrechnung sicher sehr gerne zu. Sie liegt, eigens dafür, stets auf seinem mit Box-Calf-Leather bezogenen Panoramaschreibtisch in Gütersloh bereit.

ECKHART NICKEL Wenn Rockstars verschwinden, dann verschwinden sie ja entweder in die vollendete Drogenabhängigkeit oder in großen versteckten Villen und gleichen damit täuschend ähnlich den Fußballstars.

CHRISTIAN KRACHT Aber für oder gegen die Drogen und die Villen können sich Rockstars gar nicht entscheiden – sie müssen es tun – es liegt im Rock selbst eingeschrieben.

ECKHART NICKEL Selbstredend. Das gehört zum Rock wie der Jack Daniels und der Fuß auf der Monitorbox.

JOACHIM BESSING Du kannst im Rock ja überhaupt nicht anders verschwinden. Der Scoop schlechthin wäre ja: Keith Richards lebt in Wahrheit in einer Drei-Zimmer-Wohnung in Berlin-Mitte oder Manchester und liest. Wie es Christian Kracht vorhin schon gesagt hatte: Im Rock – was ja Stein und schütteln zugleich bedeutet, also eigentlich »Schüttel den Stein« – ist alles so festgefügt, daß selbst das eigene Lebensende, das Verschwinden und sogar das Re-Modeling bereits von Anfang an im System mit eingeschrieben sind. Unausweichlich. Der Rockstar, der irgendwann anfängt zu malen, zu schreiben oder zu fotografieren –

ECKHART NICKEL – Paul Mc Cartney.

JOACHIM BESSING – der Rockstar, der irgendwann in ferne Länder reist, um Kulturen und armen Kindern zu helfen, der Rockstar, der –

ECKHART NICKEL – schreibt, ein Buch macht –

JOACHIM BESSING – vielleicht sogar einen Film macht, selbst Schauspieler wird: R.T.A. – Rocker Turned Actor – der Rocker ist also eigentlich der ärmste und unfreieste Mensch auf der ganzen Welt. Alles was er tut bleibt Rock. Er kann da nicht heraus, aus dem Rock. Sein ganzes Leben lang muß er sich in diesem schlimmen, verschmutzten Trichter namens Rock kringeln.

ECKHART NICKEL Ah, Frühvergreisung – er kann sich dieser Sache Rock nicht entziehen, ist demzufolge ein sterbliches Objekt, eine Zecke im Rock-Pelz.

ALEXANDER V. SCHÖNBURG Weird!

CHRISTIAN KRACHT Interessant ist aber doch, daß sich jetzt mit Salman Rushdies neuem Buch über den Rock plötzlich zwei Dinge treffen: nämlich der Autor, der verschwinden sollte, der unsichtbar gemacht werden sollte, und der jetzt mit seinem Großwerk über den Rock versucht, sich seine eigene Unsichtbarkeit zu erschreiben und gleichsam durch den Rock wieder sichtbar zu werden.

JOACHIM BESSING Was Salman Rushdie in seinem mißlungenen Verschwinden bestimmt am meisten gequält hat, war das Problem jedes irgendwann versunkenen Kreativen, im Grunde auch der Anfang jedes Re-Modelings: Wie kann ich in Ehren wiederkommen, was muß ich tun, um wiederzukommen?

CHRISTIAN KRACHT Thomas Pynchon hat mir hierzu die einzig wegsame Furt vorgelegt: das Nie-dagewesen-Sein. Unserer beider Bücher erscheinen ja immer unter Pseudonym.

JOACHIM BESSING Aber dadurch, daß Rushdies Buch so dick und episch ist, gibt er ja vor, sich in den Jahren des Verschwindens in den verdunkelten Hinterzimmern des Rocks versteckt zu haben.

CHRISTIAN KRACHT Und auf dem Autorenfoto bildet er sich, diese Legende nährend, zusammen mit dem – dieses Mal als Mephisto verkleideten – Bono Vox ab –

BENJAMIN V. STUCKRAD-BARRE – und darüber hinaus bezieht er sich in seiner Geschichte vollständig auf Musik, die 1975 bereits vergessen war.

Christian Kracht errötet und nimmt einen hastigen Schluck Wein.

CHRISTIAN KRACHT Das ist ja noch viel besser als alles andere: Der Fatwa-Bluegrass, die schiitischen Teufels-Speedfiedler, ein Hard Rock Café im Zentrum von Teheran, in dem auf einer Endlosrinne das Album »Cheap Trick - Live at Budokan« läuft!

JOACHIM BESSING Also ist die Aussage: Ich war vor den Satanischen Versen Groupie bei Queensryche. Das ist wirklich sehr schlau. Das wäre jetzt also wirklich die Spirale; das Panorama sieht nun aus wie folgt: Alle Menschen geben und kleiden sich vollkommen ironisch, es wird nur noch den Rock geben, weil der ja – sowieso – immer dasein wird –

ECKHART NICKEL – das ist die Hölle. Ich bin nur ein weiterer Stab im Käfig des Realen –

JOACHIM BESSING – du wirst deinen eigenen Gefühlen gegenüber eine ironische Haltung einnehmen, um dir selbst nicht unangenehm zu werden, nicht mit dir selbst in einen Konsens zu geraten. Oder du begibst dich in die Mühlen des Rock, dann kannst du ewig leben oder zumindest eine für dich nachvollziehbare Existenz führen. Das ist doch eine Spirale, die schlimmer niemand schauen könnte.

BENJAMIN V. STUCKRAD-BARRE Alexander von Schönburg hat das gestern in einem Nebensatz wunderbar zur Sprache gebracht: Wir gehen in die Bars, die wir gerne mögen und die wir deshalb ablehnen. Das ist die Spirale. Ist es nun aber das Aufsteigen auf oder die Niederfahrt mit der Spirale?

JOACHIM BESSING Du stehst in Zukunft zu Hause vor dem Plattenschrank mit einer Frau, die du begehrst. Und dann legst du »Blue Lines« von Massive Attack auf, zwinkerst ihr zu. Dann lacht ihr beide. So wird es sein. Ironic-Hell. Jetzt möchte ich wissen: Wer von uns entscheidet sich für die komplette Ironisierung, wer für den Rock?

ALEXANDER V. SCHÖNBURG Eine interessante Weggabelung. Oder möchte ich das jetzt durch das Wort Fegefeuer ersetzen? Ich glaube, es ist wie in dem abstoßenden Lied von Cat Stevens: »Father and Son«. Daß man sich völlig bekehrt zu einem wirklichen Leben.

CHRISTIAN KRACHT Aber das hat doch jetzt schon die ge-re-modelte Madonna mit dem Kind und allem gemacht. Der Sinn des Lebens muß es doch sein, diesen beiden sehr deprimierenden Alternativen aus dem Weg zu gehen.

JOACHIM BESSING Vor allem ist doch das aktuelle Re-Modeling von Madonna darüber hinaus eine virtuose Neunziger-Melange aus Mendhi-Körperbemalung, weiblichem Kind, Fingeryoga, einem Video als paparazziverfolgtes Lady-Di-Lookalike und die nächtlichen Kabbala-Lesungen in ihrem Haus. Alles zusammengenommen also schon sehr weise und empfehlenswert.

BENJAMIN V. STUCKRAD-BARRE Was haltet ihr von der arroganten These vieler sogenannter nachdenkender Menschen, daß das größte Problem unserer Gesellschaft die Bewußtwerdung ihrer selbst ist? Also je höher man sich in der Bewußtwerdungs-Spirale hinaufschraubt, desto unglücklicher wird man –

CHRISTIAN KRACHT Aber das ist doch genau der von uns soeben beschriebene eine Weg, nämlich der Weg der Ironie.

JOACHIM BESSING Gleichzeitig aber ist diese Aussage natürlich aufgrund ihrer Nachvollziehbarkeit purer Rock. Genauso wie die anderen Rock-Sätze: Oben wird die Luft eben dünn, Plötzlich merkst du, wer deine wirklichen Freunde sind –

BENJAMIN V. STUCKRAD-BARRE Und die bringen mich dann auch immer wieder auf den Boden zurück, diese echten Freunde –

CHRISTIAN KRACHT Can't get my feet back on the ground, rock me like a hurricane –

JOACHIM BESSING Ja, dies ist leider alles Rock. Ins Kloster gehen hilft da auch nicht weiter. Kloster ist Rock, wie es schlimmer nicht mehr geht.

CHRISTIAN KRACHT Aber diese drei Tage Gespräch hier haben mich zutiefst gestärkt. Ein völlig neuer Lebensweg ist mir von euch jetzt aufgezeigt worden, nämlich der Rock. Ich werde ab jetzt auch kiffen.

ALEXANDER V. SCHÖNBURG Und ich werde versuchen, mich absolut abzukehren von meiner Kindheit. Ich werde nie wieder jedwede Rauschmittel nehmen, weil sie in eine Scheinwelt entführen.

JOACHIM BESSING Aber leider führt ja das Rock-Kiffen zu einem Zustand einer glückseligen Gefangenheit in einem selbst, die einen Dinge denken und sagen läßt, die andere Mit-Rocker nur aufgrund der momentanen, ich möchte sagen, Bräsigkeit gut finden und deshalb bei einem selbst der Eindruck entsteht, man mache gerade eine sehr intensive zwischenmenschliche Erfahrung. Dabei endet dieser Weg des Rock, der mit dem Haschpfeifchen beschritten wird, genau da, wo zum Beispiel auch Rio Reiser verendete: in Armut in einem Gartenhäuschen mit blau angemalter Tür und einem Schild davor, auf dem steht »Aggressionsfreie Zone des Königreichs Fantasia«. Aber Rock wäre ja für uns auch nur deshalb die richtige Alternative, weil Rock, nach unserer Definition die Verantwortung auf angenehme Weise übernimmt, und wir wüßten: Im Rock kann ich machen, was ich will, es wird immer alles Rock sein und bleiben.

ECKHART NICKEL Im Rock liegt die Zukunft.

CHRISTIAN KRACHT Und deshalb meintest du also, daß der Rock kindisch sei –

BENJAMIN V. STUCKRAD-BARRE Selbstverständlich. Der Rock handelt ja vor allem von der Reproduzierbarkeit des glücklichen Moments –

ECKHART NICKEL – im Konzert?

BENJAMIN V. STUCKRAD-BARRE Nein, überhaupt. Die Rockmusik ist hauptsächlich aus dem Nachspielen entstanden. Der Rocker spielt zu Beginn ein paar Riffs nach, zum Beispiel »Smoke On The Water«. Für den Rocker ist das die Reproduktion von Glück. Deshalb kann ich auch nicht verstehen, warum es stimmen soll, daß sich Alexander von Schönburg und Christian Kracht für Rock als Weg entschieden haben. Denn mit unserem Tun haben wir uns doch alle vollkommen der Ironie unterworfen.

JOACHIM BESSING Das könnte man leicht ändern.

BENJAMIN V. STUCKRAD-BARRE Ich glaube eher, daß wir durch die Ironie schon hindurchgeschritten sind. Wir sind nämlich leider Post-Rock. Und dieser Post-Rock hat wiederum auch musikalisch das Problem, daß er den Rock über Gebühr zur Kenntnis nimmt. Genau wie mitteilsame Atheisten, die ständig von Gott reden. Das ist jetzt meiner Einschätzung nach ein profundes Eugen-Drewermann-Argument.

DER RASIERTE BIBER

JOACHIM BESSING Warum aber re-modeln sich die Modehäuser? Wie sah Gucci vorher aus – ich weiß es gar nicht.

CHRISTIAN KRACHT Aus exakt demselben Grund wie Musiker. Und auch in der Mode gibt es Firmen, die es schaffen, und andere eben nicht.

ECKHART NICKEL – Gianfranco Ferré –

JOACHIM BESSING Bevor Tom Ford zu Gucci kam, kannte man die Marke doch nur von dicken Frauen, die sich in Ferienorten strandwärts schoben. In weiten T-Shirts, auf denen in Straßsteinen G U C C I stand. Er hatte die geniale Idee, den Homosexuellen dieser Welt die Marke wieder näherzubringen –

CHRISTIAN KRACHT Nein, er hat nicht nur das geschafft, denn das ist bei Versace ja auch der Fall, sondern er ist vor allem ein Revisionist. Sein Gucci-Re-Modeling geht aus vom weißen Gucci-Loafer, der ja in der Moderne das erste ironische Kleidungsstück war. Das Logo bestand aus zwei in sich verschlungenen Gs. Gucci war pre-ironic. Das Produkt war nicht angefüllt mit irgendeiner Art von Sinn. Es war ein völlig leeres Produkt. Und was Tom Ford als nächstes machen wird, ist, das Sinnentleerte der frühen Gucci-Jahre zurückzubringen. Den Anfang davon machen seit einiger Zeit diese paspelierten grünen und roten Old-school-Streifen. Oversized T-Shirts in Schwarz, mit Leoparden aus Straß und goldenen Gs, das wäre die einzige Konsequenz.

ECKHART NICKEL Also in dem Moment, in dem das Re-Modeling in Gang gesetzt wird, geschieht Ironie.

JOACHIM BESSING Warum hat Tom Ford, großflächig beworben, ausgerechnet einen Hundekorb mit Freßtrögen aus Sterlingsilber und Plexiglas auf den Markt gebracht? Die Einlegedecke dazu war übrigens aus rasiertem Biberfell, auf englisch also shaved beaver. Der einzige Markt, den er damit für Gucci aufschließen wollte, war der homosexuelle Mittelstand – überwiegend Doppelverdiener ohne Kinder, aber mit pet-dog. Ähnliches schaffte Prada dann bei den ecstasysüchtigen Chefsekretärinnen und Creativ-Direktoren: Glamour-Uniformen für den Absturz nach Feierabend. Der Rausch wird im Anzug ja immer besonders schlimm.

CHRISTIAN KRACHT: Weiterhin ge-re-modelte Firmen: Missoni, Burberrys, Dior, Givenchy. Wobei Alexander McQueens Re-Modeling von Givenchy eigentlich gar keines ist. Es bedeutete, einfach nur zu Givenchy hingehen und etwas machen, das crazy ist. Das sagt Hubert de Givenchy ja auch genauso: Er verstehe gar nicht, was Alexander McQueen da in seinem guten Namen veranstaltet. Es ist Hubert de Givenchy aber auch aus verständlichen Gründen egal, er ist ja so und so schon unermeßlich reich.

BENJAMIN V. STUCKRAD-BARRE Ist also die Levis-Jeans ein bleibender Wert?

ECKHART NICKEL Die Levis-Jeans ist in etwa ein so bleibender Wert, wie der Goldene Schnitt in der Malerei es ist.

CHRISTIAN KRACHT Ende der achtziger Jahre schrieb ich für die Zeitschrift Tempo einen mehrseitigen Test mit der Fragestellung »Sind Sie modern?«. Dort habe ich genau dieselbe Frage nach bleibenden Werten gestellt, und sie mußte definitiv mit ja beantwortet werden. Und zwar gab es damals genau drei richtige Antworten für diese bleibenden Werte: die Levis-501, das weiße T-Shirt von Hanes und die M-1-Bomberjacke.

JOACHIM BESSING Das war der Neville-Brody-Look. Es war aber auch der der Pet Shop Boys und damit auch der der Redakteure. Heute ist es noch der Stricher-Look und die Verkleidung der Zivilpolizisten in den Großstädten. Für die neunziger Jahre könnte ich allerdings keinen definitiven Look bestimmen.

BENJAMIN V. STUCKRAD-BARRE Aber es gibt doch ein scheinbares Zusammenwachsen von Geschmack zwischen der Arbeiterklasse und der Industrieboß-Klasse. Ich meine Ketten wie meinetwegen New Yorker oder Jean Pascal, die Großteile des Landes in den achtziger Jahren mit lila Sweat-Shirts und Pluderhosen überzogen. Die machten dann Platz für H&M –

ALEXANDER V. SCHÖNBURG und S'Oliver!

BENJAMIN V. STUCKRAD-BARRE – und H&M sorgt mit preisgünstigen Anzügen und Imitationen dafür, daß seit geraumer Zeit jedermann einen Anzug tragen kann. Das hat eine komplette Verwaschung des Profils des Anzugs als Statussymbol verursacht. Der Anzug ist jetzt etwas Ordinäres. Er bedeutet rein gar nichts mehr. Jeder Mensch sieht in einem Anzug eben genauso aus, wie er ist. Daß Andreas Türck eben noch so ironisch seinen Anzug mit orangefarbenen T-Shirts tragen kann, er wird immer der Andreas Türck bleiben, der er leider ist.

JOACHIM BESSING Das liegt bei ihm aber auch an seiner Ananasfrisur, die man ja sonst nur von Heide Simonis oder aus den achtziger Jahren von der Art-Rockband Sigue-Sigue-Sputnik her kennt.

BENJAMIN V. STUCKRAD-BARRE Vor allem liegt es aber an der Durchsichtigkeit von Anzügen, daß man immer bis ins Gehirn des Anzugsmenschen hineinsehen kann, und bei Andreas Türck geht das besonders schnell.

JOACHIM BESSING Ich möchte nicht, daß wir uns jetzt auf den Anzug als einen bleibenden Wert einigen. Denn damit reihten wir uns in die schlimme Schlange ein, in der Gazetten anstehen, wie Allegra, Prinz –

ECKHART NICKEL Sage ich doch: Süddeutsche Zeitung!

CHRISTIAN KRACHT – GQ, Esquire, Men's Health –

BENJAMIN V. STUCKRAD-BARRE Entschuldigung, aber Dursichtigkeit ist doch das genaue Gegenteil von einem bleibenden Wert. Ich wollte damit nur sagen, daß ein Anzug eigentlich gar nichts ist. Auch die Möglichkeiten des Re-Modelings sind nämlich endlich –

CHRISTIAN KRACHT Nein, das stimmt überhaupt nicht.

BENJAMIN V. STUCKRAD-BARRE Auch die Scorpions: Man kann sie nicht modern machen.

ECKHART NICKEL Man kann mit den Scorpions nicht mehr machen, als sie in einen Anzug zu stecken.

ALEXANDER V. SCHÖNBURG Kommen wir in diesem Zusammenhang jetzt noch einmal zum Fußball. Ich finde es faszinierend, daß eine Fußballmannschaft mit einer Modefirma wirbt. Ich kannte S'Oliver nicht, aber Borussia Dortmund wirbt damit. Ich finde das so absurd, weil ich Fußball liebe – dieses Image, die Corporate Identity von Fußball ist Prolet, Masse, all das –

CHRISTIAN KRACHT Aber die Mode von S'Oliver, ich kenne sie zwar nicht genau –

JOACHIM BESSING Jogger-Mode.

ALEXANDER V. SCHÖNBURG *(enttäuscht)* Ach so?

BENJAMIN V. STUCKRAD-BARRE Anfang der achtziger Jahre warb Bayern München doch schon für Commodore – wo nun Fußball wirklich nicht für Feintechniker und Großgeister steht. Das war jedoch eine Zeit, in der der Computer generell noch bekanntgemacht werden mußte.

CHRISTIAN KRACHT Das Re-Modeling von Adidas hätte sich ja nie ohne die sich nach unten bewegende Fußball-Spirale – ich meine damit auch Ellesse oder Sergio Tacchini –

BENJAMIN V. STUCKRAD-BARRE Adidas kam mit Basketball zurück, und Streetball kam mit Adidas.

CHRISTIAN KRACHT Nike würde ich da aber eher mit Basketball verbinden. Ohne Shaun Ryder wäre das, glaube ich, nichts geworden mit Adidas.

ECKHART NICKEL HipHop, nicht zu vergessen.

JOACHIM BESSING Ja, über die Nachtclubs ist Adidas wieder nach oben gekommen.

CHRISTIAN KRACHT Interessanterweise haben das die jeweiligen Firmen zuerst nicht bemerkt. Das beweist, daß diese Re-Modelings nicht gesteuert, nicht bestellt und zuerst auch nicht bemerkt werden. Adidas und Nike mußten zuerst Menschen in die Clubs hinausschicken, um zu schauen, wie und von wem ihre eigenen Produkte getragen werden. Und je nachdem, was ihnen dann diese Trend-Scouts berichtet haben, wurde dann weiter produziert.

BENJAMIN V. STUCKRAD-BARRE Aber dieser Gedanke von Christian Kracht, daß die Firmen das Steuer aus der Hand und in die Hände der Trend-Scouts legen, ist ja nur halb richtig. Weil die nämlich dort in den Clubs nicht die Gesellschaft schauen, sondern die Style-Avantgarde und die Firmen dadurch dann vorgreifen und etwas auf den breiten Markt werfen, was eigentlich nur wenigen gefällt. Viele von denen, also von diesen Trend-Scouts, sind Absolventen der Red-Bull-Academy. Viele sind auch Redakteure von Spex.

JOACHIM BESSING Oder ehemalige Platten-Promoter, das nimmt sich nicht viel.

BENJAMIN V. STUCKRAD-BARRE Ich finde dieses eigentlich unglaublich. Wir reden hier ja sehr oft von Verrat. Aber das ist ja eigentlich der größte Verrat. Gerade weil diese Menschen ja in bezug auf das Verhalten anderer sehr religiös reagieren. Lachhaft.

CHRISTIAN KRACHT Also wenn diese Trend-Scouts den Firmen für Geld ihr Wissen anbieten, finde ich das nicht verräterisch.

JOACHIM BESSING Es ist kein Verrat, aber ein Beschleuniger. Ein Beschleuniger, der zu einer weiteren Spirale führt: Zum Beispiel geht einer mit einer Mütze aus Biberfell zum Tanzen, und der Trend-Scout sieht das und findet es gut, weil er diesen Look noch von früher kennt, als er George Clinton gehört hat. Deshalb empfiehlt er den Trend zur Biberfellmütze seiner Firma, und die produzieren die Mützen. Durch das plötzliche Angebot werden sie dann auch von vielen getragen. Damit ist der Ur-Biberfellmützenträger natürlich seiner Idee beraubt, und er muß sich etwas

Neues, noch Schrulligeres ausdenken. Genau da wird das Zauberwerk in Gang gesetzt, dort beginnt die Spirale. Denn dieses Ständig-noch-verrückter-werden-Müssen führt bald direktemang zu einem hölzernen Helm ohne Sehschlitze, wie ihn zum Beispiel Hussein Chalayan verkauft.

BENJAMIN V. STUCKRAD-BARRE Aber die Firma, die den Coup mit dem Biberfellhut gelandet hätte, bekäme dann automatisch die Macht über Trends und damit auch die Chance, Dinge auf den Markt zu bringen, die es vorher noch gar nicht gab – unerhörte Dinge.

JOACHIM BESSING – zum Beispiel Ellenbogentaschen. Es gab eigentlich vorher noch nie jemanden, der sich danach sehnte, eine Tasche am Ellenbogen zu tragen.

CHRISTIAN KRACHT Ich muß dazu sagen, daß ich Eva eine Ellenbogentasche zum Geburtstag geschenkt habe, und sie hat sich wahnsinnig darüber gefreut, hat sie sofort angezogen und zieht sie heute noch immer an. Ich verstehe das nicht. Man kann die Ellenbogentasche übrigens auch an den Schenkel anbringen, aber –

JOACHIM BESSING Ja, oder Helmut Lang hat einen Gürtel in Form einer Schärpe gemacht, der wie eine Wurst gefüllt wird mit Dingen, also Telefon, Lippenstift, Notizblock, Zigaretten, und dann wird der Mensch damit behängt, also von dieser Wurst belastet, die auch noch aus sehr atmungsfeindlichen Materialien hergestellt ist, glaube ich

CHRISTIAN KRACHT Darf ich sagen, daß Frauen instinktiv mit so etwas umgehen können –

JOACHIM BESSING Aber es ist ja auch so, daß die Trend-Scouts auch die Drogen der Zielgruppe nehmen müssen, um das Konsumverhalten der Zielgruppe während des Drogenrausches nachvollziehen zu können. Deshalb muß der Trend-Scout dann zum Beispiel kiffen, weil die Zielgruppe das so macht. Dabei hört er ihre Musik. Nun stellt er in seinem Kiffrausch fest, daß ein Stück gerade nicht so gut reinpaßt, in die Logik seines Rauschempfindens, und er wünscht sich in dem Moment, daß er zum Beispiel »Unfinished Sympathy« von Massive Attack austauschen könnte, gegen »Moments in Love« von The Art Of Noise. So kommt es dann, durch diese Erfahrung bereichert, daß ein Gerät wie der Mini-Disc-Walkman vermarktet wird, mit dem Produktvorteil »You can rearrange«. Also die von der Expedition des Trend-Scouts in das Reich der Zielgruppe mitgebrachte Erkenntnis, umgewandelt in die technische Neuigkeit, daß man nach dem Aufnehmen einer Mini-Disc die Reihenfolge der Stücke der Dramaturgie des Rauscherlebnisses anpassen kann, führt dann zum Erfolg dieses Gerätes.

ECKHART NICKEL Aber ein noch monströseres Framing, das hinter dem ganzen Re-Modeling steht und was auch zusammen mit dieser unglaublichen Gehetztheit der Menschen, denen die Trend-Scouts hinterherjagen, zum wesentlichen Merkmal ihres Lebens wird, ist die genauso unglaubliche Langeweile, die die Gehetzten dann erst dazu treibt, sich ständig zu verändern. Und da sind wir bei einem Kernthema, nämlich dieser Langeweile, dem Ennui unserer Generation.

CHRISTIAN KRACHT Ich glaube nicht, daß dies Langeweile ist.

ECKHART NICKEL Was ich dabei mit dem Framing meine, ist das lediglich durch die Geschwindigkeit der Bewegung schillernde Sprungseil des gejagten Trendsetters, der sich durch die so in Gang gesetzte Bewegung des Seils in immer größerer Geschwindigkeit vor sich selbst in Sicherheit bringen will. Denn im ruhenden Selbst – da ist nichts.

JOACHIM BESSING Ich glaube daß diese Looks und die Ironie in allem, in der Art zu sprechen und zu meinen – Haltung eben – von der Angst herkommt, vom Trend-Scout entdeckt zu werden. Deshalb bricht man sich selbst durch Ironie.

DER STURZ DER BLÄTTER

BENJAMIN V. STUCKRAD-BARRE War es für die Zeitschrift Tempo besser zu sterben, anstatt den schlimmen Weg zu gehen, wie zum Beispiel die Stadtzeitschrift Prinz ihn geht?

ALEXANDER V. SCHÖNBURG Ganz sicher. Es ist derselbe Fall, und ich kann nur noch einmal wiederholen, was ich schon zu dem Zitat »We'll never stop living this way« gesagt habe. Jeder muß so geschickt sein, rechtzeitig zu sterben. Ein Superstar wie Diana Spencer kann nur in einem Autounfall mit dreißig Jahren sterben, alles andere wäre absurd. Du kannst nicht alt werden wie Hildegard Knef, hier durch Berlin gehen und scheußlich sein. Genauso verhält es sich mit diesem Tempo. Es war für die Zeitschrift das einzig Richtige und Konsequente zu sterben. Das Gegenteil vom Sterben ist das Re-Modeling.

CHRISTIAN KRACHT Nein, das Gegenteil vom Sterben ist das Unsichtbarwerden.

JOACHIM BESSING Ich finde es vor allem ein sehr interessantes Medienbild, das hier gerade entworfen wird. Wenn man von einer Zeitschrift, die ja per se nur dazu da ist, die Dinge und die Gesellschaft zu porträtieren, sagt, es war besser für sie zu sterben, wäre sie vergleichbar mit einem Rockstar, der ja per se nichts mit dem Leben zu tun haben darf, und diesem Rockstar seien nun auf einmal die Lieder ausgegangen, oder sie fielen ihm nicht mehr ein, und deshalb war es wohl besser, daß dieser Rockstar an seinem Erbrochenen erstickt ist. Der Mythos lebt dann zum Glück weiter. Das ist doch absurd.

ALEXANDER V. SCHÖNBURG Absurd ist da doch eher die deutsche Zeitschriftenlandschaft, wie wir sie im Moment schauen: Die Themenmischung besteht aus Internetadressen, Fernsehprogrammen und Scheinprominenz. Das ist Re-Modeling und unsichtbar werden zugleich und nichts davon. Alle diese Titel haben sich irgendwann einander angeglichen, sehen gleich aus und sind deshalb unauffällig genug, um verschwinden zu können.

CHRISTIAN KRACHT Deshalb verschwinde ich auch immer nach Asien – kein Re-Modeling, sondern mein eigenes Verschwinden hin zum Nullpunkt. Außerdem kann man dem Schnubbeln ja hierzulande einfach nicht entkommen, und in Asien steht darauf ja dankenswerterweise die Todesstrafe. Das ist auch ein wichtiger Grund.

JOACHIM BESSING Wenn es so war, daß man die Sachen, die Tempo gemacht hatte, plötzlich nicht mehr machen konnte, oder daß diese auf kein Interesse mehr gestoßen sind, wie konnten diese gesamten neuen Zeitschriften, die ja in Inhalt und Layout zutiefst abstoßend und dumm sind, dann so plötzlich – warum ist das so?

BENJAMIN V. STUCKRAD-BARRE Interessant finde ich da eine Zeitschrift vom Typus econy, in der sich kein einziger guter Text befindet. Eine völlig unlesbare Zeitschrift also, die ich mir einmal kaufte und durchblätterte, aber erst nach einiger Zeit bemerkte, daß dies alles völlig unverständlich war, angenehm verschleiert durch das Layout des Heftes. So ein Layout ist dann auch eine Möglichkeit des Verschwindens. Das Jil-Sander-Layout – dieses sachliche, kühle.

JOACHIM BESSING Aber Jil Sander sagte doch selbst einmal: »Wer etwas ladyishes will, der searcht nicht bei Jil Sander.« Und besagtes econy wurde doch trotz ausbleibendem Erfolg überall als Großtat sogar von Medien-Rebellen gefeiert. Nur weil sie sich irgendwann selbst finanzierten, als der Verlag das Heft dichtmachen wollte.

ECKHART NICKEL Aber warum gab es dann nie die Idee, zum Beispiel von einigen der hier Anwesenden, genau wie diese Frau von econy, einen Tempo-Fonds zu gründen?

CHRISTIAN KRACHT Aber das Heft hatte da doch schon dreißig Millionen Mark Verlust gemacht. Das ging nun wirklich gar nicht –

ECKHART NICKEL Es ist interessant, daß wir immer bei solchen zum Tode verurteilten Verlust-Objekten arbeiten. Ich würde da gerne noch einmal auf unsere persönliche Kondition zurückkommen – Ah, endlich einmal Zimmerservice.

Ein Fräulein vom Etagenservice betritt leise das Kaminzimmer. Auf einem silbernen Tablett überreicht sie Joachim Bessing ein Stück Faxpapier, das sehr dicht mit dem eleganten Schriftbild einer mechanischen Reiseschreibmaschine, der Brilliant Comfort 300, beschriftet ist.

ZIMMERFRÄULEIN Guten Tag. Hier bitte schön ein Faxschreiben von einem Herrn Kopf aus Hamburg. Er rief an und meinte, es wäre wichtig für Sie.

JOACHIM BESSING Ausgezeichnet! Mal sehen – oh, der Gigant Uwe Kopf schreibt uns, warum Tempo eingestellt wurde. Ich lese vor:

»Das Ende von Tempo beruht auf einem Mißverständnis zwischen Thomas Ganske und Markus Peichl: Ganske ist Verleger, ihm gehört der Hamburger Jahreszeiten-Verlag, dort erschien Tempo, dessen Erfinder und erster Chefredakteur der Peichl war, aber Peichl hat sich nie an Termine gehalten, denn er meinte öffentlich: ›Jeder Trottel kann ein pünktliches Heft machen‹, und Peichls Unpünktlichkeit hat den Ganske viel Geld gekostet. Irgendwann fürchtete Ganske, daß er wegen Peichl ins Armenhaus muß, also hat Ganske den Peichl entlassen, ihn jedoch als Berater verpflichtet. 1996 engagierte Ganske einen Sanierer, denn dem Jahreszeiten-Verlag ging es nicht so gut, und der Sanierer wollte sofort Tempo abschaffen, aber Ganske wußte nicht, wie er die Idee finden sollte. Da ist er dann rausgefahren nach Klein Flottbek, dort wohnte sein Berater Peichl, der gerade keine Zeit hatte und an seinem Schreibtisch über Projekte nachdachte, und Ganske sagte: ›Markus, ich bin gleich wieder weg, eine Frage nur: Wie soll es mit Tempo weitergehen?‹

Dem Peichl war Tempo schon eine Weile zu defensiv, er ist von seinem Wesen her ein Angeber wie jeder Wiener, und er antwortete dem Ganske: ›Angeben, angeben!‹

Nun hat aber Ganske dicke Haarbüschel in den Ohren, er hört manchmal nicht richtig, und Peichls ›Angeben, angeben!‹ verstand er als ›Aufgeben, aufgeben!‹

Da ist Ganske dann zu seinem Sanierer und sagte ihm: ›Okay, wir können Tempo aufgeben‹, und am nächsten Morgen sind die beiden in die Redaktion gekommen – der Chefredakteur Walter Mayer und seine Leute waren gerade wieder dabei, ein schönes Heft zu produzieren – da verkündeten Ganske und sein Sanierer, daß Tempo ab sofort vom Markt sei, die Redaktion könne nach Hause gehen. Als Peichl das ein paar Stunden später über die Branchendienste erfuhr, hat er den Ganske angerufen und ihn gefragt, wieso um Himmels willen er Tempo eingestellt hat. Da klärte sich das Mißverständnis, aber Ganske durfte seine Bekanntmachung vom Ende Tempos nicht zurücknehmen, denn er ist ein Hanseat und Ehrenmann, dessen Wort gilt, und deshalb hat Peichl eingesehen, daß es beim Aus für Tempo bleiben muß.

Seitdem schneidet sich Ganske jeden Dienstag und Samstag die Haare aus den Ohren, aber zu spät, viel zu spät.«

Das Zimmerfräulein hat den Ausführungen von Uwe Kopf aus gebührendem Abstand aufmerksam zugehört. Leise, fast andächtig, verläßt sie mit einem artigen Knicks das Kaminzimmer.

ERASE AND REWIND

ALEXANDER V. SCHÖNBURG Also ist Politik Scheinwelt. Mode ist Scheinwelt. Der einzige Ausweg aus diesem Teufelskreis der Kollektivierung des Individualismus ist vielleicht die Spiritualität, für mich im Christentum, andere mögen es Rock nennen, diffamierend, wenn du so willst. Aber wahrscheinlich ist es am Ende das.

CHRISTIAN KRACHT Es gibt noch einen anderen Ausweg, und das ist wiederum der Krieg.

JOACHIM BESSING Von innen bomben. Das wäre mein Vorschlag.

ALEXANDER V. SCHÖNBURG Ein interessanter und trauriger Vorschlag.

JOACHIM BESSING Bomben aus Semtex bauen und die dann in Prada-Rucksäcken an die Art-Direktoren schicken, per Kurier. Oder das Café Costes oder das Adlon sprengen. Ich glaube eben die Bombardierung der Stätten des Falschen von innen heraus wird die Zukunft sein.

ALEXANDER V. SCHÖNBURG Interessant. Eine neue Form des urbanen Terrorismus als Anti-Konsum-Terror, wie es ihn in Moskau bereits gibt.

JOACHIM BESSING Anzüge in Armani-Boutiquen hängen, die innen mit Kontaktgift bestrichen sind, so daß der Käufer sofort stirbt.

BENJAMIN V. STUCKRAD-BARRE Aber das ist doch lediglich eine sofort erkennbare, destruktive Veränderung, wohingegen die RAF auch nichts anderes bewirkt hat, aber deren Ziel es zumindest war, nach der Zerstörung etwas Neues zu schaffen. Oder sie hatten das, was früher – in Zeiten von Jutta Ditfurth – einmal Utopie hieß oder auch Vision. Die wollten also etwas zerstören für einen Neuanfang, von dem sie eine konkrete Vorstellung hatten. Das ist bei Joachim Bessings Vision exakt nicht so.

ALEXANDER V. SCHÖNBURG Bei den Grünen auch nicht.

BENJAMIN V. STUCKRAD-BARRE Nein.

JOACHIM BESSING Natürlich gibt es da keine konkrete Vorstellung vom Danach. Es führt ins Garnichts. Es gibt auch nicht so etwas wie einen Inhalt –

BENJAMIN V. STUCKRAD-BARRE Ah, und das interessiert mich jetzt wieder: Was ist denn dann die erreichte höhere Stufe des Bewußtseins? Wer ist eher zu beneiden? Die Prada-Rucksackverschicker mit den Bomben, die wissen, daß nichts danach kommt, oder die RAF-Leute, die ein Glühen in den Augen haben, zumindest für ein paar Jahre ihres Lebens? Die eben an etwas glauben können. Das bedeutete ja auch zutiefst gläubig sein. Es funktionierte wie eine Religion.

JOACHIM BESSING Alles, was jemand im Laufe seines Lebens tut, hat damit zu tun, daß er sich danach sehnt - wie es bei den Cardigans heißt: »Erase and Rewind«. Wie bei dieser Zaubertafel, die es früher gab – man malt darauf, dann zieht man am Schieber, die Fläche ist wieder blank, und alles ist weg, vielleicht nur die Hälfte davon, aber man kann jetzt von neuem anfangen.

ALEXANDER V. SCHÖNBURG Ein wirklich schönes Bild.

JOACHIM BESSING Zum Beispiel Drogen im Übermaß genossen führen allein dazu, einmal den Speicher komplett zu –

ECKHART NICKEL löschen.

JOACHIM BESSING – zu entleeren, und es bleibt ja komischerweise immer wieder ein Etwas zurück, daß dann konstituierend ist und zum Neuaufbau der gleichen Gedanken und Pläne führt. Deshalb glaube ich, daß Spiritualität oder Bombenwerfen nichts anderes sind, als Versuche, eine weiße Leinwand herzustellen, auf der wir noch einmal anfangen könnten.

ECKHART NICKEL Sonst hätte es auch keinen Sinn, Kunst zu machen – meine Leinwand ist die Gesellschaft, und sie ist stark gespannt.

BENJAMIN V. STUCKRAD-BARRE Das habe ich auch nicht bestritten. Nur, daß die RAF im Gegensatz zu uns auch behauptete, die Fingerfarben im Hinterzimmer zu haben und ein zu Bild kennen, das sie dann auf dieser Leinwand zu malen vorhatte.

CHRISTIAN KRACHT Aber alles an diesem Bild war abstrus.

BENJAMIN V. STUCKRAD-BARRE Natürlich abstrus.

CHRISTIAN KRACHT Massenvernichtungslager stalinistischer Prägung, wie die RAF sie nachweislich plante, das ist doch –

BENJAMIN V. STUCKRAD-BARRE Ich sage doch auch gar nicht, daß es gut war. Aber sie hatten ein Programm. Wir haben keines, hoffe ich.

JOACHIM BESSING Da beginnt doch immer der Fehler, wenn du behauptest: Ich weiß, wie es geht.

ALEXANDER V. SCHÖNBURG Weil es dann wieder vermittelbar wäre.

CHRISTIAN KRACHT Aber Benjamin von Stuckrad-Barre kann doch jetzt nicht behaupten, daß dieses Von-innen-Bomben unmoralischer wäre als die RAF.

BENJAMIN V. STUCKRAD-BARRE Sage ich doch auch gar nicht.

ALEXANDER V. SCHÖNBURG Es ist doch so: Die Terroristen werden einfach die soziale Leiter nach oben steigen. Die Terroristen der dreißiger Jahre in Deutschland waren noch das kleinste, das dreckigste Bürgertum – die Schlurfs, wie man in Österreich sagt. Die SA also, die ganz einfachen Leute. Der Aufstand der Nationalsozialisten war ein Aufstand des ganz, ganz kleinen Mannes. Nicht einmal der der Arbeiter, sondern wirklich der des Lumpenproletariats. Mit dem RAF-Terrorismus hast du den Aufstand der Mittelklasse. Und was wir jetzt erwarten, wenn wir gerade vom Prada-und-Gucci-Läden-in-die-Luft-Sprengen reden, wäre der Terrorismus, der eine weitere Stufe der sozialen Leiter emporgestiegen ist.

JOACHIM BESSING Wenn Claudia Schiffer das Hobby hätte, Briefbomben zu verschicken – kein Verdacht würde auf sie fallen. Claudia Schiffer ist für jeden allein dazu da, schön auszusehen, eben ein Supermodel zu sein. Niemand würde doch auf die Idee kommen, daß sie etwas tut, was anderen schadet. Das ist doch die Chance für Claudia Schiffer. Man denkt doch eher, der Terror dieser Supermodels richte sich gegen sie selbst; sie nehmen Drogen und lassen sich Silikon implantieren; Magersucht, Bulimie vielleicht manchmal noch. Aber man glaubt doch nicht, daß die Bomben kaufen oder verschicken würden. Dabei haben gerade die das Geld dazu.

BENJAMIN V. STUCKRAD-BARRE Ich verstehe deine Schlußfolgerung daraus nicht.

JOACHIM BESSING Es kann natürlich auch keine geben.

ECKHART NICKEL Es wäre der unsichtbare Terrorismus. Die RAF hat sich dagegen ja regelrecht zur Schau gestellt mit ihrem Terrorismus. Vor allem mit diesem Stern und mit diesen Bekennerbriefen.

JOACHIM BESSING Leute zu entführen ist eigentlich auch Blödsinn.

ECKHART NICKEL Die ganze Welt ist geprägt von veränderten Fotografien, von virtuellen Bildern, von Menschen, die durch diese gefälschten Dokumente an zwei Orten gleichzeitig, zum Beispiel auf den Laufstegen der Modenschauen zweier verschiedener Designer, an zwei verschiedenen Enden der Welt, laufen können. Und damit also auch nirgendwo. Die Kehrseite des unsichtbaren Terrorismus ist quasi die Möglichkeit, alle Realitäten herstellen zu können, in Bildern.

JOACHIM BESSING Das wäre ja das beste Verschwinden. Wie Andy Warhol, Doppelgänger zu bezahlen, sein Äußeres ständig komplett verändern zu lassen, oder die Fotos und Filme und Artikel, die es über dich gibt, dauernd zu manipulieren – alles in alle Richtungen zu verzerren, zu verschieben und auch verschwinden zu lassen.

BENJAMIN V. STUCKRAD-BARRE Wie sähe denn diese Totalkatastrophe aus?

JOACHIM BESSING Es wird eine kollektive Verzweiflung sein mit Schäden, die einem Weltkrieg sehr nahekommen.

BENJAMIN V. STUCKRAD-BARRE War das nicht schon?

JOACHIM BESSING Der Weltkrieg oder die Verzweiflung?

BENJAMIN V. STUCKRAD-BARRE Durchschreiten wir dieses Tal nicht schon? Genauso wie diese Supermodels, denen man es nicht zutraut, wegen der Gesichtsglätte. Genauso sind doch auch die Vorstadtfamilien, deren Väter die eigenen Kinder vögeln oder zum Vögeln ausleihen und danach im eigenen Garten einbetonieren. Das ist doch eigentlich dasselbe.

JOACHIM BESSING Aber durch die Fernsehsendungen, die über solche Dinge berichten, verdächtigt man einen Mann, dem man begegnet, der einen Walroßschnäuzer trägt, eine schlimm geschnittene Frisur und einen Trainingsanzug aus Ballonseide. Da könnte man den operativen Begriff wechseln und nicht mehr Schwuchtel sagen, sondern Kindersex bestimmt. Also das ist schon entdeckt.

BENJAMIN V. STUCKRAD-BARRE Deshalb sage ich ja auch: Wir schreiten schon durch das Tal.

CHRISTIAN KRACHT Das ist richtig, denn zum Beispiel das Erschießen von High-School-Kindern neulich in Littleton, das ist ja schon genau so ein Akt.

ALEXANDER V. SCHÖNBURG Oder es geschieht ständig und ist vielleicht auch schon immer geschehen – wahrscheinlich auch in der immerselben Frequenz – nur wir haben es nie so virtuell vermittelt bekommen.

DAS REINIGENDE BAD

JOACHIM BESSING Wie können wir der Spirale nur entkommen? Wäre denn das Christentum eine wirkliche Alternative?

ALEXANDER V. SCHÖNBURG Nun, du hast doch selbst gesagt, daß ein Kloster ebenfalls Rock ist.

JOACHIM BESSING Damit meinte ich aber etwas anderes: Ich meinte den konfessionslosen Klostergang, der gleichrangig mit einer Ayurveda-Kur oder Yoga-Lessons zu einem nach außen getragenen Zeichen für eine Zäsur im Leben geworden ist. Ein Zeichen, das nichts anderes mehr sagt als: Ich bin zuviel ausgegangen, nehme mir jetzt eine Auszeit, nehme ab und trinke nichts mehr. Quasi eine symbolische Betty-Ford-Klinik für jedermann. Das ist doch die moderne Bedeutung für Kloster.

BENJAMIN V. STUCKRAD-BARRE Für mich käme dies überhaupt nicht in Frage –

JOACHIM BESSING Aber du warst in einem Leuchtturm in Irland. Ich weiß jetzt nicht, wo da der Unterschied –

BENJAMIN V. STUCKRAD-BARRE Moment – mir ging es da nicht um eine Reinigung, sondern einfach darum, eine Tür zuzuschließen, Stille zu haben und zu arbeiten.

JOACHIM BESSING Das ist doch genau der Satz der Leute, die ins Kloster gehen.

BENJAMIN V. STUCKRAD-BARRE Nein, denn die gehen da nicht hin, um zu arbeiten, sondern die wollen sich dort auf sich besinnen, sich finden. Schreckliche Vorstellung.

ALEXANDER V. SCHÖNBURG Also ich würde sagen: Rock ist die Antwort und Rock ist Christentum und all you need is love. Das alles ist vor allem meine Erkenntnis aus unserer Klausur hier.

BENJAMIN V. STUCKRAD-BARRE Kann man sich überhaupt selbst reinigen? Ist das alles wirklich nur der Ballast von draußen, oder ist nicht vielmehr das Draußen die Fluchtmöglichkeit? Ich hätte nicht das Zutrauen in meine Person, daß in mir die Wahrheit ist. Ich vermute sie ganz woanders, vermute Gott außerhalb von mir selbst. Deshalb kommt für mich das reinigende Kloster nicht in Frage.

JOACHIM BESSING Gut, aber wo genau liegt dann unsere Weggabelung?

ECKHART NICKEL An der Weggabelung begänne der Ausweg aus der Spirale. Danach sollten wir suchen.

CHRISTIAN KRACHT Da die Spirale ein Abbild der Welt ist, gibt es keinen Ausweg aus ihr heraus und nichts außerhalb davon.

ECKHART NICKEL Also ist unsere Weggabelung da vorne doch nur eine Illusion?

BENJAMIN V. STUCKRAD-BARRE Wieso reist der Mensch zum Mond? Sucht er dort eine Welt, die unserer entspricht, oder eine völlig andere?

JOACHIM BESSING Ich glaube eher, daß bemannte Mondfahrten eine Art Fun-Sport sind. Der Mensch tut es, weil es irgendwann machbar ist. Praktischen Nutzen hat die Mondfahrerei nicht.

BENJAMIN V. STUCKRAD-BARRE Aber je nach Sichtweise wurden dort oben auf der Dark Side of the Moon böse Aliens vermutet, die irgendwann das Kommando auf der Erde übernehmen wollen, andere hofften auf Energie, Trinkwasser oder Platz für unseren Müll.

CHRISTIAN KRACHT Das sind vorgeschobene Gründe, dorthin zu reisen. Die NASA käme in starke Erklärungsnot, wenn sie rechtfertigen müßte ,warum.

JOACHIM BESSING Der bekannte Nutzen aus der Raumfahrt sind Teflonpfannen, dünne Goldfolie und das Wissen, wie langsam Kresse in der Schwerelosigkeit wächst.

BENJAMIN V. STUCKRAD-BARRE Das ist ja klar, daß es keinen konkreten Nutzen der Raumfahrt gibt, aber ich meinte auch eher die Raumfahrer-Bewegung an sich. Geht es dabei um die Suche nach einer besseren Welt? Also diese Möglichkeit, von vorne anzufangen, wenn die Welt als Spirale empfunden wird?

ALEXANDER V. SCHÖNBURG Für mich ist der einzige Ausweg aus der Spirale das Spirituelle.

BENJAMIN V. STUCKRAD-BARRE Aber ist das nicht nur eine Nebenspirale? Ich sehe gläubige Menschen in einer für mich verständlichen, aber fernen, nicht erreichbaren Nebenspirale, die aber den gleichen Weg nimmt wie meine eigene, am Ende.

CHRISTIAN KRACHT Aber wenn du wirklich in deinem Glauben leben kannst, eins bist mit Gott, bist du außerhalb der Spirale –

ALEXANDER V. SCHÖNBURG Ich glaube, daß der Mensch sich letztendlich vom Tier dadurch unterscheidet, daß er einen göttlichen Funken in sich trägt. Und daß man aus der Spiritualität eine unglaubliche Kraft schöpfen kann, die, wie Heroin, alles zweitrangig macht.

BENJAMIN V. STUCKRAD-BARRE Aber das ist doch wieder nur deine Definition vom Glück der Unfreiheit. Glauben lebt doch von der Restriktion –

CHRISTIAN KRACHT Nein, das stimmt nicht. Die Kirche lebt von der Restriktion, der Glaube nicht.

BENJAMIN V. STUCKRAD-BARRE Es sind immer nur Scheinprominente, die keine Kirchensteuer bezahlen wollen, die dann in der Bunten sagen: Ich glaube an einen persönlichen Gott, irgend etwas ist da für mich, aber die Kirche ist mir zu institutionalisiert.

CHRISTIAN KRACHT Du kannst doch zutiefst religiös sein ohne Kirchen. Der Hinduismus oder der Buddhismus zum Beispiel sind doch völlig unstrukturiert.

ECKHART NICKEL Ich denke, was Alexander von Schönburg mit dem Spirituellen als Ausweg aus der Spirale meinte, ist ja nur ein einziger Schritt, der unser Verhalten in der Spirale selbst ändern würde. Daß wir diese spirituelle Kraft gewinnen, könnte uns helfen, in der Spirale nicht mehr eine Stunde anzustehen, sondern wirklich zum Laufenden zu werden, um es mit der Geschwindigkeit aufnehmen zu können, den Gleichlauf herzustellen, um in der Spirale aufzugehen.

JOACHIM BESSING Außerdem glaube ich, daß Spiritualität nichts anderes ist als das Unsichtbarwerden. Wirklich vollzogenene Spiritualität kann nicht in einem christlichen Glauben stattfinden. Es muß ein privatisierter Glauben sein. In einem Camp mit einem Guru, der für dich sorgt. Wo du einfachste Feldarbeiten verrichten mußt, einen strengen Tagesablauf hast, keine Fragen mehr zu stellen, sondern nur noch zu erfüllen hast. Und es muß logischerweise im Massenselbstmord enden. Das ist die einzige moderne Form der Spiritualität für mich. Alles andere wäre nach unserer Definition Rock – auch zum Buddhisten zu werden übrigens.

CHRISTIAN KRACHT Du meinst also zum Beispiel diese Sonnentempler – Le Temple du Soleil – übrigens ein weiterer Tim-&-Struppi-Titel –, die sich in der Schweiz in Sternformation auf einer Waldlichtung verbrannt haben. Und wie hießen diese Menschen in den Nike-Turnschuhen, die sich an den Kometen hängen wollten –

ECKHART NICKEL Die Halleysche Todessekte –

CHRISTIAN KRACHT – nein, Heavens Gate. Aber sind diese Gedanken nicht zutiefst menschenfeindlich? Ist das nicht die Argumentation eines Charles Manson?

JOACHIM BESSING Nein, nein. Es zeigt uns doch nur, wie drastisch die Entscheidungsfreiheit an der Gabelung dieser beiden Wege ist. Schuld daran ist meiner Meinung nach für unsere Generation die Zeitschrift Tempo in den achtziger Jahren, die mit ihrem Werbespruch »Anything Goes« und der gleichlautenden Haltung und ihren Inhalten und Bildern dieses ganze Schlamassel erst angerichtet hat.

CHRISTIAN KRACHT Aber so ähnlich wird doch auch die RAF irgendwann argumentiert haben –

ECKHART NICKEL und entstanden sein.

JOACHIM BESSING Ich frage mich, warum wir aus unseren schlauen Köpfen keine anderen Antworten herausholen können als den Schmarrn von einem alten Mann, der zu Frauen »Fotze« gesagt hat, und, wie Jean-Paul Belmondo in »Au bout du souffle«, im weißen Sportwagen herumfahren wollte, der alles klein geschrieben hat und eine Spex-Sprache benutzte.

BENJAMIN V. STUCKRAD-BARRE Weil wir eben Rocker sind. Über die sagen Spex und »Karstadt Music News«, daß sie immer nur dieselben drei Akkorde zur Verfügung haben.

ALEXANDER V. SCHÖNBURG Ich möchte betonen, daß der Hauptstrom unserer Gegenwart eine monströse Kollektivierung des Individualismus ist, ohne Möglichkeit, sich dessen zu entziehen, auch nicht im Adlon, wo ich dieser Tage im Aufzug und an der Bar den schlechtangezogensten Menschen und fürchterlichsten Proleten aller Zeiten begegnet bin. Ich möchte da nur noch einmal an den Mann gestern im Speisesaal erinnern, in seiner Fantasieuniform – er trug eine Art Dinner-Jacket in Weinrot mit einem Stehkragen, wie ihn in den sechziger Jahren Pierre Cardin für die Beatles entworfen hatte. Dieser Stehkragen war mit schwarzen, spanischen Elementen paspeliert, darunter ein weißes Hemd, wie wir es noch nie gesehen hatten: Es wurde vorne über der Brust mit einer trapezförmigen Klappe verschlossen, auf der zwei hochglänzende Knopfreihen dem Ganzen Halt geben.

CHRISTIAN KRACHT Oh, ein John-Wayne-Hemd!

JOACHIM BESSING Dazu hatte er eine Frisur wie Ingo Appelt, aber der Stirnzipfel war blond eingefärbt. Dieser Mann besaß eine Selbstsicherheit und einen Gang – ich muß sagen, ich wünschte, ich hätte diese Selbstsicherheit. Er war ein wandelndes Bild der Gesellschaft, des Abends das Adlon durchschreitend.

ALEXANDER V. SCHÖNBURG Ich wünschte mir auch, ihr hättet diesen anderen Menschen gesehen; ich bin ihm schon mehrmals hier im Aufzug begegnet: ein besonders unangenehmer, militanter Homosexueller mit seiner Frau. Er trägt immer diese raschelnden Glanz-Unterhosen von Prada, einen gelben Kaschmir-Rolli, darüber eine goldene Kette. Die Frau treibt ihm offensichtlich die Strichjungen zu, anders ist das mit so einer schlimmen Tucke gar nicht auszuhalten – solche Leute sind hier im Hotel mitten unter uns. Heute mittag, auf dem Weg zum Restaurant, sah ich auf der Beletage, vorgeblich sind das ja die feineren Räume, wo die dicken Teppiche ausgelegt sind, vier Gäste, die sich vom Ober fotografieren ließen. Eindeutig wollten sie diese Fotos dann später zu Hause herumzeigen: Schaut mal, wir waren neulich im Adlon und frühstückten auf der Beletage. Ich komme damit noch einmal auf das Phänomen der Proliferation zurück: In dieser Zeit der Kollektivierung des Individualismus mit Wellness, Para-Gliding, Free-Folding, ich weiß nicht was noch, gibt es letztendlich gar keinen Ausweg, außer die Spiritualität.

BENJAMIN V. STUCKRAD-BARRE Ich zerstörte vor ein paar Tagen zusammen mit Christian Kracht versehentlich einen Adlon-Lift. Einer verstörten Mitarbeiterin des Hauses übergaben wir ein Knäuel Kabel sowie Reste eines Displays. Sie blieb alleine in der manövrierunfähigen Aufzugskabine zurück und bat uns, Hilfe zu holen. Das haben wir vergessen, fällt mir da gerade ein. Drei Tage ist das jetzt schon her. Gibt es denn gar keine bleibenden Werte mehr?

JOACHIM BESSING Doch eine Uhr von IWC.

Das ist es dann. Das Ende des Weges. Drei Tage lang hat die Runde versucht, irgend etwas zu finden. Etwas, das ihre Generation zusammenhält. Eine gemeinsame Kultur. Dabei haben sie alles aussortiert, was falsch war – Blendwerk, Scheinprominenz, den Konsens. Sie einigten sich auf zwei Möglichkeiten des Entkommens: das Verschwinden und der Rock.

Sie handelten dabei wie Donald Duck: Der sägt ein Loch in seine Eisscholle, um im Meer darunter zu fischen. Aber er sägt um die Stelle herum, auf der er steht, und wenn der Kreis der Säge sich vollendet, dann versinkt zuerst die ganze Scholle um ihn herum in der Flut, und dann – nach der Schrecksekunde – folgt er mit dem ganzen Rest um so schneller nach.

Jetzt sind sie alle furchtbar müde und fühlen sich leer. Der Vergnügungsdampfer ist ihnen zur bleiernen Gondel geworden.

Unter dem Eingangsportal des Adlon löst sich ihr Bild auf rotem Teppich auf. Die Sonne scheint, die Berliner wälzen sich über den Boulevard unter den Linden. Noch immer stehen die Menschen in Scharen an, um den

Reichstag zu sehen. Es hat sich nichts verändert in den letzten drei Tagen.

Benjamin von Stuckrad-Barre fährt zurück nach Köln, um seine beiden Bücher zu Ende zu schreiben, Eckhart Nickel nach Straßbourg, um sich dort eine Wohnung zu suchen, und Alexander von Schönburg wird von Irina abgeholt; in drei Wochen würden sie heiraten.

Christian Kracht und Joachim Bessing nehmen ein Flugzeug nach Phnom Penh. Kambodscha ist das Zentrum des Verschwindens. Interpol vermutet eintausend der meistgesuchten Schwerverbrecher dort.

Wer wirklich verschwinden will, dem sollte es dort gelingen.

III. TEIL

DIE SPIRALE

I've seen the sparrow get high – and waste his time in the sky.
He thinks it's easy to fly – he's just a little bit freer than I'm.
Terry Callier – Ordinary Joe

Ein anderer Soldat, der während des Kampfes aufs Gesicht gefallen war,
bat seinen Feind, als dieser mit dem Schwert zum tödlichen Schlag
ausholte, zu warten, bis er sich umgedreht habe –
aus Furcht, daß sein Freund ihn hinten verletzt finden könnte.
Plutarch – Über die Liebe

Phnom Penh, 30. April bis 1. Mai 1999

Eine kleine Maschine der Thai-Airways bringt Joachim Bessing und Christian Kracht nach Kambodscha. Das Innere des Flugzeuges, die Sitze und Verschalungen sind in einem angenehmen Violett gehalten. Fette chinesische Textilhändler rülpsen die thailändischen Stewardessen an. Ein bunter Fruchtsalat wird serviert. Schmatzend leeren die Chinesen die fahlgrauen Plastikschälchen mit den Würfeln aus Papaya, Bananen, grünen Weintrauben und Äpfeln.

Das Flugzeug überfliegt gerade die thailändische Grenze, Dampf steigt auf aus dem satten Grün des bergigen Dschungels. Kambodscha ist braun. Ein rötliches, planes Braun, nur an einzelnen Stellen von einigen Palmen oder einem trapezförmigen Reisfeld unterbrochen. Orangebraun wälzt sich der fette Strom des Mekongs durch den staubigen Rest. Die Luft ist wasserhell und klar. Die Stewardessen entwinden den Chinesen die Dessertschälchen. Das Flugzeug setzt zur Landung an.

Der Pochentong Airport, so erfahren es Joachim Bessing und Christian Kracht beim Aussteigen, ist der unangenehmste Flughafen der Welt. Eine aus verrosteten Kinderwagengestellen zusammengenietete Fahrtreppe wird an den Ausstieg gerollt. Unten angekommen, werden die Passagiere im Gänsemarsch einen halben Kilometer über die ungeteerte Piste zum Flughafengebäude eskortiert. Die Luft ist trocken, über vierzig Grad heiß, und keine einzige Wolke ist am Himmel zu sehen. Eine schrottreife Iljuschin der Royal Air Cambodge rostet in der Hitze vor sich hin.

Das Flughafengebäude ist in Leichtbauweise aus dünnen Glasscheiben und Sperrholzplatten zusammengefügt. Ein Grüppchen rotäugiger Soldaten, barfuß in hellgrünen Flip-Flops, mustert die schwitzenden Ankömmlinge. Die Tür zur Ankunftshalle wird aufgestoßen, aber anders als überall sonst in Asien faucht den Ankommenden hier keine eisig klimatisierte Frischluft entgegen. Die Luft in der Halle steht, und es ist hier genauso heiß wie auf dem Rollfeld. Die Soldaten sammeln jetzt die Pässe ein und übergeben sie sieben Uniformierten hinter einem überdachten Tresen. Jeder Paß wandert in einem undurchschaubaren und wahrscheinlich auch zwecklosen Vorgang von einem Kontrolleur zum anderen und wieder zurück und wieder vor, landet dann auf einem Stapel, dann in einem anderen Stapel und schließlich irgendwann bei einem schmächtigen Khmer, der einen rechteckigen und einen dreieckigen Stempel bedient und eine Holzschachtel auf- und zuklappt. Sobald er nach wiederholtem Durchblättern aller auf dem Kopf stehenden Seiten eines ihm überreichten Passes seine zwei Stempel hineingestempelt hat, hält er das Paßbüchlein hoch. Dann zwängt sich der jeweilige Besitzer des Passes durch den Pulk der Wartenden, gibt dem Stempelmeister zwanzig Dollar und erhält seinen Paß zurück. Die Dollarnote stopft der Stempler in die Holzschachtel. Wenn Sie überquillt, schüttelt er die Holzschachtel in eine Schublade aus.

Bis Christian Kracht und Joachim Bessing ihre Pässe zurückhaben, vergeht eine halbe Stunde. Sie rauchen Zigaretten, thailändische Mild Seven Lights.

Mit ihren hübsch bestempelten Pässen erhalten die beiden einen Berechtigungsschein für eine Taxifahrt nach Phnom Penh. Als sie aus dem Flughafengebäude heraus auf den Vorplatz treten, reihen sich die herumlungernden Taxifahrer vor ihnen auf, ein weiterer Soldat nimmt den Berechtigungsschein entgegen und wählt einen Fahrer aus. Der junge Fahrer führt Joachim Bessing und Christian Kracht zu seinem Wagen, einem staubig verbeulten Mazda ohne Klimaanlage. Die Fahrt in die Stadt führt über eine ewig lange Piste, an kleinen Holzhütten, Zigarettenverkäufern unter Triple-5-Schirmen und Bananenverkäufern vorbei. Ein elegantes Gebäude aus den sechziger Jahren läßt die Stadt beginnen. Ehemals Universität, noch vor dem Jahr Null renommiert für die soziologischen Kurse, steht der Bau jetzt schon seit über zwanzig Jahren leer und verfällt. In Kampuchea, Pol Pots Welt, waren Menschen, die lesen und schreiben konnten, französisch sprachen oder eine Brille trugen, schuld am Elend Kambodschas. Sie wurden aus der Stadt evakuiert, dann in der Stadt der Strom abgeschaltet und die Evakuierten in den Reisfeldern langsam oder schnell ausgerottet.

Mit den ersten Häusern Phnom Penhs schwillt der Straßenverkehr schlagartig an. Fahrräder, Viehkarossen und Mofas drängen sich auf zwei, gleichzeitig in zwei Richtungen befahrenen Spuren zu einer schleichenden und stinkenden Wurst zusammen. Auf einem Fahrrad sitzen immer zwei, auf einem Mofa mindestens drei Khmer. Autos gibt es nur wenige. Der Fahrer von Joachim Bessing und Christian Kracht passiert geschickt eine verstopfte Rotunde, biegt in eine überschwemmte Gasse ein und dann auf eine breiten Boulevard, der direkt am Ufer des Mekong vorbeiführt. Vertrocknete Palmen und gelbblätterige Taropflanzen säumen den hellen Uferweg. Der

Fahrer hält vor einem gelbgekalkten Kolonialbau, dem Foreign Correspondents Club Of Cambodia.

Als Joachim Bessing und Christian Kracht aussteigen, zieht sich sofort ein Schwarm aus Mofataxifahrern um sie zusammen. Sie bieten Sightseeing an, die Killing Fields. Eine angenehme Brise weht vom Fluß herüber. Christian Kracht bezahlt dem Taxifahrer einen Dollar, und dann beziehen sie ihr klimatisiertes Zimmer. Auf der Terrasse des Clubs trinken sie einige eiskalte Biere der lokalen Brauerei Angkor, die ihnen ein Khmer in einem gebügelten weißen Hemd bringt, und rauchen Zigaretten, die mitgebrachten Mild Seven Lights.

Einer der Mofataxifahrer bringt die beiden zum Tuol Sleng Museum. Das ehemalige Schulgebäude heißt nach seiner Lage im Straßenplan auch S21 und war Pol Pots Gefängnis und Folterzentrum. Der Fahrer hält vor einem kleinen Wachhäuschen, in dem ein Mann ohne Beine sitzt, der die Eintrittskarten für je einen Dollar verkauft. Joachim Bessing und Christian Kracht wimmeln einige Bettler ab und spazieren über den Innenhof der Schule. Die fensterlosen Öffnungen des Gebäudes sind mit Baustahlmatten armiert und diese zusätzlich mit rostendem Stacheldraht umwickelt. Neben dem Haupteingang hängt ein weißes Holzschild, auf dem in ordentlicher Handschrift die zehn Gebote für die Gefangenen Pol Pots aufgemalt sind:

1. YOU MUST ANSWER ACCORDINGLY TO MY QUESTIONS, DON'T TURN THEM AWAY.
2. DON'T TRY TO HIDE THE FACTS BY MAKING PRETEXTS THIS AND THAT. YOU ARE STRICTLY PROHIBITED TO CONTEST ME.
3. DON'T BE A FOOL FOR YOU ARE A CHAP WHO DARE TO TWARTH THE REVOLUTION.
4. YOU MUST IMMEDIATELY ANSWER MY QUESTIONS WITHOUT WASTING TIME TO REFLECT.
5. DON'T TELL ME EITHER ABOUT YOUR IMMORALITIES OR THE ESSENCE OF THE REVOLUTION.
6. WHILE GETTING LASHES OR ELECTRIFICATION YOU MUST NOT CRY AT ALL.
7. DO NOTHING, SIT STILL AND WAIT FOR MY ORDERS. IF THERE IS NO ORDER, KEEP QUIET. WHEN I ASK YOU TO DO SOMETHING, YOU MUST DO IT RIGHT AWAY WITHOUT PROTESTING.
8. DON'T MAKE PRETEXTS ABOUT KAMPUCHEA KROM IN ORDER TO HIDE YOUR JAW OF TRAITOR.

9. IF YOU DON'T FOLLOW ALL THE ABOVE RULES, YOU SHALL GET MANY MANY LASHES OF ELECTRIC WIRE.

10. IF YOU DISOBEY ANY POINT OF MY REGULATIONS YOU SHALL GET EITHER TEN LASHES OR FIVE SHOCKS OF ELECTRIC DISCHARGE.

Gekkos kriechen über die Wände und über die gerahmten Schwarzweißfotos von Männern, Frauen und Kindern, die apathisch aus blaugeschlagenen Gesichtern in die Kamera starren. Jeder von ihnen hält sich ein Schild vor die Brust, auf dem der Tag der Inhaftierung und der Tag der geplanten Exekution des Gefangenen verzeichnet ist. Tausende dieser Fotos bedecken die Wände zweier großer Räume wie in einer der Installationen von Christian Boltanski.

Die Zellen sind winzig und schlampig aus hellen Backsteinen in die großen Klassenzimmer hineingemörtelt. Die eisernen Fußklammern mit den daran befestigen Munitionskisten sind rot vom Blut, aber immer noch da.

In den Folterzimmern stehen rostige Betten aus Eisengeflecht, an denen noch die Bein- und Armklammern hängen. Getrocknete Blutlachen haben die Böden verfärbt. Trichter und Kanister zum Ersticken der Gefangenen mit Wasser liegen überall herum.

In zwei anderen Räumen hängt Volkskunst. Bonbonfarbene Gemälde im naiven Stil. Rote Khmer werfen die nackten Babys erschlagener Mütter in die Luft und fangen sie auf den Klingen ihrer aufgestellten Bajonette wieder auf. Rote Khmer ersticken Kinder und Greise mit blauen Plastiktüten. Rote Khmer schneiden Schlitze in die Bäuche von Gefolterten und zwängen ihnen Tausendfüßer ins Fleisch. Rote Khmer auf den Feldern. Rote Khmer in der Stadt.

Der Fahrer empfängt die beiden gutgelaunt, es geht zurück in den Club. Neben einem Bordstein liegt ein bis auf die Knochen abgemagerter Mann, dessen Gesicht vollständig von dicken blauschimmernden Fliegen bedeckt ist. Es sieht aus, als trage er eine Brombeermaske aus eloxiertem Stahl. Blind, wie er ist, greift er in eine neben ihm stehende Plastiktüte mit ungewürztem Reis und steckt sich davon eine Handvoll in die Öffnung der Maske, seinen Mund.

Großes Hallo vor dem Club, als der Fahrer Joachim Bessing und Christian Kracht dort absetzt. Die Jungs fragen, ob die beiden nicht gleich noch zu den

Killing Fields hinauswollen. Joachim Bessing gibt dem Fahrer fünf Dollar und schickt ihn, um Marihuana zu bringen. Er nickt, fährt los und ist einen Augenblick später schon wieder zurück. Er drückt Joachim Bessing eine ganze Plastiktüte voller Hanfblüten in die Hand. Der steckt sie unter sein olivgrünes T-Shirt von Helmut Lang, der Soldat unter seinem Triple-5-Sonnenschirm vor dem Club schaut träge zur Seite, und die beiden springen über die Treppen hoch ins Haus und in ihr Zimmer.

Christian Kracht schüttet den Drogenhaufen auf den niedrigen Cafétisch des Zimmers. Die kleine Khmer-Büste aus dunkelgrauem Beton daneben lächelt, die Augen geschlossen. Joachim Bessing schüttet an der Hausbar zwei Gin and Tonic zusammen, schabt mit einer Rasierklinge den Lack einer Schweppes-Dose ab, drückt eine flache Vertiefung in das nun blanke Metall der Dose und perforiert diese Vertiefung mit einer aufgeklappten Sicherheitsnadel zu einem feinen Sieb. Dann sticht er mit seinem Montblanc Meisterstück ein Abzugsloch in die Seite der Dose. Er entzündet eine Handvoll Marihuana auf dem Sieb. Joachim Bessing saugt dabei am Mundstück der Dose und hält das Abzugsloch mit seinem linken Daumen zu. Als die braunen Blüten zu glühen beginnen, läßt er den Daumen los, Luft saugt sich ins Innere der Dose. Ein dichter Rauch entsteht, den er jetzt inhaliert. Die Blüten sind zu Asche verbrannt. Joachim Bessing muß furchtbar husten und reicht die Dose an Christian Kracht weiter. Der wiederholt die Prozedur, muß auch husten und so fort. Beide schauen etwas Zee-TV, den indischen Fernsehsender, reden unverständlichen Blödsinn und schlafen ein.

Sie erwachen nach Sonnenuntergang, duschen und ziehen sich frische Hemden – Brooks Brothers, Pin Point Quality – an. Ein anderer Mofafahrer als am Mittag bringt sie zum Spielcasino.

Weil Glücksspiel verboten ist in Kambodscha, hat eine chinesische Firma das Casino in ein ehemaliges Passagierschiff hineingebaut, das neben dem Hotel Intercontinental auf dem Mekong ankert. Der Fahrer verspricht, auf dem Parkplatz zu warten. Er rollt zu den anderen Fahrern hinüber, die in einer dunklen Nische ihre Mofas geparkt haben und Spießchen grillen. Khmer dürfen das Casino nicht betreten. Über der Schiffsbrücke hängt ein gewaltiges Schild, auf dem eine durchgestrichene Handgranate und eine durchgestrichene Kalaschnikow gezeigt werden. Dazwischen steht: »No guns, no explosives«.

Ein sich tief verbeugender Soldat mit umgehängter Maschinenpistole empfängt die beiden grinsend an Bord des Spielschiffes und wünscht ihnen Glück. Dreimal Roulette, zweimal Black Jack und ein asiatisches Spiel, das den beiden unbekannt ist, teilen den geschmacklos eingerichteten Spielsaal. Die Croupiers tragen zitronengelbe Jacketts und Krawatten. Außer Christian Kracht und Joachim Bessing sitzen nur Asiaten um die billig zusammengezimmerten Tische herum. Die beiden entscheiden sich für Roulette, nehmen Platz und setzen Kleinstbeträge auf Rot und Zero. Eine Kellnerin bringt Gratisbier, die Zigaretten sind auch umsonst. Nach vier Stunden haben Joachim Bessing und Christian Kracht vierhundert Dollar gewonnen und beschließen jetzt zu gehen. Einer Eingebung folgend setzt Joachim Bessing im Gehen zweihundert Dollar auf Rot. Er wendet sich ab – Rot gewinnt. An der Kasse tauschen sie nun ihre Chips gegen achthundert Dollar ein. Der Kassierer gibt vor, sich für sie zu freuen, und auch der Soldat von vorhin biegt seinen Kopf neugierig um die Ecke und staunt: »Oh – so much won, Sirs?« Eilig verlassen die beiden das Schiff, bevor sie vom freundlichen Soldaten zum angeblichen Nachzählen des Geldes in einen abgelegeneren Teil des Schiffes gebeten werden.

Der Fahrer hat sein Versprechen gehalten und tatsächlich über vier Stunden auf seine Gäste gewartet. Auf ihren Wunsch hin fährt er sie in die einundfünfzigste Straße im Stadtzentrum, in die allseits beliebte Bar »The Heart Of Darkness«.

Auf dem Schild über dem Eingang zur Bar ist die Zeichnung eines kleinen Mädchens zu sehen, das mit wehenden Zöpfen einem lustig flatternden Schmetterling nachläuft. Das Innere der Bar ist düster und verqualmt. Rote Punktstrahler, deren Lichter sich wie Laserstrahlen durch den Zigarettenrauch schneiden, zeigen auf lächelnde Khmer-Büsten aus dunkelgrauem Beton. Die Rockmusik drückt sich aus wuchtigen Lautsprechern. Als Joachim Bessing und Christian Kracht das Lokal betreten, beginnt gerade Gwen Stephanies Stimme zur traurigen Gitarrenmelodie von »Don't Speak« zu singen. Junge Kambodschaner und einzelne Europäer stehen herum, trinken Bier. Der Gin and Tonic kostet zwei Dollar.

Joachim Bessing lernt Stefan kennen, einen Österreicher, der seit sechs Jahren in Phnom Penh lebt und momentan die Dreharbeiten eines Werbespots für das Deodorant Axe bei den Tempeln von Angkor Wat leitet. Im Film soll ein Abenteurerdarsteller in den Tempelanlagen eine Frauendarstellerin im weißen Hemd aus Fesseln befreien, dabei riecht sie an seinen Achselhöhlen und verliebt sich sofort in ihn. Zum Abschluß findet der Abenteurerdarsteller einen Smaragd.

Stefan klebt sich einen Joint und erzählt von seinem angenehmen Wohnbüro direkt im Stadtzentrum, in der Nähe des New Market. Joachim Bessing gibt ihm ein Angkor-Bier aus und zündet sich eine Zigarette an, eine Alain Delon.

Christian Kracht trifft den Herausgeber der einzigen vernünftigen Zeitung Kambodschas, der Phnom Penh Post. William ist Amerikaner, sein graumeliertes Haar ist kurz geschnitten, der Nacken ausrasiert. Er trägt ein petrolfarbenes Button-down-Hemd. Er klagt über den mangelnden Verkauf seiner zweimal wöchentlich erscheinenden Zeitung. Ohne seine sechstausend Abonnenten in Übersee müßte er den Verlag schließen. Christian Kracht fragt den Herausgeber, wie viele dieser Abonnenten denn in Langley wohnten. Der Herausgeber wird böse, weist den CIA-Verdacht weit von sich und beschimpft Christian Kracht und Joachim Bessing als Nazis. Das Wort Auschwitz fällt. Dann Belsen. Dann Gas. Dann Berlin.

Die beiden verlassen das Lokal und lassen sich zurückfahren in den Foreign Correspondents Club Of Cambodia. Sie stopfen das Marihuana in den Abfallsack der Putzfrau, der vor ihrem Zimmer abgestellt ist, und schlafen bei laufendem Fernseher ein.

Joachim Bessing erwacht lange vor Christian Kracht. Er zieht sich an, rasiert sich mit einem chinesischen Rasierer der Marke Three Coins aus rotem Plastik und geht frühstücken. Der Kellner bringt ihm einen Fruchtsalat und einen Frappuccino. Vereinzelte Herren mit gepflegten Kurzhaarschnitten in petrolfarbenen Button-down-Hemden sitzen in den tiefen Ledersesseln um ihn herum und blättern in der Phnom Penh Post.

Plötzlich werden blecherne Stimmen vom Boulevard her laut, Männer sprechen durch Megaphone, Sprechchöre antworten. Joachim Bessing steht auf und geht an die Balustrade des fensterlosen Raumes, schaut hinunter zum Boulevard. Ein dichter Strom Tausender Kambodschaner wälzt sich auf den Club zu. Ein Meer blauer Transparente mit weißen Schriftzügen in Khmer. Ein brillentragender Kambodschaner im Anzug marschiert vornweg. Er schreit unverständliche Parolen in sein Megaphon. Die Menge schreit, unfaßbarer Lärm aus den Häusern, die Menge reckt die Fäuste rhythmisch in die

Luft. Der Zeitungsleser neben Joachim Bessing preßt sich den kleinen schwarzen Knopf fester in seine Ohrmuschel hinein. Die Kellner des Clubs spurten an die Balustrade, schreien Parolen in Khmer. Beige Jeeps der Armee rollen der Demonstration entgegen. Soldaten sitzen ab und präsentieren die Waffen. Ein Hubschrauber kreist über der Insel auf der anderen Seite des Mekong. Die Soldaten geben Warnschüsse ab, drüben auf der Insel steigt Rauch auf aus dem Dickicht.

Es ist May-Day, der Erste Mai. Joachim Bessing weckt Christian Kracht. Sie packen ihre Sachen in einen schwarzen Prada-Rucksack und gehen zu Fuß ins Stadtzentrum, um vor dem Abflug noch ein paar Dinge einzukaufen. An allen Straßenecken steht jetzt auf einmal bewaffnetes Militär. Orangefarbene Transportlaster fahren von überallher ernst blickende Soldaten über die breiten Straßen in die Stadt. Die beiden verschwinden im Gewirr der Seitenstraßen, die Boulevards scheinen ihnen nun gefährlich geworden.

CAFÉ BRÛLÉ

Das Café finden Christian Kracht und Joachim Bessing an einer Straßenkreuzung in der Nähe des Russian Market. Ein Cadillac Coupé de Ville mit fliederfarben getönten Scheiben steckt im Mittagsstau aus Moped-Taxis, Fahrrädern und Kambodschanern, die Haufen von Lotuskapseln in Korbschalen auf dem Kopf tragen. Kinder führen ihre blinden Eltern durch die Menge. Der Kellner ist zehn Jahre alt. Er bringt den beiden einen Krug Angkor-Bier mit Eiswürfeln.

Tyler Brûlé schriebe: »We thought Phnom Penh was not our bag. We were wrong. There, snuggly tucked in the most happening quarter of Phnom Penh, we found a café so groovy and sizzling, yet at the same time so intimate, that anything else in southeast Asia pales like so many Prada mules hung out to dry in the sun. With its vintage chairs done in full-on electric raspberry faux-leather and the walls sublimely decaying, with what we would call key-lime-pie-green flake, and, to top it all off, a to-die-for mélange of ›Paris-a-Go-Go meets The Lost Ones‹ – this spot definitely is a must-see.«

Am Straßenrand grillt ein Zehnjähriger an seinem zusammengelöteten Stand Bananen, Stücke von Zuckerrohr und Samen der Lotusblüte. Ein Einbeiniger mit einer olivgrünen Gummiprothese schwingt sich heran. Er bringt einen großen Riegel Eis, den er gleich am Nachbartisch in kleinere Würfel zersägt, die der Kellnerbub zum Tresen trägt. Christian Kracht und Joachim Bessing blättern im Stern. Und zwar in der Ausgabe, auf deren Titelseite in großen gelben Lettern »Volkskrankheit Rückenschmerz« steht. Es ist High-noon, zwölf Uhr mittags.

CHRISTIAN KRACHT Ausgezeichnet. Noch nie in meinem Leben sah ich etwas Vergleichbares. Joachim, fühle den Bezug dieses Stuhls. Diese rosa, der Farbe eines White Zinfandels gleichkommende Naht, die mich aber auch gerade so schlimm melancholisch macht. Fühl mal.

JOACHIM BESSING Mmmh – aber was mich hier wirklich interessiert, sind doch die Farben; dort drüben zum Beispiel, dieses Geschäft, also der Laden, wo sie die Mode von Alain Delon verkaufen, obwohl es klar ist, daß es diese Firma wirklich nur hier gibt, Alain Delon gar nichts von dieser Verwendung seines guten Namens weiß und er Kambodscha sicherlich noch nie bereist hat.

In diesem Moment läuft ein alter, dünner Mann über die Straße. Er trägt einen Bauchladen vor sich her, an dem mehrere Schlüsselanhänger baumeln. Christian Kracht kauft für sechzig Cents einen Kunststoff-Anhänger in Form eines Plateauschuhs der Firma IWC, Schaffhausen.

CHRISTIAN KRACHT Für Eva.

JOACHIM BESSING Ja, klar. Soll ich Judith auch einen kaufen, ich meine – billig?

CHRISTIAN KRACHT Klar. Halt mal, stop, he – nong! I want a second IWC-Shoe. I'll give you thirty cents for the second one.

Der Verkäufer verbeugt sich.

VERKÄUFER Yes, Sir. Merci beaucoup. Vous êtes un vrai roi entre cet écume.

CHRISTIAN KRACHT Danke, ich weiß. Vous le voulez en Dollars ou en Riels?

Christian Kracht zieht ein Bündel schmutziger Geldlappen aus der Seitentasche seiner kurzen Ernst-Brendler-Tropenhose und drückt sie dem Verkäufer in die Hand, der, sich verbeugend, rückwärts die Straße überquert.

JOACHIM BESSING Sag mal, war das jetzt ironisch, oder stimmt das so.

CHRISTIAN KRACHT Was meinst du, er oder das Geld?

JOACHIM BESSING Meinst du jetzt wegen Jacques Derrida und dem Falschgeld?

CHRISTIAN KRACHT Äh, ich würde gerne auf einer grünen Wiese liegen, der grünen Wiese des Islams. All diese Buddhisten-Scheiße macht einen doch ganz kirre im Kopf. Saubere Verhältnisse. Du mußt dir das mal so vorstellen: Auf einer weiten Fläche, zypressenumstanden, ein einsames Zelt. Darin sehen wir: Moammar Gaddhafi lümmelt sich im Kreise seiner weiblichen Bodyguards. Ich glaube, sie heißen grüne Blüten - auf jeden Fall: Dort sitzt nun der Meister und denkt, das Kinn in der Handbeuge ruhend. Es wird Tee serviert. Einige Frauen ziehen sich nun aus. Erst langsam, dann im Rhythmus der einsetzenden Musik.

JOACHIM BESSING Wie diese Band aus Star Wars im Weltraum-Trucker-Diner, wenige Lichtjahre vom Eisplaneten Hoth entfernt, die meinst du?

CHRISTIAN KRACHT Ja, genau. Dieser Trötenmensch dort, der eine Windel trägt. Der, der auf einem an seiner Nase befestigten Saxophon spielt. Na jedenfalls, jetzt hör mal zu: Gaddhafi ist erregt, er steht auf, die Grünen Blüten sind nun alle nackt, da knackt es erst und dann rauscht es über seinem klimatisierten Luxuszelt aus Waschseide, und das achte US-Air-Force-Geschwader bläst über sein Sex-Camp hinweg, die Bomben fallen, links und rechts sterben die Mudjahedin wie die Fliegen, und Gaddhafi rennt aus dem Zelt. Er verliert eine seiner Schlappen, die er sich bei Harvie & Hudson in der Jermyn Street hat anfertigen lassen, sie fliegt in hohem Bogen in den Sand. Du kennst ja diese Köderware dort bei H & H. Dasselbe passiert mir ja ständig bei den Hemden von Helmut Lang. Kaum hat man das Geschäft verlassen, rieseln die Knöpfe auf die Kardinal-Faulhaber-Straße. Und regnet es, fällt einem der Ärmel ab. Da die Ärmel eben nur angeleimt sind und nicht angenäht, kann einem das auch beim, beim – Schwitzen passieren.

JOACHIM BESSING In Wien nannte man ihn Bu-Bu, Helmut Lang meine ich, und er hat sich halt damals seine Kollektionen bezahlen lassen von einem Bar-Besitzer – dem hat das Lokal »Motto« gehört in Wien, man konnte da auch essen, aber nicht wirklich lecker. Die haben eben Beef-Tartare gemacht, mit Eidotter drauf und sonst nichts. Auf jeden Fall hat sich Lang von diesem Menschen – Motto-Franze – bezahlen, quasi aushalten lassen. *Der zehnjährige Kellner bringt das Bestellte: ein Hirschgulasch aus dem von den roten Khmer immer noch eisern verteidigten Urwald von Batdâmbâng und Froschschenkel Provençal.*

CHRISTIAN KRACHT, *kauend* Mhh. Mjam. Mjam. Die Khmer-Küche. Ausgezeichnet. It's like thai without the spices. Die Küche Kamboschas ist eine der ganz großen Weltküchen –

JOACHIM BESSING Ja, es kam dann zur Eskalation – der Motto-Franze hat den Bu-Bu echt geliebt, und deshalb hat es ihn dann auch so schwer getroffen, als ihm jemand erzählt hat, daß der Helmut Lang fremdgegangen ist, die ganze Zeit. Und da, mhhm, da ist er halt ausgeflippt, der Motto: Er ging wie jeden Tag in sein eigenes Restaurant, und dann sagt ihm sein Oberkellner, daß er jetzt nicht in die Küche kann, und da wird er mißtrauisch und will trotzdem hinein, da wehrt sich der Koch dann nicht mehr, und der Motto macht die Milchglasscheibe zur Küche nur ein wenig auf und sieht die Haare vom Bu-Bu.

Da greift er sich das große Chef-Messer, das oben auf der Lade liegt, und schneidet sich rein in den Arm, und dann tröpfelt das Blut heraus. Motto geht hinein in den Gastraum, wo viele Menschen sitzen, und zeigt denen das tropfende Blut und schreit: »Der Bu-Bu ist weg. Er kummt nimmer wieder.« Das Problem war aber dann, daß er sich nicht tief genug geschnitten hatte, es blutete nur stark. Es war nur Homo-Ernst.

Der Kinderkellner ist erst auf einen Barhocker und dann von dort aus auf den Tresen gekrabbelt, um den Fernseher des Cafés einzuschalten. Es flimmert und rauscht, dann langsam erkennbar ein zusammengestauchtes, an der Stirn abgeschnittetenes Bild: ein altersloses Gesicht schreit Unverständliches.

Schnitt auf eine Armeeparade, Raketen sind auf Lastwagen geschnallt und fahren an einer Holztribüne vorbei. Verschwommen sind winkende Gestalten auf dieser Tribüne zu sehen.

Dann wieder Marschmusik, man sieht die rot-weiß-blaue Fahne Kambodschas.

CHRISTIAN KRACHT Ah. Hör mal, jetzt setzt wieder die Raga ein. Der Homo-Ernst ist ja für sich gesehen nur Rechtfertigung für das Verlangen, nun endlich bei der Star Alliance vom Frequent Flyer zum Senator aufzusteigen oder vom Qualiflyer bei der Swissair in den Travel Club hineinzuwachsen. Es ist ein Größerwerden – der Schwerkraft entgegen –, was uns daran so reizt.

Ein im Gesicht dunkel angelaufener Mann geht über die Straße. Er trägt ein altes, stockfleckiges Fortuny-Kleid aus weißer Organza-Seide, schleift sein rechtes Bein hinterher, und aus seinem Mund, so ist zu sehen, hängt eine braune, gallertartige Masse.

JOACHIM BESSING Ja klar. Schau zum Beispiel dieses Kleid, das der Meister da anhat – eine Freundin von mir hat vor ein paar Jahren wie manisch Fortuny-Kleider aufgekauft und sich dann ihre Wintermäntel damit ausschlagen lassen. Verstehst du, was ich meine? Und warum kannst du eigentlich nicht endlich mal einen einzigen Satz beenden und nicht immer so tun, als hättest du memory-loss wie ein Xanax-Abhängiger? Bitte!

CHRISTIAN KRACHT Diese Affektiertheit ist im Grunde die einzige Stilisierung, die ich an mir retten konnte. Es gibt in Thomas Manns Zauberberg eine Figur, sie heißt Mynheer Pieter Peeperkorn, der kann und will seine Sätze nie zu Ende sprechen. Er ist der Sanguiniker und eigentlich das einzige Fleisch in diesem fleischlosen Buch – er bekommt ja auch Clawdia Chauchat, nach der sich Hans Castorp sieben Jahre lang verzehrt – und sieht Adler über sich kreisen und schreit: »Oh, der Adler! Wie – wie groß – « und solche Sachen. So sehe ich mich.

JOACHIM BESSING Es bricht eben immer dann ab, wenn es konkret werden würde. Es ist mir zwar peinlich, das zu sagen, weil es auch so platt ist, aber du flüchtest dich gerne in Ästhetizismen und aussagelose Worte wie dieses bescheuerte »ausgezeichnet«, weil du zu gar nichts etwas sagen willst, weil dir alles zu peinlich ist, weil alles schon gesagt ist und du nicht in ein gemachtes Bett pissen möchtest.

Christian Kracht wendet sich ab und versucht zu husten. Der Kinderkellner mißinterpretiert das, setzt sich an den Tisch und betastet mit seinen Fingerspitzen den IWC-Schuh, der auf der key-lime-pie-grünen Tischplatte liegt. Christian Kracht schenkt ihm einen weißen Plastik-Kugelschreiber, auf dem in Frakturbuchstaben »Christian Kracht, Hamburg« steht. Jubelnd verschwindet der Junge damit im Hopser-Lauf in die Küche.

CHRISTIAN KRACHT Nein, das ist doch dumm.

JOACHIM BESSING Gut, natürlich – aber zum Beispiel das in Berlin, im Adlon: dieses ständige Fordern, man müsse jetzt die Uhr zurückdrehen. Reinigung. Auch kulturell. Ich meine, schau dich hier doch einmal um: Hier gibt es doch nur noch nette und liebenswerte Einfaltspinsel, die immer noch Todesangst haben. Der Tod ist hier durch diese Straßen gegangen. Das spürt man doch.

CHRISTIAN KRACHT Aber der Tod ist doch ein Freund. Sieh mal, ich war neulich auf einer Hochzeit auf Mallorca, im Stadtpalais von Konstantin Jacoby, das in diesem Beate-Wedekind-Chic eingerichtet ist, Sonnen aus Kupfer, so was. Zwei meiner Freunde haben geheiratet, und da es meine erste Hochzeit war, mußte ich sehr weinen in der Kirche. Danach habe ich einen Zusammenbruch erlitten und mußte dann den aus Hamburg eingeflogenen evangelischen Motorradpfarrer, der die beiden getraut hatte, bitten, mit mir durch einen Olivenhain zu spazieren und mir meine grausame Todesangst zu nehmen. Er hat mir sehr geholfen. Er sagte: »Sie haben ja gar keine Selbstdefinition«, er habe ja ein Amt und all dies, aber ich hätte ja keines. Ich wäre jetzt schon leer, und das äußere sich eben in dieser Todesfurcht. Den Tod müsse man aber als Freund begreifen.

JOACHIM BESSING Das stimmt doch nicht mit der Leere. Was willst du denn? Es ist doch alles immer da, man vergißt es nur immer wieder, wie Rainald Goetz gesagt hat. Verstehst du? Was willst du denn noch?

CHRISTIAN KRACHT Eine Liste der Begehrlichkeiten will ich dir gerne liefern: Ich begehre nichts so sehr wie den Nissan President und ein Lied, von Momus komponiert, nur über mich –

JOACHIM BESSING – und die kleine Kugelglasvase aus weißem Murano-Kristall mit eingeschliffenen Prismen von Hermès. Ein Haus von Rem Koolhaas, für mich gebaut, in der Nähe der Zoroaster-Feuertempel von Aserbaidschan. Die Centurion Card von American Express. Lampen von Serge Mouille. Den Comme-des-Garçons-Smoking. Töpfe von Le Creuset. Das Falling-Water-Haus von Frank Lloyd Wright. Vielleicht Kinder.

CHRISTIAN KRACHT Das sind ja alles Onaniervorlagen von Tyler Brûlé, diese Welt deiner Wünsche. Hast du dir mal ein Wallpaper von letztem Jahr angesehen? Es gibt, glaube ich, nichts auf der Welt, das so dated und tacky aussieht wie ein Wallpaper, das zwei Monate alt ist. Das ist das Allerschlimmste überhaupt, das Allerverkommenste.

JOACHIM BESSING Alles ist doch so verkommen! Es ist doch auch so, daß man eigentlich gar nichts mehr zu sich nehmen kann. In den Siebzigern Olivenöl, das halb Spanien blind gemacht hat, dann Union Carbide in Bhopal – auch alle blind, dann in den Achtzigern erst Seveso, dann Tschernobyl und Harrisburg – keine Pilze mehr, am besten gar nichts mehr aus dem sogenannten Osten, und dann ging es ja erst so richtig los: keine Cola mehr, dann kein Rindfleisch und keine Rinder-Spaltprodukte, zum Beispiel Götterspeise oder Brühwürfel, Mezzo-Mix geht auch nicht mehr, Popcorn ist genauso verstrahlt wie Leberwurst, wegen Belgien keine Eier, kein Eis, kein Huhn. Man liest es halt in der Zeitung und denkt sich: Aha, aufpassen, die nächsten Wochen also kein Eis und keine Eier.

Den ganzen Rest holen sich diese Irren, die gemahlenes Glas in Zahnpasta füllen und in Supermärkten Rasierklingen in die Granny-Smith-Äpfel stecken, um Geld zu erpressen, von den großen Ketten.

CHRISTIAN KRACHT Ja, Walter Mayer und Franz Josef Wagner sind auch daran gescheitert bei der BZ mit ihrem Kosmos »Erklär mir Belgien«, das geht nämlich nicht. Überleg dir doch mal diese Elendsstrecke – eine Vision Belgiens, wie sie sich Ulf Poschardt, Enver Hirsch und Christian Kämmerling zusammen fürs SZ-Magazin nicht schlimmer hätten ausdenken können: Wir sehen eine alte belgische Salzgrube, man sieht blau angelaufene Kinderhände aus Salzhügeln ragen. Ein Pfarrer in Raf-Simons-Soutane breitet die Arme aus und feuert aus zwei mit Mother-of-Pearl-Griffen besetzten Glock-Pistolen, beidhändig, direkt in die Lomo des Lesers, nach Art von Antonio Banderas in »Desperado«.

Das ist nämlich auch der Grund für alles, daß diese Bilder alles so unfaßbar machen, daß man sich vor den Bildern selbst ekelt und nicht vor dem Huhn aus Belgien.

JOACHIM BESSING Aber wir sind doch genauso. Ich meine, Schwule, Hitler, Kinderpopos, alles lustig, alles beschreibbar bis in die kleinsten Details, die Falten der Windel, sozusagen. Wir haben alle so eine Schuld auf uns geladen, das kann man nicht wiedergutmachen. Niemals.

CHRISTIAN KRACHT Wir kommen nicht in die Hölle. Wir leben schon lange darin.

JOACHIM BESSING Platt, aber gut. Oder wie Alexander von Schönburg immer sagte: traurig und interessant. In Wirklichkeit ist doch alles so: Neulich kam Wolfgang Joop in die Paris Bar in Berlin, und dann wurde Essen bestellt, und Joop sagte: »Ich glaube, ich brauche Fleisch mit Fritten, oder will ich vielleicht doch zuerst kotzen? Ich weiß es nicht.« Also genau so ist es nämlich. Er hat dann das Entrecôte bestellt und aufgegessen und sich danach bei mir beklagt, daß er den Luxus nie kennengelernt hat. Er spürt ihn einfach nicht, und das findet er todtraurig. Das sagte der und hatte

Schuhe von Comme des Garçons an und eine Riesenbrille von Cutler & Gross – die anderen Dinge lasse ich jetzt mal weg, es ging da ja um den Moment. Auf jeden Fall sagte dann die Human-Interest-Kolumnistin der BZ, die mit am Tisch sitzen und zuhören durfte, was wir redeten, wie sehr sie mich und dich haßt, weil wir den deutschen Boulevard-Journalismus kaputtmachen würden mit unseren Geschichten.

CHRISTIAN KRACHT Warum denn mich? Ich habe doch immer, selbst in meinen schlimmsten Momenten, auf alle achtgegeben. Ich wollte für alle nur das Beste, gerade für diese Human-Interest-Kolumnistin der BZ, die mir so rein erschien. Zum Beispiel als Diana starb, da wollte Franz Josef Wagner nach dem Vorbild einer alten Tatler-Ausgabe Menschen fragen – Moment mal, geht gleich weiter.

Christian Kracht zieht aus seinem Rucksack eine Sprühflasche aromatisiertes Deepsea Water von Shu Uemura und sprüht sich mehrere Ladungen ins Gesicht.

CHRISTIAN KRACHT Es ist so sauheiß hier. Na jedenfalls, ich sollte in einem kurzen Text für die BZ schreiben, was ich genau in dem Moment tat, in dem Lady Diana Spencer starb. Also schrieb ich folgendes: Ich saß gerade auf meiner Terrasse in Neu-Delhi und überlegte, wie ich den Jammertod von Mutter Theresa am besten vor der Redaktion des Spiegel, dessen Indienkorrespondent ich war, verheimlichen könnte. Mein Assistent, in einer von mir selbst für ihn entworfenen Fantasieuniform nach dem Vorbild der Sgt.-Pepper-Platte brachte mir die Nachricht von Lady Diana Spencers Autounfall. So abgelenkt, ließ ich meinen First-Flush-Broken-Orange-Pekoe-Tee etwas zu lange ziehen, und der Tag war im Eimer. Dazu hätte ich eben mein schönstes Foto abdrucken lassen, nämlich jenes, auf dem ich in einem weißen Dreiteiler von Davies & Sons aus der Old Burlington Street – das war auch Axel Cäsar Springers Schneider – in der Kronenhalle in Zürich sitze. Ich hab dann den Text zurückgezogen, weil der Lokalchef der BZ, er war ja bigger than life and twice as ugly ...

JOACHIM BESSING Ja, aber auf jeden Fall habe ich dieser Human-Interest-Kolumnistin der BZ gesagt, daß sie zu leicht vergißt, daß wir unermeßlich reich sind, daß ihr Haß auf uns, meiner Meinung nach, auch darin begründet ist. Sie hat das gleich offen zugegeben.

CHRISTIAN KRACHT Reich ist ja gar kein Ausdruck. Neulich erzählte mir Carl von Siemens, der ja faktisch alle zehn Jahre 150 Milliarden Mark bekommt und der auf Goa jetzt Feuerjonglieren gelernt hat, es habe alles noch gar nicht begonnen. Es sei das Zeitalter der Kali. Du weißt, das dritte Auge, das, wenn es sich öffnet, die Welt verschlingt.

JOACHIM BESSING Genau. So stelle ich mir das auch vor, das Ende. Irgendwo im indischen Dschungel, wo es nur Baumhäuser gibt und Papageien mit blauen Brustfedern und alte mit Asche beschmierte Männer, deren verdorrter rechter Arm, seit sie erwachsen sind, himmelwärts nach oben krampft – die schlafen im Sitzen – dort steht im Dreck eine staubige Statue, und irgendwann dieser Tage quietscht es, und das steinerne Lid des Stirnauges dieser Kali-Statue schiebt sich scharrend auf, und darunter fängt sofort ein fetter Rubin an zu summen und zu glühen, und dann tanzen diese dämlichen Kinder-Inder herum und schreien mit ihren verfaulten Betelnuß-Gebissen. Dann regnet ihnen Feuer auf den Kopf – ja, und das war es dann. Aber für alle: zack, zack. Weg.

CHRISTIAN KRACHT Wie Schwimmer sind wir dann. Wir springen in das saubere Wasser.

JOACHIM BESSING Warum gibt es eigentlich keine Pools in Phnom Penh?

CHRISTIAN KRACHT Gibt es doch. Drüben im Raffles, direkt neben Pol Pots altem Hauptquartier. Für zehn Dollar kann man dort einen Tag ziehen lassen. Ich war dort schon mal. An den Pool war ein Fernseher gerollt worden, auf dem re-runs von »Der Mann aus den Bergen« gezeigt wurde. Ich habe so gelacht. Und gleichzeitig bin ich mir selbst so auf die Nerven gegangen mit meiner Schweiz-Stilisierung. Ich weiß doch gar nichts über die Schweiz. Die Menschen dort sind doch so richtig schlimm und unerträglich. Ich würde gerne in der Nähe von Vancouver eine Farm betreiben: Fischen, Blockhaus, Lachse mit bloßen Händen fangen, so die Richtung.

JOACHIM BESSING Moment – warst du überhaupt schon einmal dort? In Kanada meine ich. Das ist nämlich wirklich die Homo-Hölle dort. Ich wurde von meinem Vater immer dorthin geschleppt. Er hat fünfhundert Dollar gezahlt – man bezahlt es von Amerika aus – und kann direkt zur Bärenhatz dahin fahren. Mal abgesehen davon, daß die Landschaft ganz okay ist, mit den Bergen und Seen, waren dort, wenn ich es mir richtig überlege, nur die allerverklemmtesten und strengriechendsten Schrankschwuchteln, die ich je getroffen hatte. Mit völlig verkrusteten braunen Bärten und aufrollbaren Schnurrschäuzern –

CHRISTIAN KRACHT Ahem – Christian Kämmerling trägt ja neuerdings auch einen Schnäuz.

JOACHIM BESSING Wieso das denn?

CHRISTIAN KRACHT Keine Ahnung – ein Irony-Schnäuz eben. Es gab da diese zweite Platte von den Dexy's Midnight Runners – der Beginn ihres Re-Modelings vom Image der singenden Schienenarbeiter mit »Come On Eileen« hin zu ironischen Yuppies. Also auf diesem Cover trägt der Sänger, Kevin Rowland, plötzlich auch Schnäuzer; das war die Erfindung des Irony-Schnäuz.

JOACHIM BESSING Aber ist Kämmerling dann auch für moustache-rides, ich meine: völlig?

CHRISTIAN KRACHT Nein, nein. Moustache-rides passieren ja wie folgt: Der Ritt-Gebende muß Mitglied eines Bartclubs oder Schnauzclubs sein, er hat also einen ungefähr Axel-Thorer-artigen Großschnäuzer unter seiner Nase, und der Ritt-Empfangende setzt sich rittlings auf die handle-bars dieses Moustaches drauf, und zwar so, daß sein Skrotum dem Mann, auf dessen Schnauzbart er reitet, rhythmisch gegen das Kinn klatscht. Das Glied selbst findet sich natürlich in dessen Munde wieder. Das sind moustache-rides. Es gibt auch T-Shirts darüber, die Axel Pflugbeil und ich in Florida bestaunten, auf denen stand: »Free Moustache-Rides? Inquire Here!«

JOACHIM BESSING Florida ist da möglicherweise genauso hart wie Kanada. Dort war es dann aber damals so: Dauernd mußte einer der kanadischen Freunde während der Bärenpirsch mal hinter einen Baum ins Gestrüpp, und prompt strolchten alle anderen hinterher, nur so zum Nachsehen, ob es dem jetzt noch gutgeht und dann, na ja, kannst du dir ja denken, was dann los war. Mein Vater, also das möchte ich betonen, hat immer versucht, mich da herauszuhalten, und gesagt, das wären eben Männerfreundschaften. Aber denke doch mal an diese karierten Hemden und die Lederhosen, dicke Bergstiefel und vor allem die Hüte der sogenannten Wildhüter. Mounties nennen die sich, aber in Wirklichkeit könnten die auch Mardi-Gras-Rebels heißen oder einfach nur Log-Fags.

CHRISTIAN KRACHT Aber Grizzly Adams aus der Serie war ja eher kein Christopher-Street- oder Mardi-Gras-Homo, sondern so ein verkommener Bergstricher, der, wenn er wieder Druck drauf hatte, sich nicht einfach nur in eine bemooste Felsspalte schob, das wäre ja noch in Ordnung. Aber er trekkte dann immer in das nächstgelegene Carson City oder nach Hanging Gulch, um dort in den Holzzubern der örtlichen Badeanstalt erst sich und dann alle anderen mit Kernseife einzuschäumen und dann mit einem kantigen Holzspan, an dessen Ende eine Art Geflecht aus –

JOACHIM BESSING Aha, Naßzelle wieder, alles klar. Weißt du eigentlich, daß mir dein ständiges Daraufherumreiten, daß alle schwul sind, fast noch mehr auf die Nerven geht als dieses kapriziöse Sätzeabbrechen? Du mußt aufpassen, genauso wie ich darauf aufpassen muß, daß du oder ich nicht zu einem neuen Willegut mutieren. Du weißt ja, der Willegut, der Hitler damals die ganze Corporate Identity der Nazis entworfen hat. Er hat das Hakenkreuz sauber gezeichnet, nachdem Hitler das sichtbar und beweisbar nicht hingekriegt hat, acht Linien miteinander zu verbinden. Und er hat sich dann auch den Totenkopfring und die Ritterspiele der SS ausgedacht und aufgemalt und so weiter. Na jedenfalls hat dann Himmler, der sich von Willegut mythologisch beraten ließ, zum Beispiel bei Bau und Einrichtung dieser häßlichen Wewelsburg im Westerwald, herausgefunden, daß Willeguts gesamte Familie schon seit sechs Generationen komplett bis ins letzte Glied wegen gemeingefährlicher Halluzinationen – die haben richtig harten katatonischen Irrsinn gehabt, die Willeguts – in Irrenhäusern weggesperrt worden waren. Geschlossene Abteilung – zack und weg. Das war natürlich peinlich, da haben die Nazis ihren Karl-Maria Willegut ganz schnell von der Bildfläche weg in ein Jagdschloß am See wegbeurlaubt, aber rückgängig machen konnten sie seine ganzen Empfehlungen nicht mehr, denn das ganze Dritte Reich war da schon zu gut in Fahrt gekommen. Na ja –

CHRISTIAN KRACHT Eugen Block, der Besitzer und Betreiber der Blockhouse-Steakhauskette, das hat mir ein Architekt erzählt, der sich wirklich damit auskennt, hat ja sein ebenfalls zu seinem Imperium gehörendes Elysee-Hotel in Hamburg-Rotherbaum komplett nach dem Umriß eines Rindes gebaut. Der Grundriß hat, von einem Hubschrauber aus betrachtet, die Form eines vor sich hin starrenden Stiers.

JOACHIM BESSING Ja, bravo, ein kuhförmiges Restaurant, in dessen Innerem dem Gast das formgebende Tier selbst vorgesetzt wird.

CHRISTIAN KRACHT Eine nicht aufzubrechende Möbiusschleife, die der Mann, im Grunde ja Fleischhändler, dort geschaffen hat.

JOACHIM BESSING Gleichen Gedankens ist wohl auch –

Ein schwarzes, mit einem Fellmuff bezogenes Mikrophon schiebt sich immer wieder neben Joachim Bessings Backe, er wedelt es wie eine Fliege weg, erst geduldig, dann immer ungnädiger werdend.

JOACHIM BESSING Ach, wo war ich? Ah ja! Das Verkommene. Die Vision Belgiens. Das gleiche kenne ich ja noch aus Stuttgart, früher. Es gab da den beliebten Imbiß »Zum Zum« ein Jugoslawe im Grunde, aber eben auch Curry-Würste, nicht nur Cevapcici. Da ist jeder gerne hingegangen und das eigentlich nicht wegen des Essens, sondern wegen der Bedienung, der Frau, die dort an der Ausgabe gearbeitet hat. Die hatte nämlich nur einen Arm, ich glaube, es war der linke, aber keinen Stumpf, nein, der war richtig oben im Schultergelenk amputiert worden, das konnte man deutlich sehen, denn diese Frau – alle nannten sie nur den einarmigen Banditen – die trug sommers wie winters ein ärmelloses, weißes Wams, eine sogenannte Kittelschürze. Gut also, wenn du willst, war das für mich quasi der Schoß und die Wiege für das, was Walter Mayer völlig zu Recht verächtlich den Sozialporno aus der Ukraine nennt. Also das, was du vorhin mit Belgien und Ulf und Enver gemeint hast, dieses Herumsuhlen in den Windeln von kranken Menschen, der Grund für alles, der Grund dafür, daß ich nicht weiß, ob ich lachen oder kotzen möchte, und daß ich mich so verdammt hohl fühle und eigentlich auch der Grund, warum ich schon seit fünfzehn Jahren nicht mehr geheult habe –

CHRISTIAN KRACHT Vielleicht muß ich deshalb so viel heulen, im Gegensatz zu dir. Tyler Brûlé ist ja dadurch bekannt und berühmt geworden, daß er, für den Esquire oder GQ nach Kabul geschickt, sich dort mit einer gewissenhaften Kriegsreportage, nach Art von Otmar Jenner, einen Namen erschreiben sollte. Auf dem Weg vom Flughafen ins Hotel ist sein Jeep dann von afghanischen Taliban-Milizen angeschossen worden, er bekam zwei Kugeln in den Oberschenkel ab und einen Steckschuß im oberen Schulterbereich. Die Reportage, die dann nachher erschien, beschrieb eigentlich nur seinen Krankenhausaufenthalt in Kabul, sie wurde aufgemacht mit einem doppelseitigen Foto von ihm selbst, nackt, nur mit einer Calvin-Klein-Unterhose bekleidet – als Jesus Christus – mit ausgebreiteten Armen auf einer Bahre liegend, durchgeblutete Verbände an Schenkel und Schulter zur Schau stellend, und um ihn herum stehen vier Ärzte in Gewändern mit langen Bienenzüchterbärten und rätseln über die gut lesbaren Calvin-Klein-Insignien am Unterhosenbund dieses Menschen. Tyler Brûlé wurde daraufhin von Walter Mayer als Tempo-Korrespondent abgelehnt und gründete deshalb sofort die Zeitschrift Wallpaper, in der er zuletzt ein Foto seiner Londoner Wohnung abbildete – sie befindet sich vis-à-vis der thailändischen Botschaft – und schrieb, er habe oft Gäste, serviere ihnen aber nur Weißwein, da sein champagnerfarbener Teppich so fleckenempfindlich sei. Allerhöchstens mal einen Rosé oder einen White Zinfandel.

Ein dicklicher, mit Kniebundhosen bekleideter Inder tritt zu den beiden an den Tisch. Er wirkt, als sei er am Ende seiner Kräfte. In der Hand hält er ein Clipboard, auf dem Regieanweisungen stehen. Sie sind mit rotem Edding vielfach durchgestrichen. Das Board ist am Ende angekaut. Aus seinem Mund ragt eine ausgefranste Zigarettenspitze, in der eine vor langer Zeit erloschene kambodschanische Filterzigarette – Triple 5 oder Alain Delon – steckt.

Der Verkehr auf der Straße kommt ins Stocken, die Passanten, die Krüppel, die Fruchtverkäufer, die Kinder, alle, die vorher noch planvoll und zielgerichtet vor dem Café auf und ab gegangen sind, stoßen aneinander, stolpern und fallen. Die Türen des Cadillac Coupé de Ville, der sich die ganze Zeit nicht bewegt hat, öffnen sich, und zwei mit Carharrt-Hosen, Überohrenfrisur und Panzerarmbändern bekleidete Neuberufler stolpern heraus und auf die Straße, begleitet von einer Cheech-&-Chong-artigen Haschischwolke, die aus dem Auto herausströmt.

Eine Seitenstraße scheint sich indes aufzulösen; man glaubt, einer optischen Täuschung zu erliegen, erkennt dann aber, daß lediglich eine eben noch stabil geglaubte Hauswand von Gehilfen in blauen Overalls weggetragen wird, und wie in Natalie Imbruglias Video zu »Torn« löst sich der Hintergrund auf und gibt den Blick frei auf das wahre Phnom Penh. Merkwürdigerweise sieht es genauso aus wie die eben weggetragene Kulisse.

Neben Joachim Bessing und Christian Kracht wird ein Catering-Tisch der Wiener Firma Do & Co aufgebaut, mehrere Europäer mit Lauda-Air-Baseballkappen, auf denen in roten Lettern Phnom Penh 2000 eingestickt ist, beginnen, sich auf Pappteller Burritos und Rahmschnitzel aufzuhäufen.

INDISCHER REGISSEUR Listen, chaps. It is so easy. Breathe.

Der Inder wendet sich von den beiden ab. Sein verschwitztes Gesicht füllt jetzt alles aus.

INDISCHER REGISSEUR And you, back there, roll the credits please.

Ohne die folgenden Personen wäre nichts so, wie es jetzt ist.
Ihnen möchte ich danken:

Johannes Altincioglou, Matthias Bessing, Graham Carlisle, Holm von Czettritz, Uwe Dierks, Sven John Duncker, Anne Enderlein, Katrin Fichtner, Rebecca Giese, Karin Graf, Sebastian Hammelehle, Christoph Heinz, Nikolaus Hof, Heiko Jahnke, Olrik Kleiner, Christian Kracht, Uwe Kopf, Maren Leverentz, Werner Löcher-Lawrence, Hans Löffler, Dorle Maravilla, Beverley Martyn, Walter Mayer, Jens Neumann, Eckhart Nickel, Axel Pflugbeil, Nathalie Richter, Lutz Rosenkranz, Adriano Sack, Janine Sack, Nika Scheidemandel, Michael Schlotfeldt, Alexander von Schönburg, Holger Schroth, Sandra Schwittau, Howard Sheronas, Marcus Staiger, Benjamin von Stuckrad-Barre, Franz Josef Wagner.

Vor allen anderen Judith Grubinger

ÜBER DIE RUNDE

JOACHIM BESSING wurde 1971 in Bietigheim am Neckar geboren. Er lebt zu seinem Glück in Hamburg und arbeitet als Kolumnist, Biograph und Autor.

CHRISTIAN KRACHT wurde 1966 in Gstaad geboren. Er ist Schweizer. Er schrieb den Bestseller »Faserland«, danach, zusammen mit Eckhart Nickel, den Erziehungsroman »Ferien für immer. Die angenehmsten Orte der Welt«. Soeben erschien seine Anthologie »Mesopotamia«.

DR. ECKHART NICKEL wurde im sehr heißen Juni 1966 zur Mittagsstunde in Frankfurt am Main geboren. Die Schreibweise seines Vornamens rührt von der Stifterfigur im Naumburger Dom her, die neben der schönen Uta steht. Er schrieb »Flaneur« (1997), danach, zusammen mit Christian Kracht, den Erziehungsroman »Ferien für immer. Die angenehmsten Orte der Welt« (1998) und ist Verfasser des Erzählbandes »Was ich davon halte«, der im Frühjahr 2000 erscheint. Der von unberechenbaren Schüben einer schwer zu diagnostizierenden Erbkrankheit geplagte Sportwagenfahrer lebt und arbeitet als freier Autor in Heidelberg.

ALEXANDER VON SCHÖNBURG, wurde 1969 in Mogadischu geboren. Er lebt in Berlin als freier Autor, ist Aristokrat und bezeichnet sich selbst als im höchsten Grade »wohlstandsverwahrlost«. Zur Zeit arbeitet er an einem Geschichtsbuch für Kinder (oder Erwachsene mit dem Bildungsstand von Kindern) und an einer TV-Dokumentarfilmreihe über große Dynastien. Bisherige Veröffentlichungen: »Das Beste vom Besten« (1990, Econ Verlag Düsseldorf), »Europe's Elite 1000« (1998, Cadogan Verlag London)

BENJAMIN VON STUCKRAD-BARRE wurde 27. Januar 1975 in Bremen geboren. Er lebt in Berlin und ist dort Redakteur der »Frankfurter Allgemeinen Zeitung«. Bisherige Veröffentlichungen: »Soloalbum«, »Livealbum«, »Remix« (alle KiWi), sowie »Liverecordings« (CD & MC, HörVerlag).

Hilfe. Wieso läuft hier eigentlich nichts nach Plan? Scully war doch früher immer der King! Klar, daß er wie sein Vater zu den Guards gehen würde. Aber jetzt ist er neunzehn und hat nur einen öden Wächterjob in Dublin. Alle anderen studieren. Sein bester Kumpel Balls ist viel angesagter als er. Selbst Scullys Freundin Francesca himmelt Balls geradezu. Die Sache mit Francesca. Daran will Scully überhaupt nicht denken...
»Talk of the Town« ist der irische »Fänger im Roggen«. Wie zuvor nur Salinger schildert Ardal O'Hanlon, garniert mit wunderbaren Beobachtungen über das Leben in einer Kleinstadt, die Enttäuschungen und Träume eines Teenagers, daß man nicht weiß, ob man weinen oder lachen soll.

»Witzig und erfrischend wild.«
The Guardian

Harald O'Hanlon

Talk of the Town
Roman

Deutsche Erstausgabe

List GRANDE

»Er ist Ire, er ist hip und in London zur Zeit Thema Nummer eins.«
The Sunday Times

Econ | ULLSTEIN | List